시진핑 제국

중국정치 7룡, 챕 황제와 6대신

시진핑 제국

중국정치 7룡, 챕황제와 6대신

강효백 지음

이담
Books

Contents

Chapter 3 제국의 엔진과 길

Chapter 1

쳡황제

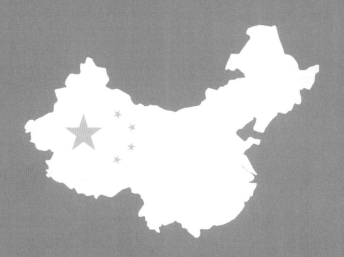

01

시삼비칠

시진핑(習近平)의 역사적 멘토는 진시황인가?

기원전 221년, 진왕 잉정이 7국을 통일하여 진시황으로 등극했다.

2018년, 시진핑이 정치국상무위원 7인 권력을 자신 1인에 집중, 시황제로 등극했다.

고스톱도 인생도 '운칠기삼(運七技三, 운 7할, 재능 3할)'

시진핑의 시황제 등극은 '평칠난삼(平七亂三, 평화 7할, 혼란 3할)' 이던 중국의 미래를 '평삼난칠(平三亂七, 평화 3할, 혼란 7할)'로 만들 수 있을 것이다. - 강효백

시진핑 중국 국가주석에 대한 외부의 평가를 찬양 3선, 비판 7선, 이른바 '시삼비칠(是三非七)'로 요약해봤다.

찬양 3선(選)

1. 시진핑은 덩샤오핑(鄧小平) 이후 최고의 전환기 개혁형 영도자 로서 중국을 진정한 글로벌 지도국으로 만들었다. - 전 주중

미대사 존 헌츠먼(Jon Huntsman), 타임(TIME) 2014년 4월 23일

2. 시진핑은 더 실용적이고 더 개명된 위인이다. 시진핑은 후진타오(胡錦濤)보다 더 강력한 부정부패 척결로 더 조화로운 사회 더 새로운 중국을 만들고 있다. - 달라이 라마 14세, 홍콩 빈과일보(蘋果日報) 2014년 9월 18일

3. 시진핑은 도널드 트럼프보다 더 큰 영향력이 있다. 세계는 주목해야 한다. - 영국 이코노미스트(Economist) 2018년 3월 14일

비판 7선(選)

1. 시진핑은 부패 척결이라는 미명하에 정적을 제거하고, 서민 코스프레와 친민 쇼, 중국몽을 선전하는 수법으로 모든 언로를 전천후 전 방위로 통제하고, '영도자의 매력'을 조작 유포함으로써 중국을 개인 숭배의 광풍이 부는 문화대혁명 시대로 퇴행하게끔 하고 있다. - 미국 뉴욕타임즈 2015년 3월 8일

2. 중국의 모든 매체는 '시진핑 찬송' 초과근무를 하고 있다. - 영국 가디언(Guardian) 2017년 8월 28일

3. 중국 관영매체의 시진핑 개인숭배는 마오쩌둥(毛澤東) 문화대혁명 시대와 갈수록 닮아간다. - 미국 미국의 소리(VOA) 2017년 9월 4일

4. 시진핑은 중국을 40년 이래 최악의 독재로 퇴보하게 했다. - 영국 파이낸셜타임스(FT) 2017년 10월 26일

5. 권위주의 통치자들은 부하들이 정치적 이익을 위해 배신할 수 있다는 것을 늘 걱정해야 한다. 시황제도 예외가 아니다. - 토

머스 켈로그, CNN 2018년 2월 25일

6. 마오쩌둥의 종신 집권은 개인 독재로 이어졌고, 중국을 암흑 시대로 몰아넣었다. 장쩌민(江澤民), 후진타오도 이를 알기에 헌법 임기 규정을 철저히 지켰다. 이를 어기는 것은 역사의 퇴보다. - 유명작가 라오구이(老鬼), 홍콩 빈과일보 2018년 3월 11일

7. 시진핑 1인 권력 집중의 폐해인 '키맨 리스크'가 급격히 확대될 것이다. 개헌과 같은 정치적 도구를 통해 사회정치 이슈를 정당화시키려는 시 주석의 방식은 결국 비싼 정치적 대가를 치르게 될 것이다. - 타이스 장 미국 예일대 법대교수, 미국 워싱턴포스트(Washingtonpost) 2018년 3월 12일

02

시진핑을 모르겠거든 시중쉰을 보라

용비어천가는 1445년 훈민정음으로 쓰인 최초의 책이자 한글 반포 이전에 지어진 유일한 한글 작품이다. 제목은 용이 날아올라 하늘을 다스린다는 뜻으로 조선왕조를 찬양하는 내용이다. 한편으로 현대 한국에선 반신반인 박비어천가, 이비어천가, 박비어천가, O비어천가…… '육룡이 나르샤'식 정권찬양물의 대표로 폄하돼 인구에 회자되곤 한다. 이웃 중국에서도 특히 지난달 헌법을 개정하여 시진핑 1인체제를 구축한 직후 각계각층에서 각양각색의 '시(習)비어천가'가 난무하고 있다.

용비어천가가 세종의 아버지 태종으로 시작해 태조, 태조의 고조할아버지 목조까지 '육룡의 나르샤 혈통'을 자랑하는 식으로 물론 시진핑의 아버지 시중쉰(习仲勋, 1913~2002) 찬송가가 울려 퍼지고 있다. 하지만 '시중쉰 찬송가'는 완전한 허구만은 결코 아니다. 시중쉰은 시진핑이 출세하기 훨씬 이전부터 사해 만방에 이름을 떨치던 군인이자 정치가, 제도개혁가이자 행정가로서 '신중국을 낳은 8대원로' 중의 하나로 평가받고 있는 위인이다.

"그 아들을 모르겠거든 그 아비를 보라(不知其子 視其父)."

- <공자>

　시 주석을 알려면 우선 그의 아버지 시중쉰을 알아야 한다. 주로 일본과 홍콩 매체에 의해 '태자당'으로 자리매김된 시진핑을 알려면 그 태자를 낳은 부모를 소상히 알아야 하지 않겠는가?

　시중쉰은 1913년 10월 15일 산시(陝西)성 중심도시 시안(西安, 옛 이름 장안)에서 동북쪽으로 60㎞쯤 떨어진 데 위치한 푸핑(富平)현의 '시(習)씨 집성촌'의 한 농부 가정에서 태어났다. 시중쉰은 1927년 1월 푸핑현 제1고등학교에 입학했으나 봉건 교육제도와 불량 교사들을 비판하다가 제3사범학교로 전학 조치됐다. 1928년 봄, 15세 조숙한 반항아는 다시 극렬한 학생운동을 주도하다가 체포돼 감옥에서 중국공산당 청년단에 가입했다. 1930년 초 공산당 조직은 그를 중국 국민혁명군 양후청(楊虎城)부대 소속 병참담당 서기로 침투시켰다. 1932년 3월 시중쉰은 뤼젠런(呂劍人), 리트성(李特生), 쉬텐제(許天潔) 등 반골 청년들과 함께 후일 '양당병변(兩當兵變)'이라고 불리는 간쑤(甘肅)성 최초로 공산혁명 군사반란을 일으켰다. 유격대장 류즈단(劉志丹)과 용서우(永壽)현을 침공하였으나 국민당군에 참패하고 고향으로 잠입하였다. 그해 9월 그는 간쑤성 동부 황토고원인 웨이베이(渭北) 혁명근거지로 들어가서 웨이베이 대대 제2지대 정치위원직을 맡아 황토고원을 종횡무진했다. 1933년 2월, 시중쉰은 공청단 싼위안중심(三原中心)현 서기가 되어 농민폭동과 무장혁명을 주도하고 1935년 3월 산간변구(陝甘邊區·산시성과 간쑤성 변경지역) 소비에트 정부 주석으로 등극했다. 그의 나이 약관 21세.

"이렇게 젊다니 완전히 애잖아!" - <마오쩌둥>

1935년 9월 국민당군의 포위와 추격을 뚫고 18개의 산맥을 넘고 17개의 강을 건너 1만 2,500㎞ 도망길, 이른바 '대장정(大長征)' 선발대 홍25군이 산간변구 소비에트의 중심지 옌안(延安)에 도착했다. 그런데 이들은 돌연 기존의 산간변 소비에트 간부진을 반당 반역혐의로 체포했다. 이 굴러온 돌이 박힌 돌을 빼려 한 것이다. 시중쉰이 황토굴속에 처박혀 생매장을 당하기 직전, 다행히 마오쩌둥의 중앙홍군이 옌안에 도착했다. 마오는 옌안 곳곳에 걸린 산간변구 소비에트 포고령과 시중쉰 주석이라는 이름에 흥미를 갖고 "시중쉰이 누구인가, 데려와라"라고 명령했다. 22살의 시중쉰을 접견한 마오는 너무도 젊은 그를 보고 "이렇게 젊다니 완전히 애잖아!"라고 탄성을 질렀다.

1936년 12월 12일 동북군 총사령관 장쉐량(張學良)이 시안에 독전하려고 온 장제스 총통을 구금하고 공산당과의 내전을 중지하고 일제 침략에 맞서 함께 싸울 것을 요구한 이른바 '시안사변'이 발생했다. '시안사변'은 국민당군과 공산당군은 국공내전을 중지하고 제2차 국공합작(1937~1945)이 이루어져 함께 항일전쟁을 수행하는 계기가 되었다. 국민당 정부는 불법화했던 공산당을 합법화했고, 공산군인 홍군은 국민혁명군 팔로군(八路軍)과 신사군(新四軍)으로 재편성됐다. 시중쉰은 서북지역 팔로군에 소속되어 군 최고 지휘관인 정치위원을 중심으로, 당 1인자인 서기등 당정직을 겸직하며 항일혁명가로서의 발군의 리더십을 발휘했다. 후일 그의 아들 시진핑이 군정치위원을 중심으로 당정직을 좌우로 겸한 것처럼.

1945년 8월 15일 일본 왕의 항복선언으로 항일전쟁이 승전으로 끝났다. 연이어 제2차 국공합작도 끝났다. 그때부터 항일혁명가 시중쉰은 국공내전(1946~1949) 승전까지 철저한 공산혁명가로 변신했다. 그는 서북국 서기, 서북국 야전군 정치위원 등을 맡았고 펑더화이(彭德懷)와 허룽(賀龍)을 도와 국민당군에 대승했다. 이러한 눈부신 전공으로 시중쉰은 서북 5개 성의 당·정·군을 모두 맡는 이른바 '서북왕'이 됐다.

오마진경(五馬進京)

마오쩌둥은 중화인민공화국 건국 초기 대륙을 5대 지역으로 분할 통치했다. 서북국(西北局)에 시중쉰, 서남국 덩샤오핑, 동북국 가오강(高岡), 중남국 덩쯔후이(邓子恢), 화동국 수스(饒漱石). 하지만 이들 5대마(大馬)의 분리독립과 할거주의를 우려한 마오는 1952년 9월 이들 다섯 대마를 베이징으로 불러들였다. 이름하여 '오마진경(五馬進京).' 가오강에게 국가부주석, 덩샤오핑에게 제1부총리, 5대마 중의 최연소 당시 39세 시중쉰에게 부총리 겸 당선전부 부장 등의 직책을 주었다. 마오는 이듬해 '동북왕' 가오강과 '화동왕' 라오수스 두 대마를 제거, 5대국(5大局) 지방분권통치를 폐지하고 중앙집권화했다. 그로부터 시중쉰은 10여 년간 국무원 부총리 겸 비서장으로 저우언라이(周恩來) 총리를 도와 주로 국가 중대방침과 정책 결정, 각종 제도와 법령 제정 작업을 담당했다.

시진핑 나이 9세 되던 해 1962년 '류즈단(劉志丹)' 사건이 발생했다. 리젠퉁(李建彤)이라는 한 여류소설가가 시진핑의 상사였던 류즈단의 일생을 소설형식으로 '광밍르바오(光明日報)', '궁런르바오(工人日報)', '중궈칭녠바오(中國靑年報)' 등에 연재했다. 리젠퉁은 이를 장편소설로 묶어서 출판할 작정으로 시중쉰에게 감수를 맡겼다. 그런데 마오쩌둥의 숙적 가오강을 연상하는 인물이 소설『류즈단』에 등장했다. 한때 '서북왕'으로 불리던 시중쉰은 '동북왕' 가오강의 명예를 회복시키려 했다는 혐의를 받았다. 1962년 9월 24일 제8기 10중전회에서 마오쩌둥은 시중쉰을 직접 거명하며 "소설을 이용하여 반(反)당 반민족을 꾀하는 위대한 발명가"라는 신랄한 공개 비판을 가했다. 이 사건으로 시중쉰은 하루아침에 반당 세력으로 몰려 모든 직책을 박탈당했다. 가택은 몰수되고 뤄양(洛陽)광산 노동자로 축출당했다. 멸문지화의 일보직전의 경지, 부인 치신(齊心, 1926~)과 시진핑 등 네 자녀가 뿔뿔이 헤어지는 '강제성 이산가족'이 되어야 했다. 사실 마오쩌둥은『류즈단』을 단 한 줄도 읽지 않았다. 인민복을 입은 공산황제 마오쩌둥은 5대마 중의 2대마인 덩샤오핑과 시중쉰의 건재를 용납할 수 없었던 것.

시중쉰은 문화대혁명의 고조기 1967년에는 홍위병들에게 끌려가 1년간 갖은 수모를 당했다. '반당분자 시중쉰'이란 글씨를 목에 건 채 조리돌림을 당하고 비판대에 서야 했다. 1968년부터는 만 8년간이나 베이징의 인민해방군 위수지역의 독방에 연금되어야 했다. 1975년 5월 덩샤오핑이 잠시 재기에 성공하여 제1부총리를 맡았을 때 시중쉰은 연금에 풀려나 뤄양으로 돌려보내졌다.

임기제 헌법 제정한 아버지, 임기제 철폐 개헌한 아들

　3전 3기에 성공해 정국을 장악한 덩샤오핑은 1978년 2월, 시중쉰을 베이징으로 불러들여 그에게 정협위원 감투를 씌어줬다. 그해 봄 4월 5∼28일까지 무려 24일간 중공중앙공작회의가 밤낮없이 속개됐다. 시중쉰은 광둥의 상황을 보고하며 한국의 성공 경험을 참조해 광둥에 자치권을 부여하고 광둥의 선전, 주하이, 산터우 등에 수출특구를 건설할 것을 전격 제안했다. 당시 명목상 1인자 화궈펑(華國鋒) 당주석을 비롯한 참석자 대다수는 그의 불온한(?) 제안에 고개를 격렬히 흔들며 반발했다. 그러나 개혁개방 총설계사는 달랐다. 덩샤오핑은 "중앙은 돈이 없으나 정책은 있다. 자네가 한번 출구를 찾아보라"며 시중쉰의 손을 들어줬다.

　덩사오핑은 그를 광둥성 제1서기 겸 성장 겸 광저우 군구 제1정치위원으로 임명, 경제특구 설립 등 개혁개방의 초석을 다지는 임무를 부여했다. '특구 전문가' 시중쉰은 젊어선 봉건주의 황색 바다에 공산홍군의 빨간 섬 '산간변 특구'를 만들더니 늙어선 사회주의 붉은 바다에 자본주의 파란 섬 '경제특구'를 만들었다.

　1980년 2월 25일 중공중앙은 시중쉰을 공식으로 사면 복권했다. 덩샤오핑은 그를 전국상무위원회 부위원장(국회부의장 격) 겸 법제위원회 주임(법사위원장)을 임명하여 당장(黨章·당헌)과 헌법 개정을 총괄하는 특별 임무를 부여했다. 1982년 9월 전면 개정된 당장과 그해 12월 제헌 수준으로 전면개정된 1982년 헌법의 총괄 입법 책임자는 시중쉰이었다. 특히 1982년 헌법은 형식 내용 제정절차 등이 현대적인 법률체계를 갖추고 있고 임기제와 개혁·개방과 경제체제 및 정치체제 개혁의 지속적인 추진 등을 명기하는 등 중국적 현실을 감안하여 제정된 것으로 헌법으로서 명실(名實)을 갖췄다는 평가를 받고 있다.

시진핑과 그의 부친 시중쉰은 둘 다 정치군인이자 변법가(變法家・제도개혁가)다. 그러나 인민복을 입은 정치군인 시중쉰은 임기제한의 1982년 헌법을 기초했으나, 신사복을 입은 정치군인 시진핑은 2018년 헌법을 개정하여 국가주석 임기제한을 철폐했다.

1989년 6월 톈안먼 사태가 일어나자 시중쉰은 분명하고 강력한 어조로 군부의 강경진압을 반대했다. 1993년 3월 시중쉰은 모든 공직에서 사퇴하고 광둥성 선전에 은거했다. 86세의 고령에다 와병 중이던 시중쉰은 1999년 10월 1일, 건국 50주년 국경절 행사 때 톈안먼 망루에 오르기를 간절히 희망했다. 모두들 시중쉰의 건강을 염려해 반대했다. 그러나 신중국 8대 원로 시중쉰의 뜻이 너무 완강해서 중앙정부도 무시할 수 없었다. 당중앙은 특별기와 의료진을 선전으로 보내 시중쉰을 모셔왔다. 시중쉰은 당시 장쩌민 국가주석, 후진타오 부주석 등 정치권 상무위원들을 일일이 만나 격려했다. 대원로의 뜨거운 격려에 수뇌들은 모두 감동의 눈물을 흘렸다. 이 자리에 당시 푸젠성 대리성장이던 시진핑이 시중쉰을 부축했다. 지방간부 중의 하나, 그야말로 '원 오브 뎀'에 불과하던 시진핑은 부친 덕분에 중앙지도부에 눈도장을 찍고 존재를 확실히 각인시킬 수 있었다.

2002년 5월 24일 시중쉰은 베이징에서 병사하여 화장된다. 만 3년 후 2005년 5월 24일 시중쉰의 유골을 고향 산시성 푸핑으로 이장하던 날 그의 부인 치신은 유족대표로서 이렇게 말했다. "시중쉰

동지가 마침내 광활한 황토의 땅인 고향으로 돌아왔습니다. 우리는 그의 유지를 떠받들어 각자의 업무에 최선을 다하여 후손들을 양성할 것입니다."

03

시진핑, 첩황제의 낙차 큰 어린 시절

시진핑은 1953년 6월 15일 베이징 정치수뇌부의 집거지 중난하이(中南海)에서 중앙당선전부장 시중쉰(習仲勳)과 치신(齊心) 사이에서 2남 2녀 중 셋째이자 장남으로 태어났다. 시중쉰은 하오밍주(郝明珠)와 결혼했다가 1남 2녀를 낳고 1943년 이혼을 하고, 1944년 치신(齐心)과 재혼했다. 시중쉰은 치신과 2남 2녀를 두는데, 시진핑은 그중 셋째다. 시중쉰의 자녀 총 7남매 중 여섯째.

국내외신에서는 대충 시진핑의 이름을 베이징의 옛이름 '베이핑(北平)'에서 태어난 아이라는 뜻으로 지었다고 추정 보도하고 있는데 이는 사실이 아니다. 시진핑이 태어난 1953년은 중국공산당이 1949년 10월 1일 천안문 망루에서 중화인민공화국 건국 선포를 하며 장제스 국민정부시대 지명 '베이핑'을 베이징(北京)으로 개명한 지 4년째나 되던 해다.

그러니 생각해보라! 공산당 중앙 수뇌부의 한 사람인 시중쉰이 난징(南京)이 수도였던 장제스 정부에 의해 '베이핑'으로 강등된 지명에 무슨 애정이 있다고 장남의 끝 글자 이름을 본뜨겠는가?

사실은 이렇다. 고전에 해박한 시중쉰은 장남의 이름 '近平'을 정치를 쉽게 하여 백성들에게 친근함이라는 '평이근인(平易近人)' 사기(史記)에서 따서 지은 것이다.

시진핑은 세 살 때부터 중난하이 북쪽에 인접한 베이하이(北海) 유아원 숙사에 맡겨졌다. 일곱 살 되던 해 1960년 당간부 자녀들이 입학하던 베이징 8.1 소학교에 입학, 합숙 생활을 했다. 검소하고 소박한 부모의 영향하에 소년 시진핑은 누나들로부터 물려받은 옷을 입고 꽃신을 신고 학교를 다녀 아이들에게 놀림을 받았다. 시진핑과 누나 치차오차오(橋橋)와 동생 웬핑(遠平) 세 아이는 주말에만 버스를 타고 집에 돌아왔다. 공사가 분명한 원칙주의자 시중쉰은 단 한 번도 자신의 관용차를 자녀들의 통학에 이용하지 않았다. 특히 시중쉰은 차오차오가 중학교에 입학하자 중국에서도 드문 성(姓)인 '시'(習)'씨를 쓰면 누구 딸인지 알려져 주위에서 알아서 길까 우려해 딸의 성을 부인의 성인 '치(齊)'씨로 개성(改姓)했다.

시진핑이 만 아홉 살 되던 해, 1962년 9월 시중쉰이 '류즈단 사건'으로 하루아침에 반당세력으로 몰려 몰락했다. 부총리였던 아버지가 뤄양(洛陽)광산 부공장장으로 좌천 9계급이나 강등 방출되었다. 중난하이의 가택은 몰수되고 시진핑은 어머니 치신을 따라 베이징 외곽 중앙당교 근처의 한 골목길 움막집으로 내쫓겼다. 하지만 총명하고 결기 강한 13세 소년 시진핑은 1966년 베이징 제일 명문중으로 손꼽힌 101중에 입학했다. 베이징 101중은 원래 중국공산당이 1946년 홍군혁명특구 장자커우(張家口)에서 고급간부 자제와 혁명열사 유자녀를 위해 세운 중등학교로 1951년 교사를 칭화대 근처에 이전했다. 따라서 101중은 중국공산당이 베이징을 점령한 후 수도에 최초로 설립한 중등학교로 통한다. 국가부주석 정칭홍(曾庆红) 정치국원 리티에잉(李铁映), 류치(刘淇) 등 '베이징 4중'과 함께 중국 정계고위인사를 가장 많이 배출한 명문중학교로 정평이 났다. 특히 축구부가 유명하다. 그가 고급간부자제와 혁명열사 유자녀를 위해 설립된 명문학교에 입학할 수 있었던 건 문화대혁명이 본격적으로 발동되기 전이었기에 전직 고관 자녀에 대한 일정수준의 배려가 남아 있었기 때문이었으리라.

1966년 12월 초, 수도 홍위병 연합행동위원회가 설립되지만 시진핑은 헤이방(黑帮, 반동분자) 자녀로 분류되어 홍위병에 가담할 수 없었다. 문화대혁명의 최고조기 1968년은 홍위병에게는 광란의 한 해였지만 시진핑 일가에게는 비정의 한 해였다. 1968년 초 시중쉰을 '류즈단'으로 올가미를 씌워 몰아낸 문혁 극좌파 수괴 캉성(康生)의 부인 차오티에오(曹轶欧)가 시진핑이 자기 아들이 다니는 101중학교의 동급생이라는 사실을 알게 되었다. 그녀는 "악! 반동분자의 새끼가 101중학교에 다니다니" 악을 쓰며 "101번 총살해도 모자랄 반동분자 새끼를 수용소로 당장 보내라" 광기를 부렸다. 시진핑은 즉각 '101중'에서 '헤이방'의 자녀들의 수용소 겸 특수학교로 개조한 '25중'으로 강제 전학 조치되었다.

시진핑과 그의 형제자매들은 '개새끼(狗崽子)'로 통했다. 아버지는 뤄양에서 어린 홍위병들에게 끌려와 갖은 수모를 당했다. '반당분자 시중쉰'이란 글씨를 목에 건 채 조리돌림을 당하고 인민해방군 위수지구의 독방에 8년간 장기 연금 조치되었다. 어머니 치신은 500인 반당분자 블랙리스트에 들어 7년간의 감호조치와 강제노동에 처해졌다. 그해 10월엔 아버지가 전처와 낳은 이복 맏누님 시허핑(習和平)이 '반동의 딸'로 홍위병에게 온갖 폭행과 모욕을 당해 견디지 못하고 스무 살 꽃다운 나이에 자살했다.

1968년 12월 마오쩌둥 주석은 "지식청년(知靑)은 농촌에 내려가 가난한 농민의 교육을 받는 것이 필요하다"는 '상산하향(上山下鄕)'을 교시했다. 1,600만 명의 중·고등생이 농촌으로 내려가 노동에 종사했다. 15세 소년 시진핑도 1969년 1월 산시성(陝西省) 북부 량자허(梁家河)라는 오지로 배치, 7년 동안 3평 남짓한 황토굴에서 생활을 시작했다. 큰누나 차오차오도 내몽골 생산건설병단에, 둘째 누나 안안은 산시성(山西省) 윈청(運城)현 생산대대 여공으로, 동생 웬핑은 너무 어려서 하방을 면하게 되었으나 중졸 이후 진학기회를 박탈하고 공장 선반 기능공으로 배치되었다.

04

시련과 극복의 황토굴 7년 세월

나는 나이 열다섯에 학문에 뜻을 두었다(吾十有五而志于學).
- <공자>

나이 15세를 일컬어 지학(志學)이라고 한다. 학문에 뜻을 두는 나이라는 의미다. 1969년 1월 13일, 학문에 뜻을 두었어야 할 지학의 15세 청소년 시진핑은 마오쩌둥의 교시에 의해 산시(陝西)성 북부 황토고원 량자허(梁家河)라는 오지의 농촌 노동자로 내던져졌다. 2004년 8월 당시 시진핑 저장(浙江)성 당서기는 옌안TV와의 인터뷰에서 이렇게 회고했다. "옌안으로 가는 상산하향(上山下鄕) 전용 열차에서 학생들은 거의 모두 울었다. 내가 탄 객차칸에 울지 않는 학생들이 하나도 없었다. 그런데 나만 웃었다. 한 친구가 물었다. 너는 왜 울지 않느냐고. 나는 이 기차에 타지 못했으면 울었을 건데, 만일 내가 베이징에 남는다면 언제 죽을 목숨인지도 모르는데 떠나는 게 이 얼마나 좋은가? 너희들은 왜 우는데? 그러자 훌쩍이던 학생들은 미소를 짓기 시작했다."

'양씨네 하천'이라는 뜻의 량자허(梁家河)는 하천이라고 부를 수도 없는 좁다란 개울이 황토마을을 지나서 붙여진 이름이다. 량자허는 항일전쟁과 국공내전 당시 12년간 홍색중국(중국공산당)의 수도이자 혁명성지 옌안에서 동북쪽으로 113㎞ 떨어진 곳에 있다. 붉은 황토 위로 난 검은색 아스팔트길을 자동차로 굽이굽이 두 시간쯤 달려야 닿을 수 있는 산골짜기 마을이다. 시진핑은 여섯 명의 학우들과 함께 좁은 황토굴에서 살게 됐다. 몰락한 고관의 자녀지만 도시에서 곱게 자란 그는 처음엔 고달픈 농촌 생활에 적응하지 못했다. 이와 벼룩이 밤마다 괴롭혔다. 시진핑은 다른 학우들과 날마다 산에 올라가 빈둥거리고 게으름을 피웠다. 당연히 촌민들에게 좋지 않은 인상을 줬고 관계는 악화됐다. 시진핑은 3개월쯤 뒤 야음을 틈타 베이징으로 몰래 도망을 쳤다. 그러나 곧 홍위병 학습반에 의해 구금되었다. 구금기간 동안 베이징 하이뎬(海淀) 중관춘 일대의 하수관 매립 작업에 투입됐다. 베이징에서 당하는 강제노역이 량자허에서의 노력봉사보다 육체적으로는 물론 정신적으로도 힘들었다. 당당히 두 발로 서서 밭을 가는 농부들이 그리워졌다.

 시진핑의 이모부 내외는 타이항(太行)산맥 근거지에서 활약한 팔로군 전사였다. 그들은 시진핑의 어머니 치신을 15세 어린 나이로 혁명의 최전선에 서게 한 사람들이었다. 그들은 방황하는 외조카에게 량자허로 돌아가라고 권했다. "우리는 기회를 놓치지 않고 군중속으로 파고들어 갔다. 네가 지금 군중에 파고들지 않으면 누구에게 의지할 것인가? 마땅히 너는 군중 속에 뿌리를 내려야 한다."

 1969년 10월 시진핑은 량자허로 다시 향했다. 귀로에서 시진핑은 지식청년 왕치산(王岐山, 1947~ 전 중기위 서기, 현 국가부주석)을 만났다. 그 역시 반동분자의 아들로서 량자허에서 80km가량 떨어진 옌안현 펑좡(馮莊) 인민공사에서 노역 중이었다. 시진핑은 왕치산의 토굴에서 하룻밤을 신세졌다. 두 반동분자의 자식들은 한 이불을 덮고 누워 밤새 대화를 나눴다. 당시 시진핑은 경제 관련 책을 한 권 가지고 있었는데, 이를 왕치산에게 주고 왔다.

량자허로 돌아온 시진핑은 심기일전하여 제2의 도전을 시작했다. 2012년 시진핑의 푸젠(福建)성 성장시절 『서부대개발』 9월호에 실린 「나는 황토땅의 아들이다(我是黃土地的儿子)」라는 회고문을 살펴보자.

베이징을 떠나 낯선 환경에 투입된 나는 현지 농민들의 불신과 냉대를 받아 한때 깊은 고독에 빠졌다. 그러나 내 부모를 키워준 황토고원은 드넓은 가슴으로 세상 모르는 15세 소년을 품어주리라 믿었다. 진실로 농민들과 하나가 되고 고단한 나날의 시련을 견디어 내기로 다짐했다. 그 기간 나는 네 개의 관문을 넘었다. 첫째, 벼룩의 관문. 베이징에서 나는 벼룩을 보지 못했다. 그러나 량자허의 여름에 벼룩과 함께 잠을 잘 수밖에 없었다. 한 번 물면 한 번 긁고 전신에 종기가 생겼다. 그러나 2년 후 벼룩이 아무리 물어도 꿀잠을 잘 수 있게 됐다. 둘째, 음식의 관문. 베이징에선 흰 쌀밥과 가는 면발만 먹었는데 거기선 껄끄러운 잡곡만 먹었다. 처음엔 도저히 목구멍에 넣을 수 없었다. 하지만 점차 산베이(陝北, 산시 북부 황토고원지대)의 음식에 중독됐다. 지금도 쏸차이(酸菜, 산베이의 시큼한 배추절임)를 생각하면 군침이 돌 정도다. 셋째, 노동의 관문. 처음에 내 노동력 평가는 6점으로 부녀보다 낮았다. 2년 후 나는 10점 만점 노동력으로 농사일의 최고수가 되었다. 여름에는 보리를 메고 날랐는데 최대 100㎏을 메고 10리 산길을 단숨에 내려왔다. 넷째, 사상의 관문. 이게 가장 중요하다. 나는 농민의 실사구시와 각고면려의 정신을 배웠다. 농민과 황토와 나는 하나가 되어갔다. 생활에 적응해가면서 내 황토굴은 마을회관처럼 변해갔다. 촌민들이 찾아와 동서고금의 온갖 문제에 대해 상담했다. 내가 량자허에 온 첫해 봄철에 거지들이 몰려왔다. 우리는 그들을 일일이 쫓아내고 개를 풀어 물게도 했다. 당시 우리 도시 청년들의 관념 속 거지들은 모두 나쁜 놈이고 잉여인간이었다. 처음엔 무엇이 '살찐 정월, 깡마른 이월, 반쯤 죽는 삼사월'이라는 걸 몰랐다. 묵은 곡식은 거의 떨어지고 밀은 아직 여물지 않아 집집마다 겨와 푸성귀로 겨우 입에 풀칠했다. 아내와 아이들을 내보내 동냥질을 해서 얻은 곡식은 농사를 지을 수 있는 건장한 남자들에게만 먹였다.

나는 이런 사정을 현지 실제 생활에서 알게 되었다. 량자허에서 난 필생의 두 가지 큰 가르침을 배웠다. 하나는 무엇이 실사구시이며 무엇이 군중이라는 실체를 온몸으로 깨달았다. 또 하나는 칼은 돌 위에서 날카로워지고 사람은 역경 속에서 단련된다는 진리를 실천으로 체득했다. 나의 성장과 발전은 산베이 7년 생활에서 출발했다. 15세 나이로 이곳 황토땅에 왔을 때 나는 미망(迷妄)에 빠져 방황했으나 22세 나이로 이곳 황토땅을 떠날 때 나는 이미 견고한 인생목표를 가졌고 자신감으로 충만했다. 나는 정판교(鄭板橋, 1693~1765)의 죽석<竹石>을 몇 글자를 바꿔 내 생활신조로 삼았다. 기층에 깊이 들어가 놓지 않으니(深入基層不放鬆) /군중 속에서 뿌리를 내렸네(立根原在群衆中) /천 번을 깎이고 만 번을 때려도 군건하거늘(千磨萬擊還堅勁) /동서남북 바람이여 마음대로 불어봐라(任爾東西南北風).

뿌리는 산시(陝西), 혼은 옌안(延安)인 나의 제2고향은 옌촨(延川)이다.

 량자허촌 토굴 시절 시진핑은 공산주의청년단(共青團 공청단) 입단을 신청했지만 매번 실패했다. '반동분자의 자식'이었기 때문이다. 그는 좌절하지 않았다. 생산대대 지부(支部)서기를 토굴로 초청해 계란덮밥 요리와 오가피주를 베풀며 청탁했다. 결국 공청단 가입은 8번째 도전 만에 뜻을 이루었다.

 시진핑은 1972년 8월 지식청년 열성분자로 펑자핑 인민공사 자오자허 대대로 파견돼 '사회주의 사상교육'을 진행하면서 촌민들의 신임을 얻었다. 그의 공산당 입당은 21살이던 1974년에 이루었다. 입당 신청 11번째다. 시진핑의 공청단 입단은 7전 8기, 공산당 입당은 10전 11기인 셈. 연이어 시진핑은 량자허 대대 지부 서기(우리나라의 면장급)로 선출됐다. 21세에 산베이 전역을 호령한 아버지 시중쉰 산간볜 소비에트 주석에 비해서는 아무것도 아닌 최말단 지방 행정관 자리였지만 그는 매사에 솔선수범했다. 우선 량자허의 홍수 예방과 토사 유실을 방지하기 위해 제방을 쌓는 데 앞장섰다. 서북풍이 거세게 몰아치는 한겨울에 촌민들과 함께 둑으로 나갔다. 시진핑은 가장 먼저 솜저고리와 솜바지를 벗고 얼음물 속으로 뛰어들었다. 그러자 촌민들도 모두 뛰어 내려왔다.

 시진핑은 쓰촨성 전역에 메탄가스가 보급되었다는 소식을 접하자 직접 쓰촨 현지로 가서 살펴본 후 량자허도 연료를 메탄가스로 대체키로 작정했다. 농민들을 이끌고 전신에 똥물을 뒤집어쓴 채 메탄가스 시설을 만들었다. 량자허 거주호 70% 이상이 메탄가스로 불을 밝히고 취사를 할 수 있게 되었다. 량자허는 산시성 최초로 메탄가스 사용을 보편화시킨 촌이 되었고 또 이를 계기로 시진핑은 옌안지구 대표 지식청년으로 떠올랐다.

2012년 11월 16일자 <뉴욕타임스>는 '시진핑 총서기, 10대 하방(下放) 시절 독서광'이라는 제목으로 크게 보도했다. 그 미국의 대표 일간지는 "그 비범한 소년은 잠들기 전까지 항상 두꺼운 책을 읽었다"며 시진핑과 3년간 살았던 한 촌로의 증언을 상세히 실었다. 황토굴 7년 세월 동안 시진핑의 학구열은 끊임없이 불탔다. 아버지의 실각과 함께 풍비박산 난 가정형편으로 학업을 중단했던 시진핑은 공부의 부족을 깨닫고 책을 놓지 않았다. 베이징에서 책으로만 가득 채워진 큰 상자 두 개를 가지고 와서 낮에는 일하고 깊은 밤까지 석유등 아래서 책을 읽었다.

광란의 문화대혁명도 끝물에 이른 1975년 여름 어느 날, 베이징의 칭화대(淸華大)에서 공농병(工農兵) 추천생 모집광고가 났다. 공농병 추천이란 당에 대한 충성이 강하고 업무실적이 뛰어난 젊은 '노동자(工)·농민(農) 병사(兵)'들을 상대로 현지 당간부가 (오늘날의 입학사정관과 흡사한 자격이 되어) 대학 입학을 추천하는 방식이다. 칭화대는 옌촨현에 2명의 공농병 추천생을 할당됐다. 시진핑은 '붙여주면 들어가고 아니면 그만두지'라는 생각으로 1, 2, 3지망을 모두 칭화대로 썼다. 그의 칭화대의 공농병 입학추천장을 써준 사람은 왕천(王晨, 1950~ 전 인민일보 사장, 현 전인대 부주석) 옌안지구 이쥔(宜君)현 당간부였다. 왕천은 시진핑과 같은 베이징 태생의 지식청년이었다. 또한 '반동분자' 아버지 시중쉰을 감시 감독하고 있었던 뤄양(洛陽)의 내화재료공장 책임자는 "시중쉰 동지의 문제는 당내문제로 그 자녀의 진학과 취업에 영향을 주지 않을 것"이라는 내용의 '현지 증명'을 발급했다. 덩샤오핑과 시중쉰 등 핍박받고 있던 개혁파 인사들을 흠모한 류빙(劉冰, 1921~2017) 당시 칭화대학 제1부서기는 시진핑의 입학을 최종 허락했다.

1975년 10월 7일 량자허 모든 촌민이 일제히 일손을 놓았다. 그들은 모두 시진핑의 칭화대 입학 상경길 양쪽에 도열했다. 7년간 정들었던 젊은 지도자의 '붕정만리(鵬程萬里)'를 축원하며 배웅했다. 13명의 열성 촌민은 30km나 떨어진 현 소재지까지 따라갔다. 시진핑은 밤이 되자 이들과 국영여관 큰 방에서 함께 잠을 잔 뒤 다음 날 기념사진을 찍은 후 아쉬운 작별을 나누었다.

05

칭화대 학생 → 軍장교 → 현 서기

시진핑이 천시에게 '1인 4직' 고관대작 선물세트 준 까닭

1975년 시진핑은 명문 칭화대 화공과(기본유기합성 전공)에 입학했다. 칭화대 재학시절 시진핑의 단짝 친구는 천시(陳希, 1953~ 현 중앙조직부장)였다. 시진핑과 천시, 둘은 같은 나이, 같은 학년, 같은 과, 같은 공농병 출신이었다. 둘은 낮에는 같은 강의실과 같은 도서관에서 공부하고, 밤에는 같은 기숙사동의 같은 방, 같은 이층 침대 위아래 칸을 나눠 썼다. 시진핑은 수업 따라잡기가 버거웠다. 정규 고등학교 과정을 마치지 못했을 뿐만 아니라 이공계보다 인문 사회계에 적성이 맞는 그였다. 간단한 화학반응식과 주기율표도 이해하기 힘들었고 흥미도 없었다. 아무리 노력해도 타고난 재능을 이길 수 없었다. 그런데 차분하고 친절한 성격에다 타고난 이공학도 천시는 시진핑의 수업과 시험에 알게 모르게(?) 많은 도움을 줬다. 시진핑이 인생에 상승곡선을 타기 시작한 해는 칭화대 4학년 시절 1978년, 부친 시중쉰이 그해 3월 전국정치협상위원회 상임부위원장으로 임명된 때부터이다. 아버지가 16년간 질곡의 세월을 마치고 중앙 정치무대에 복귀한 바로 다음 달인 4월 아들도 칭화대 당 지부 서기로 선출되었다. 일개 학부생에 간부 교직원이라는 벼락감투를 쓰게 된 시진핑은 자신의 학업을 이끌어준 절친이자 멘토 겸 은인인 천시를 중국공산당에 입당시켜 주었다. 졸업 후 대학에 남은 천시는 1998년 칭화대 부서기(부총장) 재직 시 당시 푸젠성 성장 시진핑에게 칭화대 대학원 박사과정 입학을 주선했다.

2017년 10월 시진핑 총서기는 천시에게 정치국원, 당 중앙조직부 부장, 중앙서기처 서기, 중앙당교 교장 등 '1인 4직' 고관대작 선물 세트로 답례했다.

입대 당일 영관급 장교가 된 사나이

1978년 2월 칭화대를 졸업한 시진핑은 겅뱌오(耿飈, 1909~2000) 국무원 부총리 겸 군사위 비서장실 비서(현역 영관급 장교)에 배치됐다. 대학을 갓 졸업한 26세 청년에게 이처럼 막중한 자리가 주어진 배경은 당시 최고권력을 장악한 중앙군사위 부주석 덩샤오핑(鄧小平)의 각별한 배려였다. '붉은 사회주의 바다에 푸른 자본주의 섬 경제특구제'를 고안하여 '중국 질주'의 물꼬를 터준 시중쉰과 그 2세에 내려주는 하사품이었다. 심모원려가 듬뿍 담긴. 시진핑 정치생애 중 최초의 직속 상관 겅뱌오는 시중쉰과 서북 황토고원에서 생사를 함께한 전우였다. 겅뱌오는 선명한 개혁파 시중쉰과 달리 온건한 문혁파에 속했던 덕분으로 스웨덴·파키스탄·미얀마·알바니아 대사를 거쳐 장관급 이상인 당 대외연락부 부장을 역임하면서 출세가도를 달렸다.

1976년 9월 9일 인민복을 입은 공산황제 마오쩌둥이 염라대왕 곁으로 가자 겅뱌오는 기민하게, 은밀하게 예젠잉(葉劍英, 1897~1986) 중앙군사위 부주석의 휘하에 들어 줄을 갈아탔다. 곧 10월 6일 예젠잉이 주도하는 '궁정 쿠데타'에 가담해 중앙라디오방송국과 TV방송국을 무력 점령, '4인방 분쇄'에 결정적 공을 세웠다. 덕분에 겅뱌오는 1977년 초 정치국 위원 겸 외교 군수산업, 관광담당 부총리에 임명되더니 1978년 초 중국의 사실상 최고권력기관 중앙군사위의 비서장(사무총장)을 겸임하는 등 권력의 최전성기를 구가하고 있었다.

1978년 3월 10일 시진핑은 돌연 군에 입대했다. 중앙군사위 비서장 사무실의 문건은 모두 비밀 금고에 보관돼 있다. 민간인은 물론 비서장의 처자식도 접근조차 할 수 없었다. 시진핑은 겅뱌오가 겸한 국무원 부총리와 중앙군사위 비서장 중 후자에 배속된 비서였다. 군사위 비서장 비서는 반드시 현역군인의 신분이어야 하기에 형식적으로나마 군입대 수속을 밟아야 했다. 입대 당일 장교로 임관된 시진핑에게 부여된 직급은 월봉 52위안의 부연대장급(중령급)이었다. 시진핑은 군복을 입은 현역 장교로서 군사위 비서장의 업무 스케줄, 내외빈 접대, 연설문 초안 작성 등을 맡았다. 문혁 시에 군 계급제가 폐지된 탓에 인민해방군 장교는 사병과 같은 군복을 입었다. 단, 장교의 군복은 상의 하단에 주머니 두 개가 더 있어 상의 주머니 4개는 장교를 의미했다. 회의 참석 기회가 많은 장교들의 '플러스(+) 2개' 주머니의 주 용도는 필기용 수첩 휴대이다. 하지만 시진핑의 +2개 주머니는 쓸모가 없었다. 겅뱌오는 시진핑에게 필기를 허용하지 않았고, 모든 걸 한 치의 오차도 없이 외우게 했다.

 시진핑은 때때로 잔머리를 굴렸다. 수
많은 안건이 논의된 마라톤 회의를 마치
자마자 자신의 사무실에 달려 들어가 회
의 요약을 쪽지에 기록한 뒤, 몰래 쪽지
를 주머니에 쑤셔 넣었다. 시진핑은 겅뱌
오가 주재하거나 참가하는 중앙과 지방의
각급 각종 회의를 수행하면서 미래 군·
당·정(軍·黨·政) 지도자 수업을 받았
다. 1980년 5~6월 2주 동안 겅뱌오를 수행해 미국을 방문하는 등
해외 견문도 넓혔다.

1982년 초 시진핑은 중앙군사위를 떠날 준비를 했다. 덩샤오핑에
게서 모종의 암시를 받은 부친 시중쉰의 은근한 권고였다. 당시 겅
뱌오가 속한 문혁파 잔당은 덩샤오핑의 개혁파에 밀리는 형세였다.
시진핑은 '지는 해' 겅뱌오에 지방으로 전출할 의사를 밝혔다. 평생
군인 겅뱌오는 자신의 전속부관이 지방의 야전군 지휘관으로 전출
을 희망하는 것으로 해석했다. 시진핑은 1982년 3월 허베이(河北)
성 정딩(正定)현 부서기로 전근됐다. 베이징에서 남서쪽으로 300㎞
가량 떨어진 곳에 위치한 '삼국지' 조자룡의 고향 정딩현은 당시 허
베이성 관할이 아닌 중앙직속 관할지역이었다. 겅뱌오는 시진핑이
지방으로 떠난 2개월 후 군사위 비서장에서 해됐었다. 마치 침몰 직
전의 배에서 극적으로 탈출한 것 같았다. 정딩현에서도 시진핑은 여
전히 낡은 군복을 벗지 않았다. 정딩현 무장부대 정치위원(군부대
최고위직) 겸직발령을 받았기 때문이다.

정딩현 역사상 최연소 '사또'의 빛과 그림자

만 28세의 현 군·당·정 간부 시진핑은 현지 주민들과 남녀노소 빈부귀천을 가리지 않고 마음을 터놓고 지냈다. 말투는 겸허했고 허리를 낮추어 사람을 대했다. 식사는 일반 직원들과 똑같이 실외의 간이탁자에서 함께했다. 이동할 때는 관용차를 타지 않고 자전거를 타고 다녔다.

국가부주석으로 취임한 2008년 이후 매년 한 차례 이상 정딩현을 방문하는 시진핑 주석은 이렇게 회고한다. "내가 오늘 이처럼 강건한 정신과 신체를 가지게 된 건 과거 정딩현 부서기 시절 매일 30㎞ 이상 자전거로 시골길을 누비며 행정 지원을 펼쳤기 때문이다." 시진핑의 숙사 침대 위에는 7년 옌안 토굴생활에서부터 사용하던 100번도 넘게 기운 모포가 깔려 있었다. 지역 역사지리지 '정딩현지'를 통독하고 실제 답사를 통해 주요 상황을 파악했다. 낮에는 수많은 업무를 처리하고 깊은 밤까지 독서하고 사색했다.

그는 현의 원로 간부들 의견을 경청하고 정책에 반영했다. 원로 간부들에게 우선적인 진료와 의약비를 제공하도록 제도화했다. 모든 사람을 그의 이름대로 가깝고 '근(近)' 평등 '평(平)'하게 대했다. 그런 그를 사람들이 안 좋아할 리 없었다.

시진핑은 1983년 11월 30세의 나이로 현 서기로 승진했다. 정딩현 2000년 역사상 최연소 '사또'인 셈이었다. 정딩현에서 그의 최대 업적은 룽궈푸(榮國府)라는 영화·TV 드라마 촬영단지 건설이다. 소설 '홍루몽(紅樓夢)'과 똑같이 청나라 시대의 거리를 복구해 유명한 관광자원으로 개발한 것이다. CCTV에서 홍루몽 임시 세트장을 짓고 촬영이 끝난 후 철거하기로 결정했지만 시진핑은 이것을 보존하기로 결정해 초대형 문화예술공간으로 만들었다. 또 조자룡의 고향 상산(常山) 부근을 대대적으로 개발해 역사테마파크 '상산공원'으로 변모시켰다. '룽궈푸'와 '상산공원'은 황금알을 낳는 거위가 됐고 정딩현은 중앙정부로부터 '중국관광 정딩모델'이 됐다.

시진핑은 일약 전도유망한 행정수장으로서 능력을 인정받게 됐다. 유명한 드라마 작가 커윈루(柯雲路)가 시진핑의 정딩현장 시절의 업적을 각색한 TV 드라마 '신성(新星·샛별)'을 제작했다. 시진핑 현 서기는 1985년 4월 28일에서 5월 9일 허베이성 옥수수 가공 시찰단장 신분으로 미국 아이오와주 머스카틴 카운티를 방문했다. 그때 시진핑은 정딩현과 머스카틴 카운티와 자매결연을 체결했다.

빛이 환하면 그림자도 짙은 것인가?

2012년 10월 2일 미국 '뉴욕타임스'는 정딩현 서기 시절 시진핑의 어둠을 폭로한다. 1983년 시진핑 서기는 6만여 가임여성에 대해 예외 없는 산아제한 조치를 강제했다. 또 3만 1,000여 명에게 영구불임시술을, 3만여 명에게는 루프시술을 강행했다. 1983년 가을 어느 날 시진핑 현 서기는 강력범죄와의 전쟁을 선포하고 그 본보기로 4명의 사형수를 도로건설 기공식장에 끌어내어 공개 총살을 집행했다.

06

뱀 머리가 되어 뱀을 용으로 바꿔라

1980년, 중국 동남부 연해에 4개의 섬이 나타났다. 광둥성의 선전(深圳), 주하이(珠海), 산터우(汕頭)와 푸젠성의 샤먼(夏門)이 그것이다. 사회주의 붉은 바다에 자본주의 4개의 푸른 섬을 일컬어 경제특구라고 했다. 이 4개의 자본주의 섬은 시진핑의 부친 시중쉰의 건의를 덩샤오핑이 받아들여 생겨난 것이다. 덩샤오핑과 시중쉰 등 개혁파는 동남부지역의 발전을 통해 내륙지역으로의 파급효과를 기대하는 "먼저 부자가 되어라"의 '선부론'을 내걸었다. 마오쩌둥의 균부론(均富論)이 모두가 평등하게 가난하게 살아야 하는 '균빈론(均貧論)'이었음을 간파했던 것이다. 10여 년 문화대혁명 광란의 이념투쟁놀음으로 가산을 탕진해버린 중국은 수출하려고 해도 수출할 물건이 없었기에 우선 외자유치에 주력해야 했다. 외자가 위험을 무릅쓰고 중국에 들어오게 하기 위한 경제특구라는 이름의 '창구'가 필요했다.

푸젠성의 약칭은 민(閩)이다. 민은 옛날 푸젠에 살았던 미개 민족의 이름이다. 바다를 면한 중국의 성 가운데 푸젠은 산악지역이 제일 많은 성이기도 하다. 전체 면적의 90%가 산으로 이루어졌다. 중국의 우룽차(烏龍茶)의 90% 이상이 푸젠의 산에서 난다. 푸젠은 민둥(閩東) 민시(閩西) 민난(閩南) 민베이(閩北) 4개 지역으로 나뉜다. 푸젠 북동쪽의 민둥사람은 무사안일을, 서쪽 내륙의 민시사람은 조상숭배를, 북쪽의 민베이사람은 안빈낙도를 삶의 종지로 삼는 반면 남동해안의 민난사람은 진취적이고 개방적이다. 민난사람은 농사에는 젬병이지만 장사에는 고수다. 북동쪽 바닷가 민둥사람도 배를 타기는 하지만 고기잡이배인 데 반하여 민난사람은 배를 타도 상선을 탄다. 푸젠상인이라면 곧 민난상인을 말한다. 푸젠성의 성도 푸저우(福州)는 민베이 지역에 위치한다. 시내 인구는 겨우 100만 정도로 최소한 500만 명은 넘어야지 대도시로 치는 중국에서 푸저우는 중소도시에 지나지 않는다. 동남연해성의 성도 중 푸저우 인구수가 제일 적다. 그러나 푸저우가 푸젠의 베이징이라면 샤먼(夏門)은 푸젠의 상하이다. 민난지역에 위치한 샤먼이 1980년에 경제특구가 된 이후 푸젠은 활기를 띠기 시작했다.

중국의 해외화교 약 6천만 명 중에는 푸젠어 사용자가 3천만 명으로 가장 많다. 대만해협 건너편 대만 국민의 90% 이상도 명말 청초에 건너간 푸젠사람(특히 민난지역)들의 후예이다. 말레이시아, 인도네시아, 싱가포르 등 동남아 화교의 60% 이상, 특히 150만 명 필리핀 화교 가운데 90%가 푸젠의 후예이다. 그래서인지 샤먼에는 필리핀 총영사관이 주재하고 있다.

1985년 6월 15일, 시진핑은 허베이성 정딩현을 떠나 푸젠성 샤먼시에 도착했다. 32세 생일날이었다. 정딩현 당서기에서 샤먼시 부시장으로 발령받은 것이다. 형식상 수평이동이었으나 1980년대 경제 특구 근무는 선망의 대상이었으니 대단한 영전인 셈이다. 시진핑은 샤먼에서 푸젠성 당서기인 샹난(項南, 1918~1997)을 만난다. 샹난은 혁명가문 출신이다. 샹난의 부친 샹위녠(项与年, 1894~1978)과 시중쉰은 서북 황토고원의 혁명전우였다. 시중쉰은 샹위녠이 1978년 사망하자 장편의 묘지명을 써주었다. 샹난과 광둥성 당서기 런중이(任仲夷)는 중국 개혁개방의 선봉에서 이끈 쌍두마차였다. 그 둘은 중앙의 덩샤오핑, 후야오방(胡耀邦), 시중쉰 등 6명의 정치국위원과 함께 '개혁 8현'으로 불리던 인물이다.

"개혁과 개방의 실천을 직접 맛보고 싶어 이곳에 왔습니다." 샤먼 부시장 부임 첫날 시진핑이 말하자 샹난은 다감하지만 단호한 어조로 당부했다. "개혁과정의 실수는 용서하겠지만 개혁을 하지 않는 건 절대 용서하지 않겠다." 광둥성의 특구 선전과 주하이는 홍콩과 마카오, 산터우는 태국의 투자를 받았으나 샤먼은 대만해협 건너편 대만의 투자를 받았다. 샹난은 1984년 2월 샤먼을 시찰 나온 덩샤오핑에게 특구확대를 건의해 그해 5월 샤먼시 경제특구를 2.5㎢에서 2.5131㎢로 확대됐다. 당시 중국대륙에 고속도로가 하나도 없었다. 당시 푸저우~샤먼 간 300㎞ 거리가 차로 8시간이나 걸렸다. 시진핑은 샹난에게 푸젠성의 제1도시 푸저우(福州)와 제2도시 샤먼 간의 고속도로 도로 건설을 건의했다. 샹난은 시진핑의 제안을 칭찬하고 추진해보자고 약속했다. 혁명가문 출신이자 개혁성향의 둘은 죽이 잘 맞았다. 시진핑은 자신을 아들같이 여기고 알아주는 샹난에 대해 충성을 다할 각오로 의욕에 부풀었다. 그러나 시진핑이 샤먼에 부임한 지 한 달도 채 지나지 않은 시점에 그의 의욕이 시들어 버린 사건이 일어났다. 샹난은 '가짜 감기약 사건'의 덫에 걸려버린 것이다. 푸젠성 진장(晋江)의 향진기업이 흰목이버섯을 원료로 가짜 감기약을 제조 판매한 사건이다. 피해자도 발생하지 않은 상황인데 돌연 1985년 6월 당중앙 기관지 『인민일보』에 가짜감기약에 관한 기사가 대문짝만하게 게재되었다. 수구파는 개혁파의 선봉장 샹난에게 비판의 십자포화를 퍼붓기 시작하였다. 이는 사실 자본주의 방식인 향진기업에 불만이었던 수구파의 언론플레이였다. 후야오방과 시중쉰이 힘을 써 보았으나 샹난의 파면은 면할 수 없었다. 샹난의 후임으로 수구파의 지원을 받는 천광이(陳光毅, 1933~)가 임명됐다. 그때부터 시진핑은 샤먼에서의 세월 대부분은 지역시찰이나 하며 은인자중하며 지낼 수밖에 없었다.

시진핑은 자신의 통산 25년간 지방근무 경력 특히 푸젠성 17년간 지방당정군 수뇌부 업적을 자랑스럽게 구체적으로 세세하게 술회하길 좋아한다. 한데 한 가지 특이한 부분은 그 살기 좋은 샤먼시 부시장 3년간의 업적은 거의 입에 담지 않는다. 실제로도 뚜렷이 내세울 만한 업적은 그다지 없는 것 같다. 필자가 몇 2주간 온오프라인 문헌 자료를 전수분석하다시피 찾아보아도 찾을 수 없었다. 1989년 3월 샤먼시 인민대표대회에서 시진핑은 부시장 연임에 필요한 과반수 득표 획득에 실패했다. 부시장급 이상 샤먼시 고위간부 중 시진핑이 유일했다. 낙선의 원인은 업무실적이 저조한 데다가 평판이 좋지 않았다는 것이다. 앞에서도 말했지만 시진핑은 1982년 정딩현 현장 겸 정딩현 무장부 제1정치위원 시절부터 2007년 상하이시 당서기 겸 상하이경비군구 제1서기까지 거의 대부분 해당지역 군·당·정 수뇌를 겸직했다. 그러나 1985~1988년, 그의 나이 32~35세

3년간만 예외다. 샤먼시 당위원회 상무위원 겸 부시장, 즉 당정간부만 역임했지 군 간부직은 맡지 못했다.

"사나이는 자기를 알아주는 사람을 위해서 죽고 여인은 자기를 사랑하는 사람을 위해 화장한다(士爲知己者死 女爲悅己者容)."

- 사마천 『사기』 자객열전

자기를 알아주던 상사가 떠난 자리에 상사의 반대파 사람이 왔으니 무슨 의욕이 나겠는가? 시진핑은 의욕을 잃고 자리가 가시방석처럼 느껴졌다. 안팎의 분위기가 우호적이 아니었다. 매사에 밖으로 드러내지 아니하고 참고 감추어 몸가짐을 신중히 해야 했다. 그러나 샤먼 3년은 그에게 공(公)과 사(私) 양면 모두 저조한 세월만은 아니었다. 이혼 후 독신남이었던 시진핑은 1987년 9월 1일 펑리위안(彭麗媛, 1962~)과 재혼하였다.

시진핑은 1988년 6월 35세의 나이에 닝더(寧德)지구 서기 겸 닝더군분구 당위위회 제1서기에 임명됐다. 직급상으로는 수평이동의 전직이지만 엄밀한 의미에서 좌천이었다. 닝더는 푸젠성 동북부 연안의 낙후한 민둥지역 중에서도 가장 낙후한 지역이었다. 특산물이라고는 조기의 일종인 부세뿐, 빈곤인구가 푸젠성 전체 농촌인구의 3분 1이었다. 닝더의 상황은 샤먼은 물론 시진핑의 첫 임지 허베이의 정딩현에 비할 바 없이 열악했다.

아래는 시진핑의 닝더시절 회고다. "닝더에 가기 전 나는 샤먼에서 3년 동안 부시장을 했다. 주로 개혁개방과 특구 건설을 추진하는 일을 했다. 푸젠성 위원회는 내가 샤먼에서의 개척정신을 높이 평가

(?)해 경제적으로 낙후돼 있던 닝더시 서기로 전직시키기로 결정했다. 당시 푸젠성 조직부장이었던 자칭린(賈慶林, 1940~, 후일 푸젠성 성장, 베이징 시장 정치협상위주석 역임) 동지가 나를 찾아와 '당신이 닝더를 바꿔놓아야 한다'고 말했다. 당시 천광이 서기와 왕자오궈(王兆國, 1941~) 성장 역시 나의 닝더행을 적극적으로 지지했다." 닝더에서 간부들의 부패상이 너무 심각했다. 부패척결을 하려하자 "이곳 당 간부들이 미움을 사지 않겠습니까?"라고 말하는 사람도 있었다. 나는 "몇백 명의 미움을 사는 게 좋은가 아니면 몇백만 명의 미움을 사는 게 나은가. 소수를 두려워해야 하는가 아니면 다수를 두려워해야 하는가 반문했다." 닝더에서 시진핑은 '튀지 않는 개혁'을 추구했다. 낮은 불로 온수를 끓이되 불은 꺼지지 않게, 과열시 찬물을 붓는 방식을 택했다. 시진핑은 소박한 옷차림과 겸허한 태도로 버스를 타고 구석구석을 돌았다. 추운 날씨에 화장장, 쓰레기 매립장을 다니며 노동자를 만났다. 여름엔 파리가 들끓고 냄새가 났지만 아랑곳하지 않았다. 시진핑은 반부패로 돌파구를 열었다.

당시 닝더에서는 간부들이 불법으로 집을 건축하는 풍조가 있었다. 극도의 빈곤 속에선 부패 공직자들이 판치게 마련이다. 불법 건축으로 적발된 7천여 명의 간부 중, 부현장급 49%인 242명, 과장급 46%인 1,399명이 각각 포함됐다. 간부 중 절반은 부패를 저지른 셈이었다. 시진핑은 이에 무자비한 철퇴를 가했다. 닝더지구 화교 연합부주석 정시쉔(鄭錫煊) 등을 파면, 10년 징역형을 선고받게 하는 등 부패 간부 전원을 행정 및 사법조치했다. 모든 불법 건축 주택 몰수 또는 철거했다. 이는 당연히 민중의 열렬한 지지를 받았다. 이 사실은 1990년 5월 21일자 『인민일보』에 "한 가지 일을 잘 처리하니 만 사람의 인심을 얻었다(办好一件事, 赢得万人心)"의 제하의 기사로 대서특필되어 당중앙의 관심을 집중시켰다. 시진핑은 닝더지구 서기 재임 2년 동안 빈곤탈출 운동에 주력했고 빈민 94%가 먹고사는 문제를 해결하는 성과를 거뒀다. 1990년 8월 12일자『인민일보』는 다시 '닝더, 최저수입한계선을 넘다'의 기사를 비중 있게 실었다. 중국판 '잘살아 보세'의 '닝더 모델'의 탄생이었다.

시진핑이 1992년 푸저우에서 출판한『파탈빈곤(摆脱貧困)』은 닝더 지역 당서기 근무 시절의 기고·연설문을 묶은 것으로 고질적인 가난 탈출 역정이 생생하게 담겨 있다. 시진핑은 그의 푸젠성 근무 17년간 처음 3년 임지, 번화한 민난지역 샤먼에서 이렇다 할 업적은 세우지 못했으나 다음 2년 6개월 임지, 낙후한 민둥지역 닝더를 부패와 빈곤으로부터 탈출시키는 업적을 세웠다. 이러한 탁월한 실적 덕분에 시진핑은 1990년 5월 15일 푸젠성의 중심도시 푸저우시 당서기 겸 푸저우 군분구 당위원회 제1서기 승진 발령을 받는다. 그의 나이 만 37세가 되기 딱 1개월 전이다. 그 무렵 시진핑은 용의 꼬리보다는 뱀의 머리가 되어 그 뱀을 천하제일의 용으로 웅비시키는 데 무한한 즐거움을 느끼는 사람임을 재확인했다.

07

항일민족주의와 부패척결 그의 쌍검은
어디서 연마되었는가?

인간은 환경에 의존하지 인간에 의존하는 것이 아니다.
- 헤로도토스 「역사」
미생물이 그 배양액에서 자라듯 인간도 자연적 인문사회적 환경
에서 자란다. **- 강효백**

역사적인 북미정상회담이 개최된 싱가포르는 국민의 77%가 중국
계다. 그들 대다수는 푸젠성 출신 화교다. 광의의 화교는 화교(華僑)
와 화인(華人), 화예(華裔)로 구분할 수 있다. 화교는 중국 국적의 해
외체류 중국인이며 화인은 현지 국적을 취득했으나 중국계 커뮤니티
에 참여하는 중국인, 화예는 자신이 중국인의 후예임을 인식하나 중
국계 커뮤니티에 참여하지 않는 중국혈통을 일컫는다. 여기에서의 화
교는 광의의 화교를 일컫는다. 현재 약 6천만 명의 화교들의 본향은
대부분 중국 푸젠성 약 3천만 명과 광둥성 약 1,500만 명이다. 푸젠
화교 출신이 제일 많은 까닭은 뭘까? 그건 바로 왜구의 노략질 때문

동남아시아 화교 현황

	필리핀	말레이시아	싱가포르	인도네시아	태국
화교수	150만명	570만명	220만명	630만명	610만명
전체인구 비중	1.5%	29%	77%	3.5%	12%
상장주식 자본비중	50%	61%	81%	73%	81%
주류 출신 지역	푸젠 대다수	푸젠 다수 광둥 소수	푸젠 대다수	푸젠 다수	광둥 다수 푸젠 소수

출처:中國社會科學院文獻出版社, 「Blue Book of Overseas Chinese, 2016」 참조하여 필자가 직접 작성

이다.

14세기 푸젠성에서부터 백열화되기 시작한 왜구의 노략질은 19세기 굴욕의 청일전쟁-20세기 30만 남경대학살을 비롯 2천만 중국인이 살상당한 중일전쟁-21세기 오늘까지 700년간 중국의 불공대천지 원수, 제1주적국은 일본이다. 예나 지금이나 적대국 관계인 중·일 관계는 시진핑 중국 vs 아베 일본시대로 들어갈수록 악화하고 있다. 식민사관이나 친일잔재 청산 문제에서 자유로운 중국의 반일감정은 한국의 그것에 비해 폭과 깊이, 차원 자체가 다르다. 중국인들은 입을 모아 말한다. "서구열강의 침략은 용서할 수 있지만 섬나라 일본의 만행은 영원히 용서할 수 없다." 이러한 중국의 31개 성급 광역행정구역에서도 반일감정이 가장 강한 성을 하나만 고르라면 두말할 것 없이 푸젠성이다.

시진핑은 정치경력 중 17년을 푸젠성에서 보냈다. 그는 중국 개혁개방의 전초기지이자 타이완의 맞은편 푸젠성에서 빛과 그림자를 모두 겪었다. 시진핑은 중국 역대 최고 지도자 중 가장 강력하고 선명한 혐일주의자로 정평이 나 있다. 시진핑은 일측으로부터 수차례의 직간접 방일 초청에도 2013년 국가주석 취임 후 단 한 번도 방일하지 않았다. 리커창 총리를 대신 보냈다. 그가 국가부주석 2009.12.15. 방일 시 일왕이 직접 환대했다.[1]

1990년 5월 푸젠성의 성도(도청소재지 격) 푸저우시의 당서기(시장격) 겸 시 인대 상무위원회 주임(시의회 의장격) 겸 푸저우 군분구 당위위 제1서기(지역군총사령관) 등 당정군최고위직을 통수하게 된 시진핑의 업무 원칙은 '즉각 처리한다(馬上就辦)'였다. 중국식 '만만디' 태도를 뜯어고칠 것을 요구한 것이다.

푸젠성의 동쪽바다 건너편은 타이완이다. 냉전시대 타이완 해협은 한반도의 DMZ처럼 동족 대립과 상생의 해협이었다. 푸젠은 타이완 해방을 위한 대륙의 최전방기지였다. 약 30여 년간 간헐적인 포격전이 계속되었던 타이완 해협은 개혁개방 이후 상쟁에서 상생으로 대전환을 이루기 시작했다. 시진핑은 평화와 발전이라는 세계적 조류를 그 바다의 DMZ에 밀어닥치게 했다.

시진핑은 당시 타이완 기업 특구인, 타이완 공업촌을 설립해 동남자동차 등 타이완 기업을 푸저우에 유치했다. 푸저우시 푸칭(福淸)현은 푸젠성 64개 현 중 빈곤순위 58위였다. 그러나 푸칭출신 타이완 화교를 유치해 몇 년 만에 경제력 2위로 끌어올렸다. 시진핑은

---

1) 우리나라도 일본 총리와 회담 시 카운트파트 격에 맞게 대통령 대신 국무총리를 보내는 방안을 검토할 것을 제안한다.

1992년 10월 중국 최초의 화교자본 투자구인 룽차오(融僑)경제기술 개발구를 설립했다.

시진핑은 푸저우 서기로 6년 동안 근무했다. 마지막 1년은 푸저우 서기와 푸젠성 부서기 겸 푸젠성 미사일예비역사 제1정치위원을 겸했다. 1996년이었다. 시진핑은 푸젠성 부서기 4년째이던 1999년 8월 허궈창(賀國强) 푸젠성장이 충칭(重慶)시 서기로 발탁되자 부성 장겸 성장대리로 임명되었다. 당시 46세로 최연소 성장급이었다. 라이벌은 당시 44세로 허난성장으로 부임한 리커창(李克强, 현직 총리)뿐이었다.

물고기와 곰발 모두 내가 원하는 것. 둘을 함께 얻을 수 없으면, 물고기를 포기하고 곰발을 취할 것이다. 삶도 의로움도 내가 원하는 것. 둘을 함께 얻을 수 없다면, 삶을 버리고 의로움을 취할 것이다.[2]
                                                                   - 맹자

시진핑이 푸젠 대리성장으로 임명된 직후인 1999년 4월 위안화 (遠華)사건이 폭발했다. 중국 역사상 최대의 부패사건이다. 농민 출신 라이창싱(賴昌星) 위안화 그룹회장이 1991년부터 99년까지 자동차, 담배, 석유, 전자·화학제품 등의 밀수를 통해 15조 원가량을 탈세한 초대형 부패사건이다. 공안, 세관, 해군 등 당정군 관계 고위 인사가 밀수를 묵인해주고 거액의 이권을 챙겼다. 라이창싱의 위안화그룹은 룸살롱, 스파 등을 갖춘 접대 전용 건물을 세우고, 유명인

---

2) 魚, 我所欲也, 熊掌, 亦我所欲也, 二者不可得兼, 舍魚而取熊掌者也. 生, 我所欲也, 義, 亦我所欲也, 二者不可得兼, 舍生而取義者也. - 맹자(孟子)의 고자장구(告子章句).

사들과 결탁하는 등 거액의 로비를 벌여왔다. 이 사건이 터지자, 주룽지(朱鎔基) 당시 총리가 철저한 조사를 지시했다. 당 중앙은 특별 수사팀을 파견해 반년 이상의 수사를 벌였다. 시진핑 대리성장을 포함 1,000여 명이 조사 대상에 올랐다. 결국 중앙정부의 공안부 부부장(차관), 해군소장, 푸젠성과 샤먼, 푸저우시의 고위 간부 등 300여 명이 처벌되고 14명이 사형 판결을 받았다. 라이창싱은 2011년 7월 12년간의 도피생활 끝에 캐나다에서 중국으로 강제 송환된 뒤 무기 징역을 선고받고 복역 중이다. 위안화 사건의 조사과정에서 푸젠성 고위간부들은 대부분 연루되었으나 시진핑은 깨끗하다는 것이 밝혀졌다. '단 한 명'이라고 할 만큼 시진핑만이 사건에 관여되지 않았다. 당시 <대공보(大公報)>는 "시진핑이 자기 자신을 엄격하게 단속했기 때문에 각종 유혹에 견딜 수 있었다"고 보도했다. 푸젠성을 거친 고관들은 대부분 끝이 안 좋았다. 달콤한 '돈의 유혹'에 빠졌기 때문이다. 시진핑에게도 유혹은 있었으나 '악마의 손길'을 뿌리쳤다. 시진핑은 "곰발(권력)과 생선(재력)은 함께 얻을 수 없다"는 정치인이 돈을 탐하면 탐관오리가 되고 결국 비참하게 망한다는 강철 소신을 견지했기 때문에 살아남을 수 있었다.

2018년 3월 헌법을 개정하여 일인통치와 일당독재를 강화한 시진핑 주석의 여전히 인기는 드높다. 비결은 부정부패 척결과 항일민족주의를 내걸고 그것을 행동으로 실천하는 데 있다. 반만년 중국 역사상 어느 황제나 주석도 못한 두 가지 큰일을 감행하는 영도자에게 중국인들은 열렬한 호응을 보내며 카타르시스를 느끼고 있다. 이러한 시진핑의 권력 쟁취와 인기비결의 양대 보검-'부정부패 척결劍'과 '항일민족주의 劍'은 푸젠성에 연마된 것이다.

08

중국 최고 부자省의 4권 최고통수권자

나의 애독서는 『백범일지』다. 그중에서도 가슴에 가장 절실히 다가오는 부분은 아래 대목이다.

이렇게 '강남'의 농촌을 보니 누에를 쳐서 길쌈을 하는 법이나 벼농사를 짓는 법이나 다 우리나라보다 발달된 것이 부러웠다. 서구문명이 들어와서 그런 것 외에 고래의 것도 그러하였다. 나는 생각하였다. 우리 선인들은 한·당·송·원·명·청 시대에 끊임없이 사절이 내왕하면서 왜 이 나라의 좋은 것은 못 배워오고 궂은 것만 들어왔는고. 의관·문물·실준중화(實遵中華)라는 것이 조선 5백년의 당책이라 하였건마는 머리 아픈 망건과 기타 망하길 좋은 것뿐이요, 이용후생에 관한 것은 없었다. 그리고 민족의 머리에 들어박힌 것은 원수의 사대사상뿐이 아니냐. 주자 이상으로 주자학을 발달시킨 결과는 손가락 하나 안 놀리고 주둥이만 까게 하여서 민족의 원기를 소진하여 버리니 남는 것은 편협한 당파싸움과 의뢰심뿐이다. 주자님의 방귀까지 향기롭게 여기던 부류들 모양으로 레닌의 똥까지 달다고 하는 청년들을 보게 되니 한심한 일이다. 나는 반드시 주자를 옳다고도 아니하고 마르크스를 그르다고도 아니한다. 내가 청년 제군에게 바라는 것은 자기를 잊지 말란 말이다. 우리의 역사적 이상, 우리의 민족성, 우리의 환경에 맞는 나라를 생각하라는 것이다. 밤낮 저를 잃고 남만 높여서 발뒤꿈치를 따르는 것으로 장한 체를 말라는 것이다. 제 뇌로, 제정신으로 생각하란 말이다.

　백범 김구 주석이 이처럼 한편으로 우리의 탁상공론을 한탄하며 한편으로 중국의 이용후생을 부러워하던 '강남'은 어디일까? 그곳은 바로 우리나라(남한)와 가장 닮은 저장성(浙江省) 일대다. 약 10만㎢의 면적과 4,500만 인구, 산악과 평야의 7대 3의 구성비, 바다에 2,000여 개의 섬을 보유한 저장성은 남한의 면적과 인구, 산과 평야의 구성비 등이 흡사하다. 저장성에서 제일 큰 강의 이름은 '돈으로 둑을 쌓은 강'으로 풀이되는 '첸탕강(钱塘江, 길이: 589㎞)'이다. 우리나라의 한강(길이: 514㎞)과 저장성의 첸탕강은 각각 1개 국가와 1개 국가 내 특정 행정구역을 대표하는 강이라는 사실만 제외한다면 두 강의 길이와 지정학적 위치와 인문사회과학적 의미 등 유사한 부분이 많다. 예나 지금이나 저장성은 중국의 손꼽는 부자 성이다. 저장 재벌이자 당시 남부 중국 최고 갑부 쑹야오루(宋耀如)를 비롯 [쑹야오루의 세 딸 중 맏딸 아이링(藹齡)은 북부중국의 최고 갑부 쿵샹시(孔祥熙)의 부인, 둘째 딸 칭링(慶齡)은 중국 국부 쑨원의 부인으로 후일 중국 국가부주석 역임, 막내딸 메이링(美齡)은 장제스의 부인] 저장성은 중국 부호들의 집거지였다. 알리바바 총재 마윈(馬雲)을 비롯하여 중국 100대 민영기업가 중 19명(2017년 말 현재)이 모두 돈으로 둑을 쌓은 첸탕강이 흐르는 저장성 출신이다. 이러한 저장의 부윤(富潤)은 뭐니 뭐니 해도 자타가 공인하는 중국상인 서열 1위인 저장상인 덕분이다. 창조와 해방, 개혁과 개방, 실사구시(實事求是) 등의 상업정신을 가진 저장상인들은 두뇌가 명석하고 행동이 민첩하며 앞날을 내다보는 혜안도 겸비한 사람들로, 그야말로 경영에 능수능란하다. 눈썰미가 좋아 돈 될 만한 장삿거리를 잘 찾아내고, 일단 기회를 잡으면 기막힌 상술을 구사하는 것으로 중국 전역에 정평이 나 있다. 지금도 저장상인의 고급인맥, 높은 저축률과 풍부한 자금원동력은 저장성 경제의 동력이 되고 있다.

시진핑 정치 생애의 비약 시점은?

생애란 느리고 멈추고 빠르고 비약하는 삶의 운동이다. 15억 중국인의 최고지도자 시진핑의 정치 생애의 비약 시점은 언제일까? 2007년 11월 22일 중국공산당 제17차 전국대표대회 1중전회에서 이변이 일어났다. 중앙 정치무대에선 무명인사나 다름없던 시진핑이 차기 최고지도자(서열 6위)로 등극했던 것이다. 당시 자타 공인의 차기 총서기로 기대되던 리커창(李克强) 현 총리는 서열 7위에 불과했다. 중국공산당 고위직 인사관행상 정치국상무위원(총리급 이상)은 바로 아래 단계인 정치국원(부총리급 이상)에서 충원되어왔다. 그런데 시진핑처럼 일개 중앙위원(장관급 이상)이 정치국원을 단숨에 건너뛰어 정치국상무위원으로 점프한 사례는 매우 드물다. 그래서 흔히들 사람들은 시진핑의 정치 생애의 비약 시점을 그가 차기 총서기로 점프한 2007년 11월을 꼽는다. 하지만 엄밀히 말해 그건 시진핑의 비약 시점이라기보다는 사람들이 그의 비약을 알게 된 시점이다.

시진핑 정치 생애의 비약은 2002년 10월에 시작됐다. 푸젠성 성장이던 시진핑이 그의 나이 만 49세이던 2002년 10월 중국경제의 핵심지역인 저장성의 당위원회 부서기 겸 대리성장 겸 난징(南京)군구 국방동원위원회 부주임으로 영전했다. 특히 난징 군구는 장쑤, 저장, 안후이, 장시, 푸젠, 상하이 등 중국에서 가장 부유한 화동지역 5개성 1직할시를 관할하며 정예 제1집단군 및 12군, 31군이 주둔 중인 중국 7대 군구 중의 하나다. 신사복을 입은 문민 서기나 성장이 대군구의 군수뇌직을 겸하는 경우는 1980년대 이후 현재까지 중국에서 유례를 찾기 힘든 일대 파격이다. 그 뒤 채 한 달도 못 되어 시진핑은 저장성 서기, 성장, 저장성 군구 당위 제1서기로 승진했다.

후진타오 시대가 개막된 제16차 전국대표대회 폐막 직후의 일이었다. 이듬해 3월에는 성인민대표대회 상무위원회 주임(성 의회 의장 격)까지 겸했다. 우리나라에 견주어 말하자면 도지사 겸 집권당 도당위원장 겸 도의회의장 겸 도지역군사령관직을 한 사람이 도맡는 격이라고나 할까. 이 역시 지난 40년간 중국에서 성(省)의 당과 정부, 성 인민대표회의와 성단위 군부의 1인자를 한 몸에 겸한 자는 시진핑이 유일하다.

여기에는 시진핑의 직속상사였던 쑹더푸(宋德福, 1946~2007) 푸젠성 당서기의 공이 컸다. 후진타오 주석의 직계인 쑹더푸는 2000년 12월 푸젠성 서기로 부임했다. 푸젠성 성장시절 시진핑은 자신의 인사권을 쥔 쑹더푸 서기의 눈에 들도록 최선을 다했다. 항상 낮은 자세로 공적은 쑹더푸에게, 과오는 자신에게 돌렸다. 숭터푸는 시진핑의 탁월한 업무 추진능력과 부패척결의 강력한 의지와 실천, 높은 청렴성을 후진타오 등 제4세대 핵심에게 보고했다.

시진핑이 저장성을 단숨에 젖과 꿀이 흐르는 '차이나 복지'로 만들었다?

이처럼 시진핑이 중국 경제성장의 주축인 저장성의 당과 정부, 군부와 인대(人代)의 4권을 통수한 위치에 오른 것은 5년 후 중앙의 최고권력자 자리에 이미 한 발짝 다가선 것을 의미한다. 또한 광둥 저장 장쑤 등 흥성한 연해 성들에 비해 다소 한갓진 푸젠성 한 군데서만 17년 세월을 보낸 그의 단조로운 지방 당정군 지도자 경력도 폭을 넓힐 수 있게 됐다. 시진핑은 저장성에 부임한 뒤 9개월 만에 관내 90개 현 중 69곳을 현지 시찰했다. 시진핑은 저장성의 민영기업의 육성을 이어갔다. 부임 3년째인 2005년 저장성의 직원 수가 8인 이상의 민영기업 수는 50만 개에 이르렀다. 중국 전체 민영기업의 '매출액 베스트 500'에 저장성 민영기업이 40%에 육박하는 183개가 진입했다. 직원 수 8인 미만의 극소형 기업과 식당이나 잡화점, 구멍가게 등을 운영하는 개체공상호(영세자영업자)는 260만 개에 달했다. 민영기업과 개체공상호의 총매출액이 저장성 총생산에서 70%나 차지했다. 그가 부임하던 2002년 말 당시 광둥, 장쑤에 이어 전국 3위였던 저장성 경제를 부임 5년째 2006년 말에는 전국 1위로 성장시켰다.

그러나 갈수록 달콤하다 못해 느끼해지는, "시진핑이 성장과 당서기를 4년 반(2002.10~2007.3) 맡은 덕분에 저장성이 하루아침에 '벼락 부자성'이 되고 젖과 꿀이 흐르는 '차이나 복지(福地)'가 되었다"는 식의 중국 관방학들의 아부는 사실과 거리가 있다.

시진핑은 돈으로 둑을 쌓은 강, 첸탕강이 흐르는 저장성을 '돈의 홍수'로 넘쳐나게 하지도 않고 '돈의 가뭄'으로 메마르지도 않게 '돈의 치수(治水)'를 유효 적절히 관리했을 뿐이다. 빈곤의 어둠에 흔곤히 젖어 있던 저장을 별안간 윤기 자르르 흐르게 만든 게 아니라 가멸찬 저장을 더욱더 가멸차게 했을 뿐이다. 다시 한마디로 건조하게 말한다면 시진핑은 저장성을 지속 성장 가능하게 했을 뿐이다.

이세기 한중친선협회장의 시진핑 당시 저장성 당서기와의 교류

우리나라에서 시진핑을 제일 잘 알고 있는 인사는 한국 최고의 중국통, 이세기 한중친선협회장(전 체육부장관, 통일원장관)일 것이다. 그의 저작 『이세기의 중국관계 20년』, 중앙북스, 2012, 143～145쪽에 시진핑 당시 저장성 서기와의 만남이 적혀 있다. 참고로 이 책은 중문으로 번역되었으며 시진핑 주석도 이 책을 직접 읽고 중국인민대외우호협회 주석 리샤오린(李小林, 1953～ 전 국가주석 리셴녠의 막내딸이자 시진핑의 오랜 동갑 친구)을 통해 이세기 회장에게 감사의 서신을 보내왔다. 소중한 자료이니 여기에 짧게나마 소개하고자 한다.

내가 시진핑을 만난 것은 2005년 4월 그가 저장성 당위서기로 있을 때이다. 나는 한중경제협력 관련 강연회에 참석했을 때 그와 인사를 나누었다. 강연이 끝나고 나서는 닝보(寧波)에서 개최 중인 소비품박람회에 동행하게 되었다. 우리는 상당한 시간 동안 한중경협 및 한반도 문제 등과 관련한 이야기를 했다. 헤이지면서 그가 "7월에 한국을 방문할 예정입니다"라고 해서 "나는 서울에서 다시 만나

꼭 한잔합시다"라고 말했다. 그해 7월 그가 서울에 왔을 때, 나는 김수환 전 국회의장 등 정치권 인사들과 함께 환영모임을 가졌다. 반갑게 인사를 나눈 후 환담 중에 내가 "언제 귀국하십니까"라고 묻자 그 또한 "내일 제주도에 갔다 모레 귀국할 예정입니다"라고 말했다. 나는 "제주도에 가면 꼭 서귀포에 있는 서복공원을 가보십시오"라고 답했다. 그랬더니 그는 놀라며 "제주도에 서복공원이 있습니까? 꼭 보고 싶습니다"라고 말했다. 내가 서복공원에 대해 상세히 설명하자 그는 관심을 표명하면서 기뻐하는 모습이었다. 나는 그와 함께 동행해 서복공원을 안내하기로 했다. 다음 날 제주도 서귀포의 서복공원을 둘러본 시진핑은 감탄하면서 아주 만족스러워했다. 후일에 안 일이지만 그의 관할지역인 저장성의 닝보는 서복이 두 번째 동도한 출항지라서 그는 서복에 관해 잘 알고 있었다. 또 하나 시진핑을 감탄케 한 것은 감귤이었다. 서복공원을 이리저리 둘러보는 과정에서 전시관 벽에 제주 감귤에 대한 설명문이 있었다. 거기에는 제주 감귤이 원래 중국 저장 원저우(溫州)에서 온 감귤이라고 쓰여 있었다. 이를 본 그는 매우 기뻐하는 기색이었다. 제주도의 서복과 감귤은 중국에서 온 것이었다. 특히 원저우는 시진핑이 관할하는 행정구역 내에 있는 '원저우 상인'으로 유명한 지역이다. 원저우 상인들은 중국 전역뿐만 아니라 연해주, 심지어 북한까지 진출해 맹렬히 활동하고 있다.

09

2007년 여름 피서지에서 생긴 일

하천 이름의 해변에서 생겨나 바다 이름의 호반으로

중국의 청와대 격인 중난하이(中南海)는 바다가 아니라 호수다. 즈진청(紫禁城) 동쪽 곁에 위치한 중난하이 호반에는 중국공산당 중앙청사와 국무원청사를 비롯 시진핑 등 정치국상무위원 최고위층의 관저들이 밀집해 있다. 중국의 최고위층의 여름휴양지 베이다이허(北戴河)는 강이 아니라 해변이다. 베이징 동북쪽으로 279㎞ 떨어진 보하이(渤海)만에 위치한 피서지다.[3] 베이다이허는 베이징에서 승용차로 3시간 정도 거리로 허베이성 동북부 항구도시 친황다오(秦皇島)시에서 서남쪽으로 16㎞ 떨어져 있다. 중국 최고지도자들은 7월 말과 8월 초 약 보름 동안 베이다이허로 간다. 베이다이허에도 민간인들과의 접촉이 일절 차단된 서쪽 지역인 시하이탄(西海灘)에서 은밀한 피서를 즐기며 느슨하나 치열한 토론을 벌인다. 베이다이허 회의에서 합의한 사안은 그해 10월 또는 11월에 개최되는 당 중

---

[3] 중국의 4대 피서 명승지는 베이다이허와 청더(承德), 루산(盧山), 모간산(莫干山)이다.

앙위원회 전체회의에서 결의 형식으로 공개된다. 이듬해 3월 전국인민대표회의(전인대)에서 구체적인 정책과 노선 또는 법제로 확정되어 패턴화되어 있다. 특히 '2'와 '7'로 끝나는 해의 여름의 베이다이허는 치열하다. 향후 5년간의 정치국상무위원을 포함한 정치국 등 중국 최고지도부의 인사와 주요 당과 국가의 정책 노선이 결정되기 때문이다. 2007년 여름 베이다이허도 각별히 치열했다. 당시 회의에서 시진핑 당시 상하이시 서기를 후진타오 주석 후계자로 결정했다는 소문이 대륙에 파다했다. 그러한 결정은 상하이 서기 출신의 전 국가주석 장쩌민(江澤民)이 자신의 후배 상하이시 서기를 강력히 추천한 것으로 알려져 있다. 그러나 리커창 랴오닝성 당서기를 차기 후계자로 확신하다시피 보도해온 일본 매체를 비롯한 외신들은 그러한 소문을 근거 없는 낭설로 일축했다. 상하이방의 거두 장쩌민이 태자당의 시진핑을 천거하다니?4) 한마디로 말이 안 된다는 소리라고 무시했다.

2007년 10월 26일, 시진핑은 예상을 깨고 리커창에 앞선 서열 6위 정치국상무위원으로 발탁됐다. 차기 최고지도자를 예약하는 순간이었다. 세계 언관학(특히 일본과 한국 매체)은 발칵 뒤집혔다. 그러나 이는 사실 '발칵 뒤집힐' 사건이 아니었다. 중국을 조금만 알면 삼척동자도 충분히 예상할 수 있는 '팩트'였다. 한번 생각해보라. 중

---

4) 시진핑은 태자당, 후진타오는 공청단, 장쩌민은 상하이방 식의 분류는 중국 정치권력의 역학관계를 일본 자민당 내 계파 간 권력투쟁과 흡사한 것으로 설정해 흥미위주로 보도하는 일본과 홍콩 일부 언론매체의 영향을 받은 것으로 분석된다. 실제로 이러한 일본식 당파 구분 용어는 1993년 일본의 잡지(문예춘추)에서 최초로 사용됐고, 1998년부터 널리 유포됐다. 개혁개방 이후 중국 최고 권력층 인사 대다수는 공산당간부 집안출신(태자당)으로, 청년시절에는 당연히 공산주의청년단(공청단)에 가입했고, 중국 최대도 시 상하이와 직간접적으로 연관된 공직 경력을 쌓으며(상하이방) 성장했다. 즉, 중국 최고권력 지도층 대다수는 태자당 겸 공청단 겸 상하이방으로 모두 '한통속'인 셈이다.

국 최대의 경제 금융 무역 도시 상하이시의 수장과 일본이 한때 지배했고 일본기업이 투자를 많이 해 일본에서나 알아주는 랴오닝성의 수장, 둘 중 누가 앞서 있었겠나?

총구에서 나오던 중국의 권력은 지금 상하이에서 나온다.

역대 상하이시 당서기 일람표

	성명	재임기간	상하이 서기 직후 직위	최고 승진 직위
1	장쩌민江泽民	1987.11.-1989.08	정치국상무위원 1위	총서기, 국가주석
2	주룽지朱镕基	1989.08-1991.04	상무(제1)부총리	국무원 총리
3	우방궈吴邦国	1991.04-1994.09	중앙서기처 서기	전인대 위원장
4	황쥐黄菊	1994.09-2002.10	정치국상무위원 6위	상무(제1)부총리
5	천량위陈良宇	2002.10-2006.09	부패혐의로 낙마	현재 18년형 복역 중
6	시진핑习近平	2007.03-2007.10	정치국상무위원 6위	총서기, 국가주석
7	위정성俞正声	2007.10-2012.11	정치국상무위원 4위	정협 주석
8	한정韩正	2012.11-2017.10	정치국상무위원 7위	상무(제1)부총리
9	리창李强	2017.10-	현직	현직

중국은 상하이(上海)를 용의 머리, 창장(長江)을 용에 비유한다. 과감한 개혁개방 정책으로 용의 머리를 자극하고 그 힘이 용의 몸통을 거쳐 꼬리(내륙)까지 부유해진다는 덩샤오핑의 '선부론(先富論)'도 상하이가 근원지다. 마오쩌둥 시대 중국의 권력은 그의 명언처럼 총구에서 나왔지만(槍杆子裏面出政權), 덩샤오핑 개혁개방 이후 경제건설 지상주의 시대 "중국의 권력은 돈 많은 상하이에서 나온다"는 신조어도 가능할 만큼 상하이의 경제력은 막강하다. 2017년 말 현재 상하이의 경제총량은 중국의 수도권인 베이징과 톈진을 합한 것보다 1.2배 많다. 장쩌민 총서기 이후 현재까지 상하이 당서

기 자리는 부정부패 혐의로 낙마한 천량위(陳良宇) 하나만 제외하고 중국 7룡(정치국상무위원) 자리에 오르는 보증수표다. 장쩌민 상하이 당서기는 1989년 6.4천안문 사태로 인하여 일약 중국 최고 권력자 총서기로 등극하였다. 장쩌민 휘하의 상하이 시장이었던 주룽지는 상하이 서기로, 1993년에는 제1부총리 겸 경제부총리인 상무부총리로, 1998년엔 국무원 총리로 승진에 승진을 거듭했다. '상하이 서기-상하이 시장' 출신이 그대로 '국가주석 -총리'를 맡아 이른바 '상하이방 황금시대(1998~2002)'를 구가했다. 주룽지의 후임 우방궈는 1994년 인사권을 장악한 중앙서기처 서기로 승진하고 후진타오 시대 10년간(2003~2012) 정치국상무위원(당 서열 2위)으로서 전인대 위원장(국회의장 격)을 역임했다. 우방궈의 후임 황쥐 8여년간의 상하이 당서기를 끝내고 정치국상무위원(당 서열 6위) 겸 상무부총리로 승진했다. 시진핑의 뒤를 이은 위정성은 정치국상무위원(당서열 4위)으로 승진, 시진핑 시대 1기인 2013~2017년 전국정치협상회의 주석(국가자문회의 의장 격)을 역임했다. 상하이시장과 당서기를 10년간 장기 재임한 지한파(知韓派) 인사, 한정은 2012년 10월 정치국상무위원(당 서열 7위)으로 승진, 현재 중국경제 총사령관인 상무부총리를 맡고 있다. 한정의 후임인 현직 상하이 당서기 리창은 시진핑이 저장성 당서기였을 때 비서장으로 데리고 있었던 시진핑의 친신(親臣)으로 전도양양한 차세대 지도자로 손꼽히고 있다. 이처럼 승승장구한 역대 상하이 당서기의 관운에 비해서 랴오닝 당서기의 그것은 어떠한가? 랴오닝 당서기가 정치국상무위원으로 승진된 사례는 중화인민공화국 70년 사상 리커창 현 총리가 유일하다. 리커창 외에는 랴오닝 당서기가 정치국상무위원은커녕 정치국

평위원으로도 승진한 사례마저 찾기 힘들다. 심지어 랴오닝성 2인 자인 성장을 3여 년간(2001.1~2004.2) 역임하였던 이른바 '태자당'의 선두주자였던 보시라이(薄熙來)는 2012년 10월 뇌물죄, 직권남용죄, 횡령죄 등으로 실각하여 현재 무기징역을 선고받고 복역 중이다.

만리장성 이북의 동북3성을 오랑캐 땅으로 홀대해온 대신, 윤택한 상하이 저장 장쑤 등 화둥(華東)지역을 중시하고 안정 속의 점진적 변화를 추구하는 '계왕개래(繼往開來, '과거를 계승하여 미래를 열자' 중국 최고지도층이 즐겨 쓰는 휘호)'를 존중하여온 오랜 중국 정치, 역사, 문화 풍토상 변방의 리커창이 핵심의 시진핑을 제치고 후진타오의 후계자가 될 당위성과 타당성은 거의 없었다. 이 모든 게 항일민족주의 정서가 농후한 시진핑 대신 '재패니즈 프랜드리'한 리커창의 황태자 등극을 바라는 일본 매체의 '자가발전'이었다고 할 수 있다. 그리고 일본 매체의 정확성을 맹신해온 국내 일부 매체의 '묻지 마 일본 매체 따라 하기'가 초래한 오보라는 생각이 든다.5)

---

5) 국가의 경제력과 국가의 경제력과 지력은 정비례하는가? 중국정보만 보면 그렇다. 30여 년 전 일본 경제력이 극성기시 중국 정보는 일본이 세계 최고로 정확했다. 한데 중국 GDP의 1/3로 몰락한(CIA자료) 2010년 이후 현재 일본발 중국정보가 제일 신뢰할 수 없다고 생각한다.

탐욕과 부패의 5급수가 흐르던 상하이 공직풍토를 3~4급수로 정화

2006년 9월 24일 중국공산당 중앙은 중국판 공수처인 당중앙기율검사위원회(약칭, 중기위)의 <천량위(陳良宇) 상하이 당서기 관련문제 초보적 심사상황 관련 보고>를 발표했다. 중기위 보고에 따르면 천량위는 상하이시 노동·사회보장국의 사회보험자금 위법사용 및 일부 기업주와의 불법이익취득 연루, 중대규정위반사건 연루 측근 인사 보호, 직무상 편의를 이용한 친족의 부당한 이익취득 등 엄중한 규정위반문제에 관련됐다. 당 중앙은 <중국공산당장정> 및 <중국공산당기율검사기관사건검사공작조례> 관련 규정에 따라 중기위가 천량위에 대한 검사를 진행할 것을 결정했으며 상하이시 당서기에서 파면하고 중앙정치국 위원의 직무를 정지할 것을 결정했다. 동일자에 중국공산당 중앙은 한정(韓正) 상하이 시장을 상하이시 당서기대리에 임명했다.[6] 그로부터 6개월 후 2007년 3월 23일 시진핑 저장성 당서기 겸 저장성 군구 당위제1서기는 상하이시 당서기 겸 상하이 경비군구 당제1서기로 영전했다. 천량위 상하이 전 서기가 부정부패로 낙마하면서 빈자리를 메운 것이다. 관운도 따랐다. 시진핑 상하이 당서기의 첫 공식활동은 대한민국임시정부 청사와 도보로 5분 거리에 있는 중화인민공화국의 성지(聖地) 중국공산당 제1차 대회지 참관이었다. 중국공산당 제1차 전국대표대회는 1921년 7월 23일 상하이의 프랑

---

6) 2008년 4월 11일 톈진(天津) 제2 중급 인민법원(최종심)은 천량위 전 상하이 당서기에 대해 권력 남용 등 부정부패 혐의로 18년 형과 30만 위안(약 4,180만 원)의 재산 몰수형을 선고했다. 그러나 뇌물 수수에 대해서는 무죄로 판명했다. 천량위는 뇌물 수수 등 6가지 범죄 혐의가 인정돼 1심에서 종신형을 선고받았다. 최종심에서 '뇌물 수수' 혐의가 인정됐다면 법정 최고형인 사형이 불가피했다. 중국 사법판결 양형규정에 따르면 5천만 위안(한화 약 8천만 원) 이상 뇌물 수수는 사형에 처하기로 되어 있기 때문이다.

스 조계지에서 개막됐다. 마오쩌둥 하숙형(何叔衡) 등 13명(평균연령 26세)이 참석했다. 초기 전체 중국의 공산당원은 600여 명에 불과했다. 2018년 현재의 8,680만 명에 비하면 그야말로 '성성지화 가이요원(星星之火 可以燎原 '하나의 작은 불씨가 퍼져 광야를 태운다'는 마오쩌둥이 애용하던 성어)'이라고 할 수 있다. 시진핑은 상하이의 부동산 부패부터 도려냈다. 그가 부패척결을 위해 진행한 첫 수술은 상하이 시내 최고가 골프장 톰슨(Tomson)과 그 옆에 건설한 호화주택 톰슨 리비에라였다. 특히 톰슨 리비에라의 분양가는 2007년 당시 ㎡당 11만 위안(당시 환율로 약 2,000만 원)으로 중국 내 최고가였다. 집중조사결과 톰슨 리비에라 사장의 배후는 천량위였다. 상하이 부동산국 부국장 인궈위안(殷國元)은 한 채당 300위안(5만 원)으로 구입한 주택이 30채 포함 거액의 불법재산을 적발해냈다. 푸둥신구 부구장 캉후이쥔(康慧軍)은 초저가에 주택 24채를 구매 후 8채를 팔아 1,600만 위안을 남긴 것으로 발각됐다. 시진핑은 이들 부패 공직자들 전원을 파면 후 사법조치했다. 시진핑은 '탐욕의 해악'이란 영상자료로 부패방지 교육을 실시했다. 영상 속 인물들인 천량위 사건의 공범과 종범들은 수의를 입거나 철창에 기댄 채 참회하면서 눈물을 흘렸다. 그들은 "권력이 있을 때 한탕했다"고 솔직히 고백했다. 시진핑은 "관리들은 이 탐욕의 해악이란 영상자료를 거울삼아 처신을 삼가라"면서 "특히 돈과 성과 술에 특별히 주의하라"고 강조했다. 비록 7개월 4일간의 상하이 당서기 역대 최단 재임기간이었지만 시진핑은 중국의 경제 수도이지만 탐욕과 부패의 5급수가 흐르던 상하이시의 공직풍토를 3~4급수 정도로 정화하는 계기를 만드는 데 기여했다고 평가할수 있다.

태자당의 큰 형님 쩡칭훙…… 어릴 때부터 각별한 인연, '킹메이커'까지 보살펴

쩡칭훙(曾慶紅)의 부친은 항일 전쟁에 가담한 홍군 간부인 쩡산(曾山)이고 모친은 장정(長征)에 참가한 덩류진(鄧六金)이다. 시중쉰은 1949년 베이징에서 당중앙 선전부장 및 부총리가 됐다. 쩡산도 내무부장관을 맡았다. 두 집안은 중난하이에 거주하는 절친한 이웃이었다. 1939년생인 쩡칭훙은 시진핑보다 14살 위로 '맏형뻘'이었다. 고위층들의 거주지인 중난하이에서 시진핑이 어린 시절부터 알고 지냈다. 초등학교도 같은 8.1초등학교를 나왔다(인민해방군 창설일인 8월 1일 기념해 창설한 간부자녀학교). 시진핑은 쩡칭훙을 많이 따랐다. 쩡칭훙의 모친 덩류진의 고향은 푸젠성 상항(上杭)현이다. 시진핑 역시 푸젠성에서 근무할 때 쩡칭훙 모친을 잘 보살폈다. 시진핑은 베이징으로 돌아오면 쩡칭훙 부부를 찾아봤다. 인맥은 또 다른 인맥과 연결된다. 쩡칭훙은 상하이 부서기 시절 서기인 장쩌민의 유능한 조수였다. 쩡칭훙은 장쩌민의 상하이방(上海幇)이 됐다. 태자당 인맥이 상하이방 인맥과 연결된 셈이다. 장쩌민이 1989년 6월 천안문 사건으로 당 총서기에 선발됐을 때 쩡칭훙은 그의 직속 부하로 베이징에 진입한다. 쩡칭훙은 상하이방인 장쩌민 주석의 대집사가 되었다. 그 뒤 중앙정치국 후보위원과 중앙조직부장을 맡아 고위 관리를 승진시키는 권한을 휘둘렀다. 쩡칭훙은 시진핑의 뒤를 봐줄 충분한 위치에 있었다. 1990년 시진핑이 푸저우(福州) 서기로 갈 때 쩡칭훙은 중앙판공청의 상무부주임을 맡고 있었다. 이후 시진핑의 승진 때마다 쩡칭훙의 입김은 작용했다. 쩡칭훙은 2007년 10

월 제17차 당대회에서 시진핑의 '킹메이커'로 결정적인 역할을 한다. 쩡칭훙은 2004년 장쩌민에게 군사위원회 주석 자리를 사임하라고 적극 권고하면서 상하이방과 거리를 뒀다. 또 2006년 천량위 사건을 조사 처리함에 있어 반부패를 분명하게 지지했다. 이를 괘씸하게 여긴 장쩌민은 제17차 당대회를 앞두고 쩡칭훙의 은퇴를 요구했다. 그러자 당시 68살의 쩡칭훙은 정치국상무위원직을 그만두는 대신 시진핑을 추천하는 결단을 내렸다. 또 자칭린, 리창춘 등 두 명의 상무위원을 유임시킨다는 조건을 내걸자 장쩌민은 승낙했다. 쩡칭훙은 "지도자는 '흐르는 물과 같은 병사(流水之兵)'"라며 "한 차례씩 신구교체가 이뤄지는 것이라는 말을 남기고 초연하게 정계를 떠났다. 시진핑의 오늘이 있게 한 또 다른 인물은 자칭린이다. 자칭린은 장쩌민이 이끄는 상하이방의 핵심인물로 정치국상무위원이다. 시진핑과 자칭린은 푸젠성에서 같이 근무하면서 인연을 맺었다. 모두 개혁파인 샹난이 직접 발탁한 인물들이다. 산시(山西)성 타이위안(太原) 기계공장 당위원회 서기였던 자칭린은 시진핑보다 한 달 먼저인 1985년 5월 푸저우(福州)에 와서 푸젠성 상무위원 및 조직부장을 맡고 있었다. 자칭린은 1990~1996년간 푸젠성 성장과 서기를 지냈다. 자칭린은 샹난이 베이징의 제1기계공업부 부서기를 맡고 있을 때 부하였다. 샹난과는 매우 친밀했다. 자칭린은 처세술의 대가로 꼽힌다. 자칭린은 또 장쩌민과 제1기계공업부의 오랜 동료로 관계가 가까웠다. 자칭린은 장쩌민에 의해 발탁되어 1996년 베이징시 시장, 1997년 서기를 거쳐 2002년 정치국상무위원으로 선임되는 출세가도를 달렸다. 장쩌민은 1992년 제14차 전국대표대회 뒤 총서기가 됐다. 당시는 힘이 없었다. 그러나 쩡칭훙의 도움으로 양상쿤

(楊尚昆) 형제를 실각시키며 자리를 굳혔다. 덩샤오핑 또한 늙어가면서 뒷전으로 물러앉고 있었다. 시진핑은 푸젠이 조만간 자칭린의 천하가 될 것이라는 것을 알았다. 과연 자칭린은 1993년 순조롭게 푸젠성 서기가 되었다.

시진핑은 자칭린과 푸젠파(福建派)로 엮여 있다. 자칭린은 베이징시 서기로 있던 1999년 부친 시중쉰을 각별하게 대접해 시진핑과의 관계를 확인했다. 자칭린은 1999년 밀수규모 역대 최대인 위안화 사건 때 베이징시 서기에 부임해 있었다. 당시 부인 린여우팡(林幼芳)이 관여되었다는 소문이 돌았다. 자칭린은 사건 뒤 린여우팡과 이혼했으나 다시 재결합했다. 자칭린은 아무런 피해가 없었다. 당시 시진핑은 푸젠성장으로 위안화 사건을 직접 처리했다. 자칭린과 관련된 실상은 베일에 가려 있다. 어쨌든 시진핑과 자칭린이 '푸젠파'라는 인맥관계는 손상되지 않았다.

시진핑의 존재가 후진타오 주석에게 알려진 것은 푸젠성장으로 있을 때였다. 당시 후진타오 주석의 공청단파 직계 대장인 쑹더푸가 2000년 12월 푸젠성 서기로 깜짝 발령이 났다. 위안화 사건으로 해임된 천밍이(陣明義) 후임이었다. 애연가인 쑹 서기는 "나는 담배를 담당하고 시진핑은 술을 책임진다"라고 자랑할 정도로 시진핑과 황금호흡을 맞췄다. 시진핑의 능력은 쑹더푸에 의해 후진타오에게 보고되었고, 후진타오는 시진핑을 염두에 뒀다. 화학공업부장을 지낸 허궈창(賀國江)은 자칭린에 이어 푸젠성장(1996~1999)을 거친 '푸젠파'의 한 명이다. 허궈창의 후임성장으로 취임한 사람이 시진핑이었다.

10

7인체제를 1인체제로 바꾼 비책

농촌으로 도시를 포위하라(농촌포위성시) - 마오쩌둥
소조로 상무위를 포위하라(小組包圍常務委) - 시진핑

담대심세(膽大心細) 노회능란한 지략가 시진핑이 기존의 7인 정
치국상무위원 집단 지도체제를 철거하고 '시진핑과 여섯 난쟁이'식
1인 지배체제를 신축하기 위해 동원된 제도적 무기는 무엇일까? 그
것은 바로 영도소조(領導小組 leading gruoup)란 중국 특유의 조직
형태 또는 직무수행 메커니즘이다. 영도소조는 비록 규격화된 정규
계선 조직형태는 아니지만 중국 중앙과 지방의 정치 경제 사회 문
화 각계각층에 광범위하게 설치 운영되고 있으며 조직관리에 매우
중요한 작용과 영향을 끼치고 있다. 또한 영도소조는 일정한 성과가
달성되면 해체되고 구성원들은 원래의 부서로 복귀하는 서방의 태
스크포스(task force)와는 일단 신설되면 쉽게 해체되지 않는 준상설
기관의 조직 특성을 가졌다. 특히 당정기관에서의 영도소조는 지방
의 말단기관에서부터 중앙의 중상층 권력기관까지 광범위하게 설치

운영되고 있으며 통상적인 당정 통치형식을 보충하는 성격을 띠며 여러 부문을 포괄하는 권력을 갖고 특별한 임무를 수행하고 있다. 그러나 중국의 최고권력자가 영도소조의 조장이 되고 최고권력층 정치국상무위원이 조원이 되는 예는 거의 없다. 그러나 역대급 슈퍼파워 시진핑은 "길이 없으면 내가 길을 만든다"식으로 전례 없음을 깨버리고 전례가 있게끔 만들었다. 2012년 11월 15일 집권한 시진핑은 정치국상무위원으로 구성된 영도소조를 여러 개 설치하고 자신이 직접 이끄는 형식으로 1인 지배체제를 구축하여 확립해나갔다. 집권한 지 한 달도 안 된 2012년 말 중앙외자공작영도소조와 중앙대타이완공작영도소조를 동시에 설치하여 자신이 두 소조의 조장을 맡아 외교와 통일업무를 직접 관장했다. 2013년 가을에는 중앙전면개혁심화영도소조를 설치 자신이 조장을 맡고, 부조장에는 리커창 총리, 조원에는 정치국상무위원 5인자와 7인자를 임명하여 개혁의 이름으로 전권을 장악하는 절대지배자가 되기 시작했다. 그해 연말 시진핑은 중앙재경영도소조를 설립, 자신을 조장으로 리커창 총리를 부조장을 임명했다. 장쩌민-주룽지, 후진타오-원자바오로 이어지듯 시진핑 시대에도 정치는 총서기가, 경제는 총리가 분담하여 운영하리라는 일반의 예상을 깨버리고 자신이 직접 경제정책 결정권을 장악하였다. 그때까지 시-리 체제로 불리며 준수평적 관계이던 시진핑과 리커창의 관계를 완전한 상하관계로 바꾸어 버렸다. 어디 그뿐인가, 이듬해 2014년 시 주석은 중앙사이버안전 및 정보화영도소조와 중앙군사위국방군대 개혁심화영도소조를 설치 사이버 정보통신부문과 군사안보부문에 권력을 한 몸에 집중시켰다. 이처럼 시진핑은 집권 후 3년 연속 2개씩의 영도소조를 신설, 자신이 조장,

정치국상무위원을 조원으로 보하는 6개의 영도소조를 조직한 성과는 무엇인가? 그것은 바로 핵심이라는 지위였다. 시진핑은 2016년 10월 중국공산당 제18기 중앙위원회 제6차 전체회의에서 핵심이라는 지위를 꿰차며 1인 권력을 완성하였다.

20세기 초 마오쩌둥은 마르크스 레닌 정통공산주의이론 프레임에서는 생각조차 할 수 없었던 기상천외한 전략 '농촌으로 도시를 포위(農村包圍城市)' 전략으로 국민당군에 승리했다. 그렇듯 필자는 21세기 초 시진핑은 덩샤오핑이 제도화하여 정착시킨 40년 집단지도체제 패턴 내에선 상상할 수 없었던 파천황적 전략 '영도소조'로 '정치국상무위원회'를 포위(小組包圍常委) 전략으로 1인체제 구축에 성공했다고 분석 평가한다.

14개의 황관을 겹쳐 쓴 시진핑 대제(大帝)

역대 중국 최고지도자 중 압도적 최다 겸직, 14개 군당정 국가 최고직위 겸직한 시진핑 대황제

1. 중국공산당 중앙군사위주석 2012.11.15~
2. 중국공산당 중앙총서기 2012.11.15~
3. 중앙군사위연합작전지휘부 총지휘 2016~
4. 중국공산당 중앙국가안전위원회 주석 2013~
5. 중국공산당 중앙군민융합발전위원회 주임 2017~
6. 중국공산당 중앙재경위원회 주임 2018~
7. 중화인민공화국 중앙군사위주석 2013.3.14~

8. 중화인민공화국 국가주석 2013.3.14~

(여기까지 실제권력 순위)

9. 중앙군사위국방군대 개혁심화영도소조조장 2014~

10. 중앙사이버안전 및 정보화영도소조 조장 2014~

11. 중앙재경영도소조 조장 2013~

12. 중앙전면심화개혁영도소조 조장 2013~

13. 중앙대타이완공작영도소조 조장 2012~

14. 중앙외사공작영도소조 조장 2012~

11
시진핑 절대권력은 어디서 나올까?

중국 지도자 마오쩌둥은 '권력은 총구에서 나온다(槍杆子裏面出政權)'는 유명한 말을 했다. 그렇다면 오늘날 중국 최고지도자 시진핑의 권력은 어디에서 비롯된 것일까?

정치장교 출신 시진핑은 중국공산당의 '성골'

중국공산당 군대에는 특수한 직책이 하나 있다. 정치위원이 바로 그것이다. 정치위원은 군부대 내에서 사상·이념·정치노선 등을 교육하고, 공산주의 이념을 군대와 작전에 투영시키는 역할을 한다. 정치위원은 사령관 등 장교들을 감시·감독하고 당중앙의 지시를 전달하고 특이사항을 당중앙에 보고하는 임무를 맡는다. 이러한 중국 특유의 정치위원제는 '공산당이 공산군을 지휘하는 원칙'을 극명하게 보여주는 실제 사례 중 하나이자 중국에서 군사 쿠데타가 성공하기 극히 어려운 까닭이기도 하다. 권력은 총구에서 나온다는 마오쩌둥부터 시진핑까지 당이 군대를 영도한다(黨指揮槍) 원칙이 철저히 중국특색적 법제화[7]되고 또 그대로 강력히 구현되고 있다.

마오쩌둥부터 시진핑까지 역대 중국 최고지도자는 정치장교(군 정치위원) 출신과 민간 당원 출신으로 구분될 수 있다. 마오쩌둥과 덩샤오핑, 시진핑은 정치장교 출신이고, 화궈펑(華國鋒), 장쩌민, 후 진타오는 민간당원 출신이다. 전자는 중국공산당의 '성골'이라면 후 자는 '진골'이라고 할 수 있다.

중화인민공화국 초대주석, 마오쩌둥의 청·장년기는 불우했다. 해외유학은커녕 대륙을 석권하기까지 단 한 번도 중국 땅을 벗어나 본 적이 없는 '중국판 신토불이', '토종혁명가' 마오는 소련유학파 공산주의자들에 의해 '수호전'의 양산박 흉내나 내는 '촌뜨기 공산 주의자'라는 멸시를 받았다. 그런 마오가 승승장구, 출세가도로 들 어선 계기는 1930년 8월, 후일 대장정의 주력부대가 된 홍군 제1방 면군을 창설해 '정치위원'을 맡은 후부터였다. 정치위원 마오쩌둥은 군단장 주더(朱德)를 지휘·감독했다.

오늘날 'G2' 중국의 초석을 닦은 덩샤오핑의 스펙 역시 '정치위원 에서 정치위원으로'였다. 1929년 덩샤오핑은 정치위원으로 중공군 에 입문해 1949년 중화인민공화국 부총리로 전직할 때까지 무려 21

7) 중앙군사위 관련 법제 중국 헌법 제93조: 중앙군사위원회는 전국무장역량을 영도한다.
   병역법 제4조: 중화인민공화국 무장역량은 중국인민해방군, 무장경찰, 민병으로 구성한다.
   국방법 13조: 중앙군사위원회는 전국무장역량을 영도하고 아래 10개 직권을 행사한다.
   1. 전국무장역량의 통일 지휘
   2. 군사전략과 무장역량작전방침 지휘
   3. 중국인민해방군 설립과 변경, 관리 총지휘
   4. 전인대 및 전인대상무위원회에 법안 제출
   5. 헌법과 법률에 근거하여 군사법규 결정과 명령 제정
   6. 인민해방군체제와 편제에 근거 총사령부 및 군구, 군병종 및 기타 군구와 단위의 임무와 직책의 결정
   7. 법률과 군사법규에 근거하여 무장역량의 임면, 훈련, 심사 및 상벌
   8. 무장역량의 무기장비체계 및 무기장비발전기획 전략 협력 국무원 국방부 지도와 국방과학 연구 생산
   9. 국무원관리 국방경비 및 국방자산 관리
   10. 법률에 규정한 기타 직권.

년간 정치위원이었다. 특히 정치위원 덩샤오핑, 사단장 류보청(劉伯承)이 있던 팔로군 129사단은 항일전쟁과 국공내전을 통틀어 가장 유명한 백전백승 사단이었다.

시진핑의 부친이자 덩샤오핑의 측근인 시중쉰도 약관 20세에 1933년 3월 섬감변구(陝甘邊區) 유격대 총지휘부 정치위원으로 임관해, 관중지구 사령부 정치위원, 섬감녕(陝甘寧)군구 정치위원, 서북군구 정치위원 등 1950년 9월 중국공산당 당선전부 부장으로 전직할 때까지 무려 18년 6개월간 정치위원을 겸했다.

1979년 덩샤오핑(당시 중앙군사위 제1부주석)은 당시 시중쉰 부총리의 아들 시진핑을 중국 최고권력의 핵심 중의 핵심, 당중앙군사위 판공청 비서(한국의 중령급에 해당)로 발탁, 국방부장 겸 중앙정치국위원을 보좌하도록 함으로써 차세대 군부 및 당정 지도자 수업을 받게 했다.

이후 시진핑은 아래와 같은 호화찬란한 군 수뇌 경력을 쌓아왔다. 아래는 중국공산당 홈페이지에 공개된 시진핑의 군부 수뇌 경력이다.

1. 중앙군사위 판공청 비서(현역 1979~1982)

2. 정딩(正定)현 무장부대 제1정치위원(1983~1985)

3. 닝더(宁德)군구 당위 제1서기(1988~1990)

4. 푸저우(福州)군구 당위 제1서기(1990~1996)

5. 푸젠(福建)성 미사일예비역사단(高炮預备役師) 제1정치위원(1996~2002)

6. 난징군구(南京軍区) 국방동원위원회 부주임 겸 푸젠 성국방동원위원회주(2000~2002)

7. 저장성군구당위 제1서기, 저장성 국방동원위원회 주임(2002~ 2007)
8. 중공중앙군사위원회 부주석(2010~2012)
9. 중공중앙군사위원회 주석(2012~현재)

시진핑은 현재 중국공산당 중앙당위원회 총서기(General Secretary of the Communist Party of China, CPC), 당중앙군사위원회주석 (Chairman of the Central Military Commission, CMC), 중화인민공 화국 주석(President of the People's Republic of China, PRC)이라는 세 가지 주요 직위를 가지고 있다.

중국 역대 최고권력자 출신
정치장교(軍 政治委員)vs 민간당원

정치장교(성골)	민간당원(진골)
• 1.마오쩌둥	• 3. 화궈펑
• 2.덩샤오핑	• 4.장쩌민
• 6.시진핑	• 5.후진타오

중국 역대 당군사위 주석 : 초대 마오쩌둥 (1949-1976), 2대 화궈펑华国锋(1976-1981), 3대 덩샤오핑(1981-1989), 4대 장쩌민(1989-2004), 5대 후진타오(2004-2012), 6대 시진핑(2012-) 2대 화궈펑의 실권은 1978년부터 당시 군사위부주석 이던 덩샤오핑에 장악되었음. 화궈펑시대는 중국현대사에서 과도기로서 평가절 하 생략된 상태인 바 현 시진핑 군사위주석을 제5세대 핵심이라고 칭하고 있음.

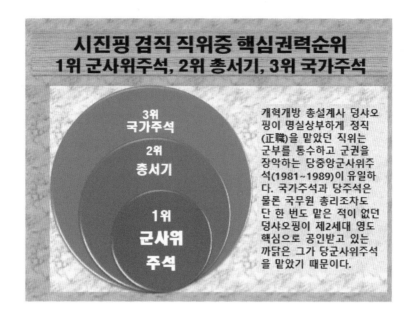

시진핑 겸직 직위중 핵심권력순위
1위 군사위주석, 2위 총서기, 3위 국가주석

3위
국가주석

2위
총서기

1위
군사위
주석

개혁개방 총설계사 덩샤오핑이 명실상부하게 정직(正職)을 맡았던 직위는 군부를 통수하고 군권을 장악하는 당중앙군사위주석(1981~1989)이 유일하다. 국가주석과 당주석은 물론 국무원 총리조차도 단 한 번도 맡은 적이 없던 덩샤오핑이 제2세대 영도핵심으로 공인받고 있는 까닭은 그가 당군사위주석을 맡았기 때문이다.

이 중 진정한 중국 1인자를 상징하는 건 무엇일까? 국가주석은 흔히 영문으로 'President'로 표기되기 때문에 중국 1인자로 알고 있는데, 사실은 그게 아니다. 중국의 당·정 체제상 국가주석은 내각 책임제의 대통령보다 못한 존재이다. 중국 권력 1인자는 당 총서기(General Secretary)이다. 당이 국가를 영도하기 때문에 그렇다. 하지만 진짜 진정한 중국최고권력자는 군 최고사령관 '중앙군사위 주석(Chairman)'을 맡고 있는 자이다.

시진핑 절대권력의 비밀: 軍직위 중심, 黨政직위 겸직

중국공산당 홈페이지에 있는 정치국상무위원 7명의 약력 중 유독 눈에 띄는 부분은 시진핑의 휘황찬란한 군 경력이다. 서열 2위 리커창 총리부터 서열 7위 한정 상무부총리까지 정치국상무위원(서열 5위 왕후닝 제외)들 모두 1∼3개 지역의 성장이나 당서기를 역임했지만 시진핑처럼 군구당위 제1서기, 제1정치위원 등 해당 군구 통수권까지 장악했던 자는 하나도 없다. 덩샤오핑이 당군사위주석을 사임한 1989년 이후 재임했던 모든 정치국상무위원 중에서도 군·당·정(軍·黨·政) 삼권 통수권자 경력을 보유해온 자는 시진핑이 유일무이하다. 여느 고위지도자의 출세가도와 달리, 시진핑의 그것에서는 군 직위를 중심으로 삼고, 좌우에 당직과 정부직을 겸직하여온 듯한, 매우 특이한 궤적이 포착된다. 시진핑은 군부 내 핵심간부들을 측근 일색으로 임명함으로써 군맥 전반을 장악하였다. 즉, 시진핑 역대급 스팩의 특징은 군직위를 중심으로 당·정 직위는 겸직하는 것이다. 이게 바로 시진핑 절대권력의 비밀이다.

현재 시진핑 주석은 당총서기·당중앙군사위주석·국가주석·국가군사위주석(중국공산당 홈페이지 게재 순) 외에도 중앙군사위 연합작전지휘센터 총지휘·국가안전위주석·중앙군사위국방군대개혁심화영도소조장 등 모두 7개의 공식 직함을 갖고 있다. 시진핑의 7개의 직함 중 군사안보와 관련된 건 5개나 된다. 따라서 시진핑 주석의 '주석'은 '국가주석'이라는 의미보다 '군사위주석'에 훨씬 가깝다. 즉, '시 주석'은 '시 국가주석'의 약자가 아니라 '시 군사위주석'의 약자라고 해도 과언이 아니다.

이러한 것들 때문에 시진핑이 덩샤오핑을 넘어 마오쩌둥에 비견되는 카리스마를 누리며 1인통치 절대권력자로 군림하고 있는 것이다.

12

중앙군사위 체어맨

2012년 11월 15일 시진핑은 당 총서기 겸 당 중앙군사위 주석에 등극했다. 시진핑의 전임자 후진타오는 당 총서기가 된 2년 후에서야 장쩌민으로부터 당 중앙군사위 주석을 물려받았는데, 왜 시진핑은 전임자들과 달리 진정한 중국 제1인자 직위를 즉각 인계받은 진짜 이유는 무엇일까? 일본 아사히신문을 비롯한 내외신은 시진핑의 신속한 군부장악은 공청단파(?)의 대표 후진타오의 상왕 노릇한 상하이방(?)의 거두 장쩌민과의 동반 자살이라고 보도했다. 그게 아니면 그의 부친인 시중쉰(習仲勳)은 전 부총리 등 '태자당'(중국이 이런 파당이 과연 존재하는가?)의 후광 덕이라고 하고 있다. 독자들 또한 대부분 그렇게 알고 있다. 그러나 이처럼 중국정치권력의 역학관계 및 변동 일체를 당파별 권력투쟁시각으로 접근하려는 일본 언론식 해석은 '1리(一理)'는 있으나 '9리(九理)'는 없다. 필자는 이제 그 '9리'를 말하고자 한다.

우선 시진핑이 칭화대학을 졸업한 직후 1979년 3월 첫 직장이자 2018년 현재 그 수장으로 군림 중인 중앙군사위원회(中央軍事委員

會 Central Military Commission 약칭 군사위)와 군사위 주석(主席 Chairman)을 이야기해보자.

중앙군사위는 중국 인민해방군과 무장경찰 민병대 등 중국의 무장력을 총지휘하는 명실상부한 중국최고권력기관이다. 중국의 국가주석은 내각책임제하의 대통령보다 못한 명목상 국가원수이고, 총서기는 중국공산당을 명목상으로 대표하는 당 서열 1위이다. 이 두 직책을 뛰어넘는 실질적인 권력의 정점은 군사위 주석이다. 중국 최고 통수권자는 중국공산당 서열 1위인 총서기가 아닌 군사위 주석이다. 시진핑이 겸하고 있는 국가주석, 총서기, 군사위주석 3대 직위의 총체가 달걀이라면 국가주석은 달걀껍질, 총서기는 흰자, 군사위주석은 노른자라고나 할까? 7인 집단지도체제하의 정치국상무위원회 총서기와 달리 군사위 주석은 주석책임제다. 군사위 주석은 그 직권 범위내의 사항에 대하여 최종결정권을 가지며, 전국은 반드시 군사위 주석의 명령과 지시에 복종하여야 한다. 군사위주석이 독자적으로 230만의 인민해방군(육군 60만, 해군 25만, 공군 25만, 제2포병 11만)과 88만의 무장경찰,8) 예비역부대 110만, 민병대 200여만을 등 중국의 모든 무력을 통치한다. 1983년 군사위주석 덩샤오핑은 중국공산당 중앙군사위원회와 별도로 중화인민공화국 중앙군사위원회라는 조직을 따로 설치했다. 그러나 두 기관의 구성원은 같으며 사실상 둘은 같은 기관이나 마찬가지다. 2017년 10월 25일 제19기 1중 전회는 시진핑 총서기를 중앙군사위 주석으로 재선출하고 쉬치량(許其亮) 공군

---

8) 2018년 1월 1일부터 한국의 전투경찰 격인 무장경찰(약 88만 명)의 소속이 국무원 공안부에서 당중앙군사위 휘하로 전환되었다.

상장과 장유샤(張又俠) 전 장비발전부 부장을 부주석으로 각각 임명했다. 군사위원에는 웨이펑허(魏鳳和) 전 로켓군 사령원을 유임(2018년 3월에 국방부장 임명)시키고 리쭤청(李作成) 연합참모부 참모장, 먀오화(苗華) 정치공작부주임, 장성민(張升民) 군기율검사위주임을 선출했다. 시진핑 주석은 종전 8명이던 군사위원을 절반인 4명으로 줄이면서 그간 당연직이던 육해공-로켓군 사령관을 전부 배제했다. 이로써 시 주석은 군사위원을 거치지 않고 직접 육해공-로켓군 등 실제 동원 역량에 군령권과 군정권을 행사할 수 있게 됐다. 국무원 산하에 국방부가 따로 있지만 국방부 역시 군사위의 지휘하에 있다.

현 웨이펑허(魏鳳和) 국방부장 겸 군사위원은 시진핑 주석과 쉬치량, 장유샤 부주석에 이은 군서열 4인자로서 그의 당직위는 25인 정치국위원(부총리급 이상)보다 한 단계 낮은 204명 중앙위원(장관급 이상)의 하나에 불과하다. 시진핑 주석을 제외한 군사위 수뇌부 중 가장 주목하여야 할 인물은 먀오화 정치공작부주임이다. 정치공작부란 이미 앞에서 말했듯 소대부터 사단, 군단까지 모든 중국군 편성단위의 서열 1위 정치위원들을 총괄 지휘하는 부서다.

시진핑 두 살 연하인 먀오화 정치공작부주임(1955년생, 푸저우출신)의 군 경력은 여타 군사위 위원들에 비해 독특하다. 야전군 지휘관 경력은 거의 없고 대부분 정치위원 경력이다. 그는 1983년 92사 26단 정치위원에서부터 2017년 인민해방군 정치위원까지 무려 24년간 정치위원을 지냈다. 먀오화는 푸저우 주둔 제31집단군 정치위원(1999~2005) 시절 푸젠성 미사일부대 예비역사단 제1정치위원(1996~2002)을 겸하던 시진핑 푸젠성 부성장과 돈독한 관계를 맺었다.

중국 중앙군사위원회 수뇌부 인적사항(2013.3~)

서열	성명	직위	계급 직책	당 직급	변동	비 고
1	시진핑	주석	군최고통수권자	상무위원	유임	8명이던 중앙군사위원 수를 4명으로 감축, 전원 자신의 친신으로 충원
2	쉬치량	부주석	공군상장	정치국원	유임	스텔스전투기 J-31개발업적 포상
3	장요유샤	부주석	상장	정치국원	승진	장유샤 부친과 시진핑 부친 동향 전우
4	웨이펑허	위원	상장 국방부장	중앙위원	유임	한국의 국방부장관 격이나 군서열 4위
5	리쭤청	위원	상장 연합참모부주임	중앙위원	신임	한국의 합참의장 격
6	먀오화	위원	해군상장정치 공작부주임	중앙위원	신임	전군 정치위원 조직 총괄 핵심실세
7	장청민	위원	상장 기율검사위주임	중앙위원	신임	한국의 기무사령관 격

　시진핑 중앙군사위주석은 1979년부터 2017년 현재까지 그의 40년 정치생애 중 군사위(정치위원)를 떠나 당(黨)과 정(政)만 맡았던 시기는 푸젠성 샤먼시의 부시장으로 재직한 3년간(1985~1988)뿐이다. 덩샤오핑이 당군사위 주석을 사임한 1989년 이후 재임했던 모든 정치국상무위원 중에서도 군·당·정(軍·黨·政) 삼권 통수권자 경력을 보유해온 자는 시진핑이 유일무이하다.

　후진타오 집권 2기인 시진핑이 중앙군사위 부주석에 취임하던 2010년 10월 15일에 이미 중국의 군권은 후진타오에서 시진핑으로 권력 이동되었다. 요컨대 후진타오가 2012년 11월 15일 시진핑에게 군사위주석까지 넘겨준 까닭은 국내외신에서처럼 상왕정치(?)를 펴왔던 장쩌민(사실은 행정구역을 개편해서까지 후계자로 발탁해주고 후원해준 후진타오의 고향 선배9))과 동반자살 하려고 한 것이 아니

---

9) 상세한 내용은 시진핑의 同鄕-중국판 공수처장 자오러지. 아주경제 2017.12.31.을 참조.

라 시진핑이 이미 2년 전부터 군사위부주석으로 군부를 장악하고
있기 때문이다.

역대 중국 최고지도자 군사위주석 총서기 국가주석 재직기간 일람표

	군사위주석 (재임기간)	당주석·총서기 (재임기간)	국가주석 (재임기간)	비고
마오쩌둥	1935.10~1976.9 (40년)	1945.6~1976.9	1949.9~1959.4	1959.4. 류사오치에게 국가주석직 이양 당군사위주석 재임기간(40년) 최장이나 3직 겸임 기간은 장쩌민에 이어 두 번째로 장기
화궈펑	1975.10~1981.6 (5년 8개월)	1976.10~1981.6		1976.10~1980.9 총리겸직 화궈펑의 실권은 1978년부터 당시 군사위부주석 덩샤오핑의 개혁파에 의해 장악되었음
덩샤오핑	1981.6~1989.11 (8년 5개월)	-		덩샤오핑이 맡은 최고직위는 군사위주석이 유일, 정부최고직위는 상무(경제) 부총리
장쩌민	1989.11~2004.9 (14년 10개월)	1989.6~2002.11	1993.2~2003.3	당 총서기 사임 후에도 군사위주석직 2년간 유지, 군사위주석 재임기간(약 15년)은 마오쩌둥에 이어 2위이나 3직 겸직기간(약 10년)으로 최장기간
후진타오	2004.9~2012.11 (8년 2개월)	2002.11~2012.11	2003.3~2013.3	총서기 취임 이후 약 2년 후에 군사위주석 취임 집권 후반기 2010년부터 시진핑 군사위부주석에게 실질적 군권 이양
시진핑	2012.11~현재	2012.11~현재	2013.3~현재	* 당과 군 최고지도자 동시 취임 역대최고자 중 유일(과도기 화궈펑 제외) * 2013년 3월 헌법 개정으로 국가주석 2연임제한조항 폐지로 향후 초장기집권 예상

13
시진핑 개헌 3대 핵심

술라≒덩샤오핑 vs 카이사르≒시진핑

로마공화정 시대 민회는 매년 1월 1일, 2명의 집정관(Consul, 임기 1년)을 선출했다. 두 집정관은 상호 견제와 균형을 유지하면서 행정과 군사의 지휘권을 행사했다. 비상시에는 둘 중 하나를 독재관(Dictator, 임기 6개월)으로 선출, 그에게 전권을 위임했다. BC 81년 냉혹한 정치가이자 명장 술라는 종신 독재관으로 취임했으나 2년 후 자신의 개혁법안들이 확정되자 스스로 독재관을 사임, 정계에서 은퇴하였다. 권력 정상에서의 자진 하산은 예나 지금이나 칭송받는 법인가? 술라는 로마 역사상 내전 최종 승리자들 중 가장 끝이 좋은 통치자로 평가받고 있다.

1982년 12월 중국 개혁개방의 총설계사 덩샤오핑 휘하의 전국인민대표대회는 현대 중국의 네 번째 헌법을 통과시켰다.[10] 1982년 헌정 체제 이후부터 중국정치는 권력의 제도화와 탈인격화 과정이

---

10) 1982년 헌법은 1954년 헌법, 1975년 헌법, 1978년 헌법에 비하여 형식·내용·제정 절차 등이 현대적인 법률질서를 갖추고 있고 중국적 현실을 감안하여 제정된 것으로 헌법으로서 명실을 갖추었다고 할 수 있다.

진행되어왔다. '2'와 '7'로 끝나는 해의 가을에 정치국상무위원을 비롯한 공산당지도부가 교체되고 이들이 이듬해 '3'과 '8'로 끝나는 해의 3월에 5년 1회한 연임의 국가주석, 국가부주석, 국무원 총리 등을 비롯한 정부직을 맡는, 예측가능하고 루틴(routine)한 시스템 통치 패턴이 유지되어왔다. 이는 1992년 가을 대권을 스스로 후계자에게 물려주고 무대 뒤로 사라져버린 덩샤오핑의 솔선수범 덕이 크다. 덩샤오핑은 전임자가 죽어야만 후임자가 자리를 차지할 수 있었던 종신제를 버리고 전임자가 죽지 않아도 일정 기간 착실하게만 준비하면 자리를 이어받을 꿈을 품을 수 있는 임기제를 제도화해 정착시켰다. 덩샤오핑의 개혁개방을 위한 제도적 인프라구축이라는 등산로를 적절하게 선택한 처음도 좋았지만 스스로 정상에서 하산한 끝은 더없이 좋았다.

BC 46년 거듭되는 내전에서의 승전으로 전권을 장악한 카이사르는 10년 임기의 독재관에 취임했다. 다른 하나의 집정관 안토니우스는 독재관을 보좌하는 부독재관으로 전락했다. 1인 절대권력에 도취한 카이사르는 BC 44년 1월 1일 황제와 다름없는 종신독재관에 취임했다. 그러나 석 달도 채 안 된 그해 3월 15일 카이사르는 브루투스 등 공화정 옹호파에게 암살되었다. 로마공화정도 종언을 고했다. 이 대목에서 "클레오파트라의 코가 조금만 낮았더라면 세계의 역사는 바뀌었을 것이다"라고 파스칼의 명언을 원용해 필자는 탄식한다. "카이사르가 10년 임기의 독재관에 만족했더라면 세계의 역사는 바뀌었을 것이다"라고.

2018년 중국의 최고 지도자 시진핑 국가주석도 로마의 카이사르처럼 10년 임기의 독재관에 만족하지 못했던가? 연임제한을 철폐하여 종신독재관으로 등극하려는 시 주석과 중국의 앞날은? 시진핑은 카이사르와 그가 끝장낸 로마공화정의 전철을 밟으려는 건 아닌지?

독재자는 결코 호랑이 위에서 내리려 하지 않는다. 호랑이는 점점 배가 고파가는 법이다. - W. 처칠

시진핑 1인 超장기독재 개헌

2018년 3월 11일 헌법상 중국 최고권력기관이자 입법기관인 전국인민대표대회는 현행헌법의 제5차 개헌안을 통과시켰다. 지난 2004년 4차 개헌 이후 14년 만의 개헌이다. 헌법 서문에 기존의 마르크스·레닌주의, 마오쩌둥 사상과 덩샤오핑 이론 및 3개 대표론과 함께 '과학발전관'과 '시진핑 신시대 중국특색사회주의 사상'이 삽입되었다. 헌법에 지도자 이름을 단 사상이 명기되는 것은 시 주석이 마오쩌둥 반열에 올랐다는 의미로 해석된다. 이 밖에 중화민족의 위대한 부흥과 인류공동운명체구축, 평화발전과 호혜공동번영개방전략 지속 등을 추가했다. 그러나 이러한 헌법 서문규정들보다도 규범력이 강한 헌법 본문 조항들도 개정되었는데 그중에서도 핵심은 다음 세 가지다.

중국(1982년)현행 헌법의 개헌 연혁표

차수	개정연도	시대	개정부분	핵심 개헌 내용
1차	1988	덩샤오핑	2	사영경제와 토지사용권의 헌법적 보장
2차	1993	장쩌민 1기	9	사회주의 초급단계, '국영경제 국영기업'을 '국유경제 국유기업'으로 변경
3차	1999	장쩌민 2기	6	사회주의 법치국가, 반국가 반혁명 진압
4차	2004	후진타오 1기	14	3개대표주요사상, 인권보장 헌법조문화
5차	2018	시진핑 2기	21	국가주석 연임제한 폐지, 중국공산당 영도원칙 헌법 제1조에 명기, 감찰위원회 신설, 시진핑 사상 삽입 등

중국 헌법은 제정에 가까운 전면개헌일 경우에는 1954년 헌법, 1975년 헌법, 1978년 헌법, 1982년 헌법이라 칭하며 한국을 비롯한 대륙법계 국가와 마찬가지로 기존 조문을 전면 삭제하고 새로운 조문을 기재하는 방법을 채택한다. 일부개헌일 경우에는 기존조문을 그대로 두고 새로 조문을 추가하는 미국 헌법전과 유사한 증보식을 택하고 있다. 즉, 현행 1982년 헌법전의 뒤에 "헌법 몇 조의 내용 중 'xxx'을 'ooo'으로 수정한다"는 식으로 1988년, 1993년, 1999년, 2004년 2018년 5차례에 걸친 '헌법수정안(일부 개헌 조문)'을 별도 첨부하는 방식을 채택하고 있다.

첫째, 국가주석과 부주석의 5년 임기 1회한 연임규정을 폐지하여 시진핑이 짧게는 15년 길게는 종신토록 집권 가능한 시 주석 1인 초(超)장기독재 또는 종신독재의 길을 열었다(제79조 3항). 그와 반면에 국무원 총리, 부총리, 국무위원은 1회한 연임제한 규정은 그대로이다(제87조 2항). 성역 없는(?) 부정부패 척결로 치솟은 인기와 권력에 도취되어 혼미해졌을까? 시진핑은 덩샤오핑이 제도화하고 솔선수범해 시행한 임기제와 집단지도체제를 파괴해버렸다. '7인 정치국상무위원회', 즉 '1인자를 핵심으로 하는 일곱 거두'의 준(準)수

평적 원탁형 과두 독재통치체제를 '1인자와 여섯 난쟁이'가 통치하
는 수직적 피라미드형 마오쩌둥식 1인 종신통치 시대로 역주행하게
끔 하는 과오를 범했다. 예나 지금이나 군주국이 아닌 공화국 체제
에서의 1인 단기독재(로마공화정의 임기 6개월 독재관) 또는 과두
장기독재(1978~2017년 중국 정치국상무위원제)는 성공한 사례가
없지는 않다. 그러나 동서고금을 막론하고 1인 종신 독재는 십중팔
구 끝이 좋지 않았다. 국가는 불행해지고 사회는 타락해지고 국민은
불행해졌다. 지난 40년 원탁형 과두독재체제를 깬 시진핑 1인 종신
독재 가능 개헌은 '거대한 비극의 탄생'일 수 있다. 시진핑은 지금
시황제와 세계의 중국화를 꿈꿀지도 모르겠으나 역사의 수레바퀴는
'아큐(阿Q)시대'로 후진할 위험성이 커졌다. 베이징 하늘의 암갈색
스모그만큼 중국의 미래는 불투명해졌다.[11]

둘째, '중국공산당 영도원칙'을 명기한 헌법 제1조 2항이다. 이는
상술한 '말도 많고 탈도 많은' 국가주석 연임제한 폐지 개헌보다 '말
은 적으나 탈은 많을' 독소조항이다. 기존 헌법에는 서문에만 '중국
공산당 영도원칙'을 암시했으나,[12] 본문에는 '중국공산당'이라는 단
어조차 없었다. 하지만 시진핑 치하의 전인대는 헌법 본문 그것도
헌법 제1조에 "중국공산당 영도는 중국특색사회주의 최고 본질적
특징이다"[13]를 추가하는 세계헌법사상 전대미문의 중국특색이 아
니라 시진핑특색의 개헌을 감행했다. 중국공산당을 헌법상 영구집

---

11) 중국의 일부 지식인들은 북한과 중국을 한통속으로 보는 데 극도의 거부감을 표해왔다. 비록
   일당독재를 유지하지만, 40년 전부터 세습제는 물론 종신제도 폐지했으며 임기제와 후계자
   양성, 선발제를 순조롭게 실시해오고 있다는 데 일종의 체제적 자부심을 느끼고 있었다.
12) 中国共产党领导中国各族人民…… 헌법 서문에는 '中國共産黨' 단어가 5회 명기되어 있으나 헌
   법 본문에는 단 하나도 없다.
13) 中国共产党领导是中国特色社会主义最本质的特征。

권당으로 등극시킨 이 조항은 문화대혁명 시 1975년 헌법 제2조의 '중국공산당은 중국인민의 영도핵심이다'[14]보다 심한 악성 퇴행이다. 필자는 중국 역대 헌법과 세계 일반적 국가의 헌법은 물론 옛 소련과 동구권, 북한[15] 등 사회주의국가들의 헌법을 살펴보았으나 헌법 제1조에 노골적으로 특정 정당의 실명과 그것의 영구집권과 영도원칙을 규정한 헌법례는 아직 찾지 못했다. 이런 기상천외한 헌법 제1조를 보유한 중국이 잠시나마 패권국은 될지 몰라도 만국이 오래 본받을 만한 세계지도국이 되기는 요원하다고 판단한다.

셋째, '감찰위원회' 신설이다(헌법 제3장 제7절 제123조~제127조).[16] 현행헌법 5차례 개헌을 통틀어서 독립된 장절(章節)을 신설한 것은 이번 개헌이 처음이다. 5개 조문 419개 문자로 규정 양적으로도 많고 질적으로 간과해서는 안 될 대목이다. 중국공산당 당내 사정기관인 중앙기율검사위원회(약칭 '중기위')는 사법권대비 감찰권 우위체제의 중국권력구조환경에서 막강한 감찰권력을 휘둘러왔

---

14) 中国共产党是全中国人民的领导核心.

15) 북한현행헌법(2016 개정) 제1조: 조선민주주의인민공화국은 전체 조선인민의 리익을 대표하는 자주적인 사회주의국가이다. 제11조: 조선민주주의인민공화국은 조선로동당의 령도 밑에 모든 활동을 진행한다.

16) 헌법 제3장 국가기구 중 제7절 '감찰위원회' 독립된 절에 5개 조문을 추가,
    제7절 감찰위원회(監察委員会)
    제123조: 중화인민공화국 각급감찰위원회는 국가 감찰기관이다.
    제124조: 중화인민공화국은 국가감찰위원회와 지방각급감찰위원회를 설립한다. 감찰위원회는 주임, 부주임 약간 명, 위원 약간 명으로 구성한다. 감찰위원회주임은 각급인민대표대회임기와 동일하다. 국가감찰위원회주임은 2회를 초과여 연임할 수 없다.
    제125조: 국가감찰위원회는 최고감찰기관이다. 국가감찰위원회는 지방각급감찰위원회의 업무를 영도하며 상급감찰위원회는 하급감찰위원회의 업무를 감독한다.
    제126조: 국가감찰위원회는 전국인민대표대회와 전국인민대표대회상무위원회에 대한 책임을 진다. 지방각급감찰위원회는 그를 선출한 국가권력기관과 상급 감찰위원회에 책임을 진다.
    제127조: 감찰위원회는 법률규정에 따라 독립감찰권을 행사하며 행정기관과 사회단체와 개인의 간섭을 받지 않는다. 감찰기관은 직무상의 위범과 직무상 범죄사건을 처리한다. 반드시 심판기관, 검찰기관, 사법부문과의 상호협조와 상호견제를 받는다.

다. 중기위의 최대 단점은 헌법과 법률에 전혀 근거가 없다는 것과 공산당원만 감찰할 수 있었던 것이다. 이번 개헌은 중기위와 별도로 감찰위원회를 헌법상 국가감찰기관으로 신설하였다는 데 그 의미가 크다. 국가감찰위원회가 신설되면 비당원 공직자도 감찰할 수 있는 훨씬 강도 높게 반부패개혁을 추진할 수 있을 것으로 예상된다.[17]

중국의 질주 비결은 구호나 캠페인에 그치지 않고 정책을 구체적으로 법제화해 강력히 실행하는 데 있었다. "만일 내 이웃이 오른쪽 눈이 애꾸라면 나는 그 오른쪽 얼굴만 보겠다"라는 옛말이 있듯 중국판 감사원 겸 공수처 격인 '감찰위원회'의 신설은 1인통치와 일당독제를 명시한 악성 개헌과 달리 권력형 부정부패의 임계점에 다다른 우리나라의 법제개선과 집행에도 참고할 만한 가치가 있는 '양성 (良性)개헌'이라고 평가한다. 우리도 개헌 시에 감사원의 실질적 권한 강화 또는 공수처 설치를 헌법 조문화하여 국가 사정·감찰기관의 지위와 권능을 법률적 차원보다 한 단계 높은 헌법적 차원으로 보장할 것을 제안한다.

---

17) 참고로 덩샤오핑은 1982년 헌법 전면 개정 시에 중국의 실질적 최고권력기관 중앙군사위원회와는 별도로 국가중앙군사위원회를 설치하여 헌법상 군의 통수권을 국가 중앙군사위원회에 부여했다. 실제로는 국가중앙군사위의 지도부는 당중앙군사위와 완전한 동일인물로 구성되어 있다. 당중앙군사위 주석 시진핑 역시 국가중앙군사위 주석을 겸하고 있다. 그렇듯 시진핑의 동향(同鄉)이자 사실상 권력서열 2인자인 중기위서기 자오러지(趙樂際)가 국가감찰위원회 주임을 중기위 부서기로 임직시켜 사실상 감찰위원회 수장을 겸하고 있다.

14

시진핑 우상화는 안녕하신가?

'땡시(習) 뉴스'라고나 할까? 시진핑이 국가주석으로 등극한 2013년 3월부터 2018년 9월 현재까지 약 5년 6개월간 우리나라 KBS 9시 뉴스 격인 중국중앙TV(CCTV 1) 7시(현지시각) 뉴스 '신원롄보(新聞聯播)'는 거의 하루도 빠짐없이 '중공중앙총서기, 국가주석, 중앙군사위주석 시진핑'의 활동기사를 맨 먼저 보도해왔다. 그런데 2018년 7월 12일 CCTV 7시 뉴스 방송에서 기이한 현상이 발생했다. 뉴스 시작 몇 분쯤 화면에 검은 옷을 입은 사람이 나타나 앵커에게 종이쪽지를 전달해주었다. 그 직후부터 시진핑 주석의 자료화면이 급감했다. 항상 시진핑 앞에 달렸던 '중공중앙총서기, 국가주석, 중앙군사위주석'이라는 긴 직함을 빼버리고, '시진핑' 3음절 성명만 호칭했다. 시진핑 정권 출범 후 최초의 사건이다. 그뿐만 아니다. 중국공산당 기관지 인민일보의 2018년 7월 9일자와 15일자 1면에 '習近平' 세 글자가 사라졌다. 시진핑 집권 이후 2,000여 일간 일보(日報) 1면에 거의 하루도 빠짐없이 등장하던 석 자였는데 그냥 지나칠 수 없는 심상치 않은 파천황적 사건이 발생했다. 왜 그랬을까?

왜 갑자기 변했을까? 이를 두고 '미국의 소리(VOA)', '빈과일보', '대기원시보' 등 미국과 홍콩, 해외에 서버를 둔 반중단체 매체에서는 각자 상상력을 최대한 발휘해 흥미진진한 '삼국지'식 시나리오를 창작해냈다. 그중 걸작은 다음 세 가지다. 첫째, 치열한 미·중 무역전쟁 과정에서 대미 강경책을 주장한 시진핑의 실책(?)으로 그의 관영언론기관 및 정권 장악력이 급속도로 감퇴하고 있는 징표다. 둘째, CCTV와 인민일보 등 베이징 선전기관에 잔존한 장쩌민(江澤民) 전 국가주석의 계열의 류윈산(劉雲山, 전 당 서열 제5위, 전 중앙당선전부장) 등 반(反) 시진핑파의 저항이 시작돼 상하이방 장쩌민의 태자당의 시진핑에 대한 총반격이 개시됐다. 셋째, 날로 심화되고 있는 시진핑 개인숭배와 1인독재로 인하여 베이징 지도부 내부에 심각한 권력암투가 일어나고 있으며 이는 정변 발생 직전의 징후다. 과연 그럴까? 이들 외신의 지난 40년간 누적 중국 관측 적중률이 10% 이상만 되어도 믿겠는데, 애석하게도 그렇지 않다. 시진핑 주석은 2017년 10월 중국공산당 전국대표대회(당대회)에서 총서기로 재선출됐고, 2018년 3월엔 전국인민대표대회(전인대)에서 국가주석 3연임 제한 조항까지 삭제해 종신 집권의 길을 열었다.

시 주석은 덩샤오핑이 마오쩌둥과 같은 '괴물황제'의 출현을 막기 위해 고심 끝에 고안한 임기제와 집단지도체제를 흔들어버렸다. 당의 '핵심'을 넘어 '영수'로 불리기 시작한 시 주석은 공산당 당장(黨章)과 헌법에 자신의 이름을 딴 '시진핑 신시대 사상'을 명기하고 대륙 방방곡곡에 '시진핑 사상' 학습 열풍을 조장했다. 인민해방군에선 문화대혁명 시기 '마오쩌둥 어록'을 모방한 시진핑 어록 수첩을 발간해 전 군에 배포했다. 문화대혁명 당시 유행한 마오쩌둥 찬양가처럼 시진핑 찬양을 담은 노래도 암묵적인 국가 지원 아래 불리고 있다. 2018년 6월 중국의 대입 수학 능력 시험의 논술(작문) 시험에서 시진핑 사상과 관련된 문제들이 다수 출제되었다. 7월 1일에는 지린(吉林)성 성도 창춘(長春)시 지하철 1호선에 시진핑 어록으로 지하철을 도배한 '홍색테마지하철열차(红色主题地铁列车)'가 개통되었다. 이처럼 2018년 상반기 시 주석에 대한 개인숭배가 갈수록 마오쩌둥과 문화대혁명 시대를 연상케 했다. 그런데 시진핑 우상화 열기에 냉각수를 뿌리는 징조들이 발생했다. 6월 26일 산시(陝西)성 사회과학연합회는 량자허(梁家河, 시진핑이 젊은 시절 7년간 지식 청년으로 거주했던 토굴로서 성역화 됐음) 개발 프로젝트 포스터를 전격 철거했다. 7월 5일 중국공산당 당 중앙 판공실은 중국 각 성에 걸려 있는 시진핑 총서기의 초상을 철거하라는 긴급지시를 하달했다. 연이어 7월 12일 CCTV 8시 '땡시뉴스'의 실종, 같은 달 9일자와 15일자 『인민일보』 1면에 시진핑의 이름과 사진이 사라졌다. 그 무렵 장춘 홍색테마열차 운행도 중단했다. 2019년 3월 말 현재, 중국 전역의 시진핑 숭배는 지속되고 있지만 그것의 열기는 2018년 상반기보다는 덜한 편이다.

앞서 언급한 미국 홍콩 망명단체 매체의 중국정변설, 시진핑 권력약화설, 미·중 무역전쟁에 대한 시진핑의 책임설, 언론계에 잔존한 상하이방의 저항, 등등은 전부 '삼국지연의'를 넘어선 '서유기'의 손오공이 삼장법사에 쿠데타를 일으켰다는 것과 같은 황당무계한 가짜 뉴스다. 사실 작년 7월 시진핑 개인 우상화 급브레이크 조치는 시 주석의 동의가 없이는 불가능한 것이다. 차가운 얼음 조각으로 자신의 뜨거워진 이마를 식히려 한 것이라 볼 수 있다. 마오쩌둥의

1인지배 우상화의 폐해를 온몸으로 겪은 덩샤오핑이 제도화한 집단
지도체제를 깨버린 시진핑. 하지만 마오쩌둥과 덩샤오핑 못지않은
비범한 전략가인 시진핑이 중국의 오랜 과두지배원칙에 반하는 1인
지배와 거기에서 더 나아간 1인우상화가 얼마나 부담이 크고 위험
하고 어리석은 짓인가를 왜 모르겠는가? "지나침은 모자람보다 못
하다. 딱 여기까지. 여기서 멈추지 않으면 나는 죽는다. 용케 지존의
지위를 마음껏 누리다 자연사할 수 있을지 몰라도 세세대대로 받을
역사의 준엄한 비판은 어떻게 감당할 수 있을 건가!" 요즘 한풀 꺾
인 듯한 대륙의 시 주석 개인숭배 열기를 감촉하면서 필자는 이렇
게 시진핑의 내심을 들여다봤다.

중국역대 한·북·일·미·러 관계 변화 일람표

세대	최고지도자	시대	한국	북한	일본	미국	러시아(蘇)
1	마오쩌둥	1949~	적대	최상	적	적대	최상
		1972~	적대	최상	중 (수교)	중 (닉슨방중)	최악(국경전쟁)
2	덩샤오핑	1978~	최상	중	중	중 (수교)	상
		1988~	하(올림픽)	최상	상	중	상
3	장쩌민	1992~	중 (수교)	상	중	중	상
		1997~	상(동반자)	중	하(센카쿠분쟁)	중	최상
4	후진타오	2002~	상	중	중	중	최상
		2007~	상	하(핵책)	하(센카쿠주권책)	중	최상
5	시진핑	2012~	최상(박근혜 친밀)	하(김정은 집권)	최악(아베 집권)	중	최상
		2016~	중(사드 배치)	하(핵책실험)	하(센카쿠)	중	최상
		2018~	상(사드 완화)	상(김정은 방중)	하(히키카와 방일)	중	최상

시진핑, 한-북-미-일-러 정상회담 횟수
러11 美7 韓5 北3 日1 (2012.1~2018.11현재)

	한국	북한	미국	일본	러시아
방문	1	0	4	0	6
초청	4	3	3	1	5
계	5	3	7	0	11

* 제3국 및 APEC 등 다자회담에서의 비공식회담 제외
* 시진핑은 집권 후 현재까지 북한과 일본을 단 한번도 방문하지 않았음.

다음은 어느 나라일까요? 1. 시진핑이 처음 해외여행을 간 나라 2. 덩샤오핑이 재집권한 후 최초 방문한 나라 3. 쑨원이 아시아 최초의 공화국 중화민국을 세우면서 롤모델로 삼은 신대륙 최초의 공화국인 나라 4. 중국본토를 침략한 적이 없는 열강으로서 중국이 역사적 원한이나 피해의식이 없는 나라 5. 지난 10년간 중국인의 호감도 순위 앞자리를 차지하는 나라 6. 화교와 중국인 유학생이 제일 많은 나라 7. 중국의 최대 수출대상국인 나라 8. 중국이 그 나라의 돈과 채권을 제일 많이 갖은 나라 9. 중국에 빚을 제일 많이 진 나라 10. 시진핑의 딸이 유학 간 나라, 그 나라는 바로 미국(美國)이다.[18]

덩샤오핑과 그의 후계자들 장쩌민-후진타오-시진핑은 모두 친미파?

중국 역대 지도자 중 최고의 '친미파'(단 여기서의 '친'은 대등한 친구 관계의 親)는 개혁개방의 총설계사 덩샤오핑이다. 덩샤오핑의 아이들 역시 장쩌민-후진타오-시진핑, 실은 모두 개혁파이자 친미파다. 3번 쓰러지고 3번 일어난 부도옹 덩샤오핑은 집권한 이듬해 벽두 1979년 1월 1일 미국과 공식 외교관계를 수립했다(동시에 중화민국 대만과는 단교). 그리고 1월 29일~2월 5일 7박 8일 일정으로 태평양을 건너 미국을 방문하였다. 집권 직후 소련을 방문했던 마오쩌둥과 대조적이다. 중국 역대 최고지도자로서는 사상 최초로 방미한 덩은 워싱턴에서 지미 카터 미 대통령과 중-미 정상회담을 개최하였다. 마오 시대 중국은 봉건제국시절 중원에 앉아서 속방으로부터 조공이나 받아오던 전통 때문인지 초청외교가 주를 이루었고 방문외교는 드문 편이었다. 덩샤오핑은 방미기간 중 카우보이 모자를 눌러쓰고 로데오 경기를 관람하는가 하면, 공식 석상에서 엘비스 프레슬리의 러브 미 텐더(Love Me Tender)를 열창하는 등 미국인에게 친근하게 다가가려는 모습을 보였다. 수행했던 중국 지도부 역시 큰 문화 충격과 경제 개발에 대한 강한 자극을 받았다.

덩샤오핑은 "쇄국은 중국에 정체와 빈곤, 우둔과 낙후를 가져왔

---

18) 중국은 원래 19세기 초 미국을 아메리카 음차 표기한 '미리견(美利堅, 아름답고 이득이 견고한 뜻)'으로 불렀다. 캘리포니아에 금광이 발견된 19세기 중반부터 아름다운 '미(美)'를 붙여 '미국 메이궈(美國)로 바꿔 부르기 시작하였다. 메이궈(美國) 역시 '아름다운 나라'라는 뜻 표기가 아닌, 중국어 발음에 가깝게 적은 음차표기라고 할 수 있다. 그러나 '메이'로 발음되는 '없을 몰(沒)'을 비롯 곰팡이, 그을음, 어두울, 흐릴, 아첨할 등등 다수의 부정적 의미의 동음이어 중에서도 가장 긍정적인 의미의 '美'를 선택하여 표기했다는 것은 의미가 크다고 본다. 일본과 북한의 미국 한자표기는 쌀 '米'자 '미국(米國)'이다.

다. 쇄국정책으로는 국가 발전은 불가능하다.” “바다는 우리의 장벽이 되어서는 안 된다. 미국과 중국은 태평양처럼 연대하여야 한다”라고 누차 강조했다. 미국방문에서 돌아온 후 덩샤오핑은 중국을 발전시키는 데는 자본주의나 사회주의나 관계없다고 주장하며 유명한 “흰 고양이든 검은 고양이든 쥐만 잘 잡으면 된다. 남쪽 기슭이든, 북쪽 기슭이든 정상에만 오르면 된다”라는 명언을 남겼다. 원래 이 말은 그의 고향 스촨 지역에 널리 전해오는 속담이다. 실질적이고 실효성을 중시하는 스촨 지역민의 가치관을 대변해주는 격언이기도 하다. 덩샤오핑 방미 후 지금까지 중국의 핵심 브레인들은 대개 세계 초강대국 미국의 힘이 ‘공정한 자유경쟁’에서 비롯된다고 분석하면서, 중국 사회주의 영혼도 ‘공정’해야 하며 시장경제의 본질도 ‘자유경쟁’이어야 한다고 강조하고 있다. 중국은 미국의 풍만한 몸통에서 민주주의 정치제도 뼈는 추려버리고 자본주의 시장경제 살을 취해 중국특색의 자본주의 대로를 질주하고 있다. 그리하여 중국은 지금 미국과 더불어 이른바 ‘세계 자본주의 공생체 차이메리카’로 불리는 G2로서 글로벌 경제를 쥐락펴락하고 있다.

덩샤오핑의 최후의 후계자이자 제3세대 지도자 장쩌민 국가 주석은 1997년 10월 26일~11월 3일, 7박8일(덩샤오핑의 방미기간과 동일) 미국을 방문, 빌 클린턴 대통령과 정상회담을 개최, 21세기 건설적 전략동반자관계를 체결했다. 그는 캘리포니아주를 방문하여 그곳 체류 화교들과 함께 어울리며 간담회를 개최하고 하와이에서는 ‘Aloha Oe’를 연주하며 하와이 주장의 부인과 함께 열창했다. 장쩌민의 동향 후배이자 제4세대 지도자 후진타오 주석은 2006년 4월 18~21일과 2011년 1월 18~21일을 미국을 국빈 방문하여 각각 조지 워커 부시와 버락 오바마 대통령과 정상회담을 했다. 중국 역대 지도자 중 가장 사근사근한 성품의 후진타오는 두 차례 국빈방문 기간 동안 빌 게이츠와 스티븐 잡스 포함 미국 각계 저명인사로부터 극진한 환대를 받았다.

시진핑의 8차례 미국방문기 스케치

제5세대 영도핵심 시진핑은 32세 때 미국을 처음 방문한 이후 2019년 3월까지 여덟 차례 미국을 방문했다. 그의 모든 방미기는 1등국 미국의 장점을 학습하여 미국을 앞서자는 데에 초점이 맞춰 있다. 반면 미국의 단점 거론 등 비판은 거의 없다. 덩샤오핑이 미국방문에서 돌아온 다음 달 1979년 3월 초 26세의 시진핑은 덩샤오핑이 중앙군사위 제1부주석으로 사실상 수장이었던 중앙군사위의 판공청 비서(현역 중령급)로 첫 직장생활을 시작했다. 시진핑이 32세 때 그의 생애 첫 해외여행을 나갔다. 1985년 4월 28일~5월 1일 그의 나이 32세 때 허베이성 정딩현 당서기 시절 미국의 아이오와주를 방문한 것이다. 이는 1983년에 허베이성과 아이오와주와 자매결연성 관계를 맺었던 덕분이다(중국과 미국은 2017년 말 현재 36개 중국의 성과 미국의 주와 자매결연 주, 161개 자매결연 시 관계를 맺고 있다).

시진핑은 아이오와주의 소도시 마스카틴 카운티의 한 직원 집에서 2박 3일간 민박을 하며 정딩현과 마스카틴 카운티와 자매결연을 체결했다. 시진핑의 2차와 3차 방미는 그가 푸젠성 중심도시 푸저우시 당서기 시절인 1992년 9월과 1993년 5월이다. 시진핑은 주로 푸젠 출신 화교들과 간담회를 가지며 미 동부지역의 번화한 도시를 시찰하며 푸저우시의 건설 청사진을 그렸다. 현재 푸저우시가 중국에서 도시계획이 잘된 도시로 손꼽히게 된 건 당시 시진핑의 미국 학습 덕분이라고 중국 언관학은 입을 모아 칭송하고 있다.

4차 방미는 2006년 5월 시진핑이 저장성 당서기 시절이다. 그는 저장성의 자매결연 주 뉴저지주를 비롯 워싱턴과 뉴욕을 방문했는데 미 상무부의 중국계 여직원 통지링(董继玲)이 그의 전 일정을 수행했다. 그는 후일 뉴저지 주장과의 회담을 비롯 시진핑이 원고를 전혀 보지 않고 대화와 연설을 하는데 복잡한 내용과 소수점까지 하나도 틀리지 않았다며 시진핑이 놀라운 기억력의 소유자로 회고했다.

시진핑의 5차 방미, 2012년 2월 14~18일 4박 5일간의 미국방문은 이전의 네 차례 격이 완전히 다르다. 미국은 사실상 국가 정상급 예우를 하였다. 당시 시진핑 국가부주석은 그해 가을 후진타오에 이어 당 총서기에 오를 것이 확실하기 때문이었다. 시진핑은 버락 오바마 대통령, 조지프 바이든 부통령, 힐러리 클린턴 국무장관 등과 잇따라 면담했다. 미국의 배려로 펜타곤까지 방문했다. 시진핑이 1985년 미국 방문 시 묵었던 아이오와 머스커틴 카운티의 직원집은 물론 NBA 농구경기를 관람하는 로스앤젤레스 방문까지 바이든 부통령이 함께했다. 특히 미국 측은 1980년 시 부주석의 아버지인 시중쉰 당시 광둥시 서기가 방미 대표단을 이끌고 17일간 미국을 방문할 당시 남긴 사진첩을 선물로 증정했다. 방미일정을 마치고 떠나기 전 시진핑은 "황금시대는 우리의 앞에 있지 뒤에 있지 않다"(E. 벨라미, 19세기 미국 작가)의 명언을 인용하며 중미 양국 관계의 미래가 세계의 황금시대와 함께한다는 말을 남겼다. 그러자 시진핑은 미국 각계로부터 찬사를, 벨라미는 재조명을 받았다.

오바마, "미중양국은 일본에 맞서 함께 싸운 연합국"

시진핑의 제6차 방미는 그가 국가주석에 취임한 직후인 2013년 6월 7~8일에 이뤄졌다. 시 주석은 중남미 3개국 순방길 마지막 일정에 미국 캘리포니아에 들러 두 번째 임기를 시작한 버락 오바마 대통령을 만났다.

모하비 사막에 위치한 휴양지 서니랜즈에서 개최된 당시 회담의 형식은 정상회담이 아닌 '만남'이었다. 미국은 이를 '미팅(meeting)'으로 불렀고, 중국 외교부는 '회오(會晤·회견)'라고 했다. 두 정상은 노넥타이 차림으로 함께 산책을 하며 여러 대화를 나눴다. 시 주석은 "양국이 협력하면 세계 안전의 닻과 세계평화를 이끄는 프로펠러가 될 것"이라는 말을 남겼다.

이후 시 주석은 오바마 대통령을 2014년 11월 10~13일 중국으로 초청해 베이징 국빈관 댜오위타이(釣魚台)의 '달밤산책'을 즐긴 데 이어 2016년 9월 항저우 주요 20개국(G20) 정상회의 때에는 '시후(西湖) 산책' 등 격식 없는 만남을 두루 가졌다.

시 주석의 7차 방미는 2015년 9월 22~26일에 이뤄졌다. 당시 시 주석은 국빈방문이었고, 오바마 대통령과 비공식 '회오'가 아닌 공식 정상회담을 가졌다. 당시 오바마 대통령 내외는 백악관에서 시 주석 부부를 위해 성대한 국빈만찬을 베풀었다. 오바마 대통령은 건배사에서 제2차 세계대전 당시 일본군의 대공포에 맞아 불시착했던 미군 전투기 조종사가 중국의 한 마을에서 큰 도움을 받았던 사례를 언급하면서 미·중 양국은 일본에 맞서 같이 싸운 연합국이었던 사실을 상기시켰다.

당시 메인 테이블에는 중국 측 기업인 마윈 알리바바 총재, 리옌홍 바이두 총재, 마화텅 텐센트 총재와 미국 측 기업인 로버트 아이거 월트디즈니 CEO, 팀 쿡 애플 CEO, 마크 저커버그 페이스북 대표 등이 두 정상과 자리를 함께했다. 그들은 검은 송로버섯을 곁들인 수프와 중국 명주 '샤오싱주(紹興酒)'를 즐기며 담소를 나눴다.

16
시진핑과 미·중관계 70년 약사

　시 주석의 제8차 방미는 2017년 4월 6~7일에 이뤄졌다. 도널드 트럼프 미국 대통령과의 정상회담 등 최근 2년간의 미·중 관계를 얘기하기 전에 우선 지난 수십 년간의 양국 관계의 궤적을 잠시 회고해본다.

　미국의 대중정책은 냉전종식 이후 다음 네 가지 패턴을 보였다.

　첫째, 기존의 협력관계를 유지하며 부문별·사안별로 제한된 갈등 양상을 보였다.

　둘째, 대선 유세에서는 대중 강경책, 집권 후에는 협력 관계로 선회했다.

　셋째, 집권 전반에는 긴장 관계, 후반에는 긴밀한 관계를 보였다.

　넷째, 진보적 성향의 민주당보다 보수적 성향의 공화당 집권 때 미·중 관계가 더 원만했다. '공화당 시절 온탕, 민주당 시절 냉탕'이라 할까? 특히 이는 1990년대 초 냉전종식 이후뿐만 아니라 중화인민공화국 건국 1949년 이후 2016년까지 거의 일관되게 이어져 온 패턴이었다.

1949년 중화인민공화국 건국 당시 미국 33대 해리 트루먼 대통령(민주)은 중국을 소련과 함께 미국의 주적국으로 취급했다. 그는 1950년 6월 25일 북한의 남침으로 발발한 한국전쟁 때 약 30만 미군을 한반도에 파견, 이른바 '항미원조(抗美援朝)'의 명분으로 출병한 약 60만 '중국인민지원군'과 직접 맞서 싸워 혈투를 벌였다.

반면, 미국 34대 드와이트 아이젠하워 대통령(공화)은 취임 첫해인 1953년 7월 27일 중국과의 종전협정을 체결, 한국전을 종전시키고 임기 내내 중국을 입으로만 성토했다. 이어 35대 존 F 케네디 대통령(민주)은 1962년 쿠바사태로 소련과의 긴장을 극대화시키는 한편 중국을 소련의 한통 속으로 사갈시 했다. 그가 암살된 후 승계한 36대 린든 존슨 대통령(민주) 역시 베트남 전쟁에 개입, 중국을 북베트남과 베트콩의 배후로 적대시했다.

그러나 37대 리처드 닉슨 대통령(공화)은 1972년 2월 21일 미국 현직 대통령으로서 최초로 중국을 방문해 마오쩌둥 주석과 악수하고 저우언라이(周恩來) 총리와 함께 마오타이(茅台)주를 즐기면서 미·중 화해의 전기를 마련했다. 닉슨 대통령이 '워터게이트'로 탄핵당한 후 뒤를 이은 38대 제럴드 포드 대통령(공화) 역시 대중 유화정책을 유지했다.그러나 37대 리처드 닉슨 대통령(공화)은 1972년 2월 21일 미국 현직 대통령으로서 최초로 중국을 방문해 마오쩌둥 주석과 악수하고 저우언라이 총리와 함께 마오타이(茅台)주를 즐기면서 미·중 화해의 전기를 마련했다. 닉슨 대통령이 '워터게이트'로 탄핵당한 후 뒤를 이은 38대 제럴드 포드 대통령(공화) 역시 대중 유화정책을 유지했다.

39대 지미 카터 대통령(민주)은 인권문제 등으로 중국과 첨예하게 대치했으나 그를 누르고 당선된 40대 로널드 레이건 대통령(공화)은 당시 중국 최고지도자였던 덩샤오핑과 밀월관계를 유지하면서 중국의 숙적 소련을 붕괴시키는 결정적인 역할을 했다.

41대 조지 부시 대통령(공화)은 초대 주중대사를 역임한 지중파 정계인사로서, 1991년의 제1차 이라크전쟁 등 각종 국제 현안 문제에서 겉으로만 '으르렁'거리지 속으론 중국과의 은밀하게 코드를 맞추었다. 반면 42대 빌 클린턴 대통령(민주)은 인권, 대만·티베트 문제, 최혜국대우, 지식재산권, 투자, 통상교역, 환율 등 전방위로 중국에 애를 먹였다. 이어 아버지 부시 대통령이 주중대사를 지낼 때 베이징에서 청년시절을 보낸 43대 조지 부시 2세 대통령(공화) 재임 시에는 아프가니스탄 침공, 이라크 침공 등의 미국 국익 극대화 전략이 소수민족 문제 해결이라는 중국 국익과 부합하는 등 임기 내내 중국을 전략적 동반자관계로 껴안아 미·중 밀월관계를 구가했다. 44대 버락 오바마 대통령(민주)은 중국에 인권, 대만문제, 티베트, 남중국해, 대중무역적자 문제 등 첨예한 대립의 각을 세우며 전임자 부시 대통령 시절에 비해 긴장상태를 유지했다.

내심 트럼프 대통령 당선 바랐던 習

사실 시진핑 주석은 내심 2016년 미국 대선 정국에서 공화당 소속 트럼프 대통령의 당선을 희망했다. 민주당 힐러리 클린턴 후보가 인권과 민주주의, 소수민족 문제 등 중국의 각종 약점을 지적하면서 강경한 태도를 고수한 반면 미국을 우선시하고 고립주의 성향을 띠는 트럼프가 해양영토분쟁 등 미·중 간 문제에서도 상대하기에 더 낮다고 판단했기 때문이다. (반면 아베 신조 일본 총리는 당시 힐러리 클린턴 후보를 지지했다.) '시진핑 시대'의 메가 프로젝트는 '일대일로(一帶一路, 육로·해상 실크로드)' 건설이다. 일대일로는 "미국은 북미와 중남미 신대륙을 맡아라. 중국은 아시아-아프리카-유럽을 아우르는 구대륙의 맹주가 되겠노라"는 선언문과 같다. 미국은 비록 '아시아로의 회귀'를 외치지만 대규모 재정적자에 따른 국방비 삭감으로 '힘이 마음을 따라가지 못하는(力不從心)' 상태이니 말이다. 자연히 세계 경제질서 개편에 따른 아시아-태평양지역의 질서 재편은 불가피해 보인다. 즉, 미국이 과거 아시아를 일본 손에 남기고 몸을 빼려 했듯, 가까운 미래에는 미국이 '제2의 닉슨 독트린', 즉 '아시아를 중국 손'에 맡겨놓고 미 대륙으로 퇴각하는 날을 중국은 학수고대한 것이다. 시진핑 주석이 오바마 대통령을 향해 "태평양은 매우 넓어 중국과 미국의 이익을 모두 담을 수 있다"라고 한 말은 제2의 닉슨 독트린을 재촉하는 중국의 주문과 다름없었다. 그러던 차에 고대하던 고립주의를 내건 미국 대통령이 출현했으니, 시 주석에게 트럼프 대통령은 '백마 타고 오는 초인'에 버금가는 고마운 존재일 것으로 기대했다.

17

퍼스트레이디 펑리위안

10여 년 전만 하더라도 펑리위안이 시진핑보다 훨씬 더 유명했다. 시진핑이 2007년 가을 후진타오를 잇는 황태자로 등극할 때까지 시진핑은 '펑리위안의 남편'으로 소개될 정도였으니.

펑리위안의 고향은 『수호전』 영웅들의 본산

시진핑 국가주석의 부인 펑리위안(彭麗媛)은 1962년 11월 20일 산둥성 서남부 허저(菏泽)시 윈청(郓城) 펑씨 집성촌인 펑좡(彭庄)촌에서 태어났다. 윈청현은 우리나라 임꺽정의 청석골 격인 수호전의 양산박(梁山泊) 동쪽에 인접해 있다. 송강, 조개, 오용 등 양산박 최고 두령급 포함 "양산 108영웅 중 72영웅이 윈청 출신"이라는 말이 전해질 만큼 윈청현은 수호전 영웅들의 본산이다. 현 내 곳곳에는 수호전의 관련 유적지와 무술학원이 널려 있다. 윈청현의 이런 역사 지리적 환경과 펑리위안의 카리스마가 넘치는 용모와 태도, 또한 그녀가 후일 군에 자원입대하여 장성급 대우를 받으며 성악가로 활약한 이력(중국인민해방군 예술학원 원장 역임)과 무관하지 않다고 생각한다(지리환경 결정론). 펑리위안의 아버지는 원청현 문화관장을 지냈고 어머니는 원청현 현립 극단 주연급 배우였다. 부모로부터의 선천적 유전인자를 물려받고 후천적 교육환경을 지원받은 그녀는 네다섯 살 때부터 원청현극단 아동 배우로 활약했다. 원청제1중학교를 졸업한 펑리위안은 1977년 산둥예술학교(한국의 특목고에 해당)에 입학, 민족성악을 공부했다. 1980년 그녀는 베이징에서 처음 열린 '전국 문예 공연 대회'에 참가, 민요 창법을 현대적으로 되살린 독특한 창법으로 베이징 음악계를 진동시켰다.

같은 해 펑리위안은 중국인민해방군에 자원 입대, 문예병이 되었다. 1982년 2월 초 펑리위안은 중국중앙CCTV의 설날 특집프로그램 '춘제완후이(春節晚會)'에 고유의 민족 성악을 대표하는 가수로 출연하여 <희망의 들판에서(在希望的田野上)>를 불렀다. 중국 현대 민족성악계 여왕 대관식 행사날이나 마찬가지였다. 그녀의 나이, 꽃보다 아름다운 만 19세였다.

1983년 북한 김정일 전 국방위원장의 1차 비공개 중국 방문 행사 시 펑리위안은 한국어와 중국어를 섞어가며 북한의 대표적 혁명가곡 '꽃 파는 처녀(卖花姑娘)'를 불렀다.[19] 이듬해 펑리위안은 중국음악학원 성악과에 입학, 정식으로 성악교육과 왕인쉔(王音旋)과 진티에린(金铁霖) 교수로부터 사사받았다. 1985년 펑리위안은 문화부에서 주최한 제1회 전국 니에얼 시싱하이(聶耳、洗星海; 20세기 전반 중국

---

19) 북한의 김정일은 평생 8번 방중했다. 1983년 1차 방중은 비공개, 단 북한 관방에서 다큐 영상물로 제작했다. 그 외 2000년, 2001년, 2004년, 2006년, 2010년 5월, 2010년 8월, 2011년 모두 일곱 차례 방중했다. 김정일의 첫 방중 시, 즉 1983년 1차 비공개 방중행사 당시 유명 가수 펑리위안은 김정일에게 <꽃 파는 처녀(卖花姑娘)> 노래를 선사했다.

대표적 작곡가) 음악작품 민족창법팀에서 금메달을 획득했다. 같은 해 7월, 중국공산당에 가입한 그녀는 이듬해 중국중앙CCTV가 주최하는 제2회 전국청년가수 대회전에서 민족성악 최우수상을 획득했다.

시진핑, 펑리위안을 만난 지 40분쯤에 결혼을 결심

눈부신 미모와 재능을 겸비한 펑리위안이 중국에서 모르는 사람이 없는 인기가수로 전성기를 누리던 1986년 말, 한 친구가 펑리위안에게 신랑감 하나를 소개해주었다. 그는 당시 푸젠 샤먼 부시장 시진핑(당시 33세, 그녀와 아홉 살 차이, 이혼 상태)이었다.[20] 펑리위안은 일부러 뚱뚱하게 보이는 군복을 입었다. 상대방이 예쁜 여자만 찾는 외모지상주의자가 아닌가 하며, 그런데 시진핑도 역시 우리나라 1970년대 교련복 비슷한 반 군복 차림으로 나타났다. 시진핑은 그녀에게 "현재 히트한 노래는 뭐?" "출장비는 얼마 받는가?" 너절한 녀석들의 하찮은 질문이 아니라 "성악에는 몇 가지 창법이 있지요?" 등 품격 있는 질문을 했다. 펑리위안은 첫눈에 반해 버렸다. 후일 펑리위안은 그 '첫눈에 반함'을 회고했다.

"그때 내 심장엔 갑자기 찌르르 찌르르 전류가 흘렀어요. 이 남자야말로 내가 꿈에 그리던 이상형 남편감이라고요! 그이의 성품은 순후했으며 사상은 고상했어요, 그이가 훗날 내게 고백했어요. '당신과 처음 만난 지 40분쯤 되었을 때 당신을 아내로 맞이할 거라고

---

20) 시진핑은 1979년 26세 때 고위 외교관 커화(柯華)의 딸인 커샤오밍[柯小明, 별명 커링링(柯玲玲), 당시 28세]이 첫 번째 아내였다. 1982년 결혼 3년 만에 커샤오밍은 시진핑과 이혼을 하고 영국유학을 떠났다. 두 사람 사이에 자녀는 없었다.

결심'했다고." 그렇다면 펑리위안은 시진핑을 만난 지 몇 분쯤 되었을 때 그를 남편으로 삼을 거라고 결심했을까? 필자는 그녀의 결심이 그의 결심보다 훨씬 빠른 약 5분쯤 되었을 때라고 합리적 추정된다. 그러나 펑리위안의 부모는 '그 결혼 난 반댈세'였다. 그녀의 부모는 딸이 고관대작의 자제 집안으로 시집가는 걸 무척 꺼렸다. 안빈낙도를 추구하며 편안하고 지혜로운 삶을 살다 가려는 가문이라면 하늘 높은 곳에서 목과 어깨에 힘주고 배를 내밀고 노닐다가 잘못되면 갑자기 나락으로 떨어지는 고관대작 가문의 사윗감이 뭐가 좋겠는가? 더구나 중일전쟁, 국공내전, 대약진 운동, 문화대혁명의 파란만장한 시대를 몸소 겪어온 20세기 전·중반 중국의 부모 세대, 눈에 넣어도 아프지 않을 딸을 과부 또는 생과부로 만들기 십상인 정치가 집안이 뭐가 좋겠는가? 하지만 시진핑은 펑리위안을 안심시켰다. "내 아버지도 역시 농민이 아들이었소. 우리 집안 모두 소탈하고 부담 없으며 집안 아이들 모두 평민 가문에 장가들고 시집갔다오. 이런 우리 집안 사정을 알면 당신 부모도 나를 기쁘게 받아들일 거요." 펑리위안도 문화대혁명 시절 벽촌지역으로 던지어져 남 못지않은 고생을 했다고 여겨왔으나 시진핑이 청소년 시절 겪은 고난에 비하면 자신의 고생은 '참새 발가락의 피'라는 생각에 눈물을 글썽거렸다.

시진핑-펑리위안의 결혼식장은 구내식당

아내가 어머니보다 중요하다. 어머니는 나의 1/3 인생을 책임지지만 아내는 나의 2/3 인생을 책임지기 때문이다. 어머니는 영원히 나의

어머니지만 내가 잘못하면 아내는 남의 아내가 될 수 있기 때문이다.
- 알리바바 총수 마윈(馬雲) 왈

1987년 9월 1일(음력 7월 9일 길일) 펑리위안과 시진핑은 간단한 혼례를 치렀다. 베이징에서 일하던 그녀는 샤먼시 부시장 시진핑의 전화를 받고 직장에 보고한 후 샤먼으로 날아갔다. 펑리위안이 비행기에서 내리자마자 시진핑은 그녀를 낚아채다시피 사진관으로 데려가 결혼사진을 찍었다. 등기소 직원이 결혼등기증을 부시장 관사로 배달했다. 시진핑은 시장에게 결혼 사실을 정식 보고했다. 시장은 시당위원회와 시정부 고위간부들에게 거두절미하고 간단히 통보했다. "오늘 저녁 7시에 구내식당에서 회식 있으니 전원 집합!" 저녁 7시경, 신랑과 신부는 구내식당 문 앞에서 나란히 서서 '하객'들을 영접했다. 사람들 대다수는 자신이 '하객'들인 줄 몰랐다. 창에 걸려 있는 크고 붉은 '囍'자를 보며 서로의 얼굴만 쳐다보며 이게 도대체 누구 결혼식이지? 궁금해했다. 시정부 비서장(총무국장)이 도착했다. 그는 펑리위안을 한눈에 알아보았다. 시진핑과 악수하면서 물었다. "옆에 서 있는 여인은 유명가수 펑리위안이 아닌가요? 그녀가 누구의 결혼식 축가를 불러주러 여기까지 왔나요?" 시진핑 짧게 대꾸했다. "그녀는 내 아내요."

신혼 4일째, 펑리위안은 베이징에서 열리는 전국예술제에 참가하기 위해 시진핑 곁을 떠났다. 연이어 캐나다와 미국 등 2개월여 북중미 순회공연을 나갔다. 1987년 9월 1일 펑리위안과 결혼 당시 푸젠성 샤먼시 부시장이던 시진핑이 푸젠성 성장, 저장성 당서기, 상하이 당서기로 승승장구하며 마침내 2007년 10월 26일 후진타오를 잇는 차기 후계자로 낙점되어 정치국상무위원(서열 6위)으로 베이징에 부임할 때까지, 강산이 두 번 바뀌는 기나긴 세월 동안 부부가 같이 사는 기간보다 헤어져 있는 기간이 훨씬 길었다. 펑리위안의 직장 소재지 베이징과 시진핑의 근무지 화둥지역의 거리는 서울과 부산의 거리의 4~5배인 1,200~2,000㎞. 부부의 지리적 거리가 워낙 거리가 먼데다가 모두 워낙 공사다망하여 부부는 20년간 '준(準)견우와 준직녀'였다.

어느 날 어렵사리 짬을 내어 시진핑은 어렵사리 베이징의 아내를 만나러 갔다. 그러나 가던 날이 장날이라고 펑리위안은 특집 방송 연출 요청 전화를 받았다. 그녀는 전화를 끊고 한나절 동안 남편의 마음을 상하게 할까 봐 말을 하지 못했다. 눈치를 챈 시진핑은 오히려 아내를 위로했다. "괜찮아. 당신이 지금 가더라도 우리는 결국 만나게 되는데 무슨 걱정이야. 나 때문에 당신을 무대에서 떠나게 할 수 없어. 나는 결코 이기적인 사람이 되고 싶지 않아요." 시진핑은 자기 자신에 대하여 항상 엄격했다. 펑리위안이 어쩌다 그의 곁으로 갔을 때 그는 각별히 처신에 신경을 썼다. 으레 부부 동반하는 모임에도 당 간부가 아내를 데리고 다니면 주위에서 수군거리고 좋지 않은 소문이 퍼지기가 쉽다 하며 아내를 동반하지 않았다. 시진핑은 펑리위안에게 자주 주의를 환기했다. "우리는 당간부 부부다. 한시라도 유혹의 함정에 빠져선 절대 안 된다."

펑리위안은 시진핑을 이야기할 때면 항상 밝은 웃음을 얼굴에 그득 담고 분명하게 말한다. "그이는 세상에서 최고 우수한 남편이어요. 나는 그이가 세상 모든 여인의 마음속 가장 이상적인 남편이라고 생각해요." 펑리위안은 자신보다 9세 연상인 시진핑이 마치 큰오

빠가 귀여운 막내 누이동생 대하듯 자신을 사려 깊게 대한다고 자랑한다. 음치에 가까운 시진핑은 노래를 부르길 좋아하지 않지만 펑리위안이 부른 노래만은 빠짐없이 즐겨 듣고 이따금 혼자 나직하게 흥얼거리기도 하는 것으로 알려졌다.

시진핑보다 유명했던 펑리위안이 일과 가정에 모두 성공한 비결은

10여 년 전만 하더라도 펑리위안이 시진핑보다 훨씬 더 유명했다. 시진핑이 2007년 가을 후진타오를 잇는 황태자로 등극할 때까지 시진핑은 '펑리위안의 남편'으로 소개될 정도였으니. 펑리위안이 만약 시진핑의 부인이 되지 않았더라도 필자는 그녀가 중국 성악계를 빛낸 여성으로 이름을 사해만방에 떨쳤으리라 생각한다. 그녀가 1987년 시진핑과 결혼 후 현재까지 30여 년간 일과 가정에 최선을 다해 노력했기 때문이다. 그녀는 누구누구의 아내 또는 딸이 아닌, 독립 인격체 펑리위안으로서 항상 가슴 뛰는 삶을 살아왔기 때문이다.

1990년 5월 펑리위안은 중국음악학원 대학원 과정을 수료, 석사과정 논문이 통과되어 중국 사상 최초의 민족음악석사학위를 받았다. 1992년 12월 딸을 출산한 후 육아에 전념하면서도 자아실현을 위한 피와 땀과 눈물을 아끼지 않았다. 2002년 모교인 산둥예술학원 객좌교수로 초빙받았으며 2004년 9월엔 중앙의 중국음악학원 객좌교수가 되었다. 2005년 9월 국제연합(UN) 창립 60주년 기념위원회의 초청을 받은 펑리위안은 미국 뉴욕 링컨예술센터에서 사상 최초로 중국 가극 <무란시편(木兰诗篇)>을 공연하여 우수예술가상을 수상했다.

펑리위안은 1982년 데뷔곡 앨범 <희망의 들판에서(在希望的田野
上)>를 시작으로 <에베레스트(珠穆朗玛)>, <우리는 황하와 태산(我
们是黄河泰山)> 등 10여 개의 앨범을 꾸준히 발표하여 왔다. 2007
년 시진핑이 정치국상무위원으로 등극, 20년간의 준견우와 준직녀
의 생활을 끝내고 베이징에서 함께 살게 된 2007년 말 그녀는 <나
의 군인 형제(我的士兵兄弟)>를 끝으로 성악계 일선에서 은퇴했다.

2008년 3월 시진핑이 국가부주석 부인, 즉 중국판 황태자비로서
펑리위안은 해외방문 시 시진핑과 동반 해외방문활동을 하였다.
2011년 6월, 펑리위안은 세계보건기구(WHO)로부터 폐결핵 및 에
이즈병 예방친선대사로 임명되었다. 2013년 3월 시 주석 취임 이후
펑 여사(퍼스트레이디가 되었기에 '펑 여사' 또는 '펑리위안 여사'로
칭하겠음)는 해외 순방마다 동행하며 중국의 문화를 알리는 데 1등
외교관 역할을 하고 있다. 펑 여사의 적극적인 대외활동은 그동안
밖으로 거의 드러나지 않았던 중국의 역대 퍼스트레이디들과 대조
된다. 2017년 4월 7일, 도널드 트럼프 미국 대통령이 방미한 시진핑
중국 국가주석과 플로리다 마라라고 리조트에서 정상회담 도중, 펑
리위안을 재능이 출중한 가수(talented singer)로 높이 평가하자 시진
핑이 미소로 화답하고 이후 회담 분위기가 급격히 좋아졌다고 전해
진다. 펑리위안 여사는 현재 퍼스트레이디 겸 인민해방군 문관직 2
급(한국의 준장급), 베이징대학 겸직교수 겸 국방대학군사문학원 및
중국음악학원 박사지도 교수 겸 중화전국청년연합회와 중국음악가
협회 부주석에 재직하고 있다.

중국의 퍼스트레이디는 김치-한국과자-한국드라마 열성 팬

한국 김치를 즐겨 먹는 중국사람의 수가 적지 않다. 중국 장기 체류 시 필자의 개인적 경험에 의하면 특히 한국과 가까운 산둥성 출신(한국 김장용 배추를 산둥배추라 함)과 매운맛을 즐기는 스촨성 출신('스촨파오차이'라는 김치 비슷한 걸 먹지만 대개 한국 김치만 '정통 김치'로 친다)이 김치 팬이 많았다. 간혹 김치를 좋아하는 정도를 넘어 김치에 인이 박여 김치 없으면 한 끼도 먹을 수 없는 이른바 '김치 중독증'에 걸린 김치 마니아도 있다. 중국인 김치 마니아 대다수는 우리처럼 김치를 반찬으로 먹는 게 아니라 전채요리로 먹는다. 김치는 그들에게 식욕을 돋우어주는 코스요리로서 식사 맨 처음 먹는, 오르되브르(애피타이저)다. 필자는 김치 한 사발을 다 비운 후에 식사를 시작하는 중국인 김치 마니아를 '실제' 목격한 적도 있다. 이들 중국인 김치 마니아 대다수는 확실한 지한파 내지 친한파 인사였다!

필자는 2014년 7월 초 시진핑 내외의 국빈 방한 시 한 행사에 초대된 바 있다. 산둥성 출신 펑 여사도 혹시 김치를 즐겨 먹지 않을까 추측하면서 주한 중국대사관 외교관 친구 A(실명을 밝히지 않겠음)에게 탐문해보았다. 아니나 다를까 '펑 여사는 둘도 없는 김치 마니아'였다. 또한 펑 여사는 한국과자(구체 상표명 밝히지 않겠음)와 <대장금>과 <별에서 온 그대> 등 한국드라마 열성 팬이다.

18
퍼스트 도터(first daughter), 시밍저

시진핑-펑리위안의 딸, 시밍저(习明泽)는 1992년 6월 27일에 푸젠성의 성도인 푸저우시에서 태어났다. 당시 푸저우시 당서기였던 시진핑(당시 시진핑은 만 39세, 펑리위안은 만 30세)은 외동딸의 출생을 지켜볼 수 없었다. 그때 마침 푸젠에 초강력 태풍이 습격해 푸젠성 해안 일대를 초토화하고 있던지라 시진핑은 3박 3일 동안 집에 돌아갈 수 없었다. 당연히 아내가 출산하는 날 병원에 갈 수 없었다. 시밍저의 이름은 시진핑의 부친 시중쉰이 지어 주었다. 시밍저의 '명(明)'은 밝고 투명하고 청렴하게 살며 '택(泽)'은 세상에 윤기를 더하듯 쓸모 있는 사람이 되라는 뜻이다.

시밍저는 보통 집안의 아이들처럼 평범하게 자랐다. 초등과정은 베이징의 친척집에 보내 징산(京山)소학교를 나왔다. 2006~2008년 (시진핑 서장성 당서기 시절) 항저우 외국어학교 불어과를 다녔다. 그녀는 언제 어디서나 안개처럼 있는 듯 없는 듯 지냈다. 깊은 연못을 마주한 것처럼, 살얼음을 밟는 것처럼 매사에 신중했다. 모가 나지 않았고 튀지 않았다. 시밍저가 매체의 스포트라이트를 받은 것은 2008년 5월의 스촨 대지진 때가 유일하다. 어머니 펑리위안이 중국 중앙 CCTV와 인터뷰 중간에 자신의 딸 이야기를 잠시 소개했다. "스촨 대지진 발생 며칠 후 16세 딸이 학교에 휴가를 청해 스촨성 현장에서 7일 동안 자원봉사활동을 갔다는 내용"이다.

시밍저는 2009년 8월(시진핑 상하이 당서기 시절) 저장대학교 (浙江大学) 외국어대학 동시통역과에 입학했다.21) 그녀가 저장대학 1학년 2학기 때인 2010년 5월(시진핑 국가부주석 시절) 미국 하버드대학에 입학했다. 중국에서 비밀경호원들이 파견되어 그녀를 24시간 밀착 경호하고 미국FBI에서도 전방위 전천후 경호했다. 하버드 유학 기간 그녀는 가명을 썼으며 학업 이외의 모든 사교 활동을 하지 않고 투명인간처럼 지냈다. 재미 중국 유학생들이 즐겨 사용하는 페이스북 등 SNS를 전혀 하지 않았다. 이러한 차기 중국 최고 권력자의 무남독녀의 은인자 중 투명인간식 처세는 영국 케임브리지 대학 유학생 시절 호화 방탕한 생활을 자랑삼아 악명이 높았던 전 충칭시 당서기 보시라이(薄熙来, 부패혐의로 현재 무기징역 수감 중)의 아들 보과과(薄瓜瓜)와는 딴판이라는 평가를 받았다.

2015년 3월 하버드대학 측은 시밍저가 이미 중국에 돌아갔으며 그녀의 하버드대 재학기간 중 어떠한 특별한 대우도 받지 않았다고 밝혔다. 2018년 현재 나이 방년 26세의 시밍저는 베이징에 체류 중

---

21) 저장대학은 중국 최대 대학, 전국 서열 5위권 내, 중국의 대학은 한국처럼 인서울 대학만 명문대학이 아니며 중국 상위 20 명문대학이 전국각지에 골고루 분산되어 있다. 베이징은 서울처럼 특별시가 아니라 중국의 4개 직할시 중의 하나일 뿐이다.

인 것으로 추정되고 있다. 그녀의 취미는 패션과 독서인 것으로 알려졌다. 패션은 뛰어난 패션 감각을 갖춘 어머니와 독서는 독서광("독서가 운명을 바꾼다는 진리를 널리 퍼뜨려라" 시진핑 어록)인 아버지의 유전인자를 반반씩 물려받은 걸까.

19

누나의 축재는 아버지 덕? 동생 덕?

시진핑 중국 국가주석의 큰누나 치차오차오(齊橋橋)는 부친 시중 쉰이 제일 예뻐하고 애지중지한 그야말로 '내 사랑 금지옥엽'이었다.

차오차오의 성씨개명 스토리

차오차오는 1949년 3월 1일 중국공산당 혁명 성지(당시 중공 수도) 옌안 차오얼거우(橋兒溝) 중앙의원에서 태어났다. 그래서 시중 쉰은 두 번째 부인 치신(齊心)과의 첫아이의 이름을 차오차오(橋橋)라고 지었다. 사람들은 차오차오의 성이 시(習)가 아니고 치(齊)라는 것에 고개를 갸우뚱거리며 호기심 어린 눈길을 주고받는다. 이에 차오차오는 이렇게 회고한다. "중학교 입학 전까지만 해도 나의 성은 시였다. 베이징 간부 자제들의 학교 8·1학교에 입학했다. 하지만 입학 며칠 후 부총리직을 맡고 있었던 아버지의 뜻에 따라 베이징 근교 농촌 학교인 '허베이 베이징 중학'으로 전학 갔다. 학교 기숙사 설비가 형편없었고 집에서도 멀지 않았는데 아버지는 나에게 기숙사 생활을 하며 학우들과 함께 먹고 함께 자고 함께 공부하면서 평민의 본색을 유지하길 원했다. 아버지 동정은 늘 신문에 실렸다. '시'씨 성은 중국에서 희귀한 성씨(2013년 말 기준, 중국 다성 순위 296위, 약 30만 명)로, 사람들의 주목을 받기가 쉬웠다. 아버지는 어머니의 성을 따라 나의 성을 '치'로 바꾸게 했다. 또 출신도 '혁명간부'에서 '평직원'으로 바꿨다." 차오차오는 이때부터 치차오차오(齊橋橋)로 불리게 됐다.

말단 여직공에서 부동산 사업가로 변신

문화대혁명 시 풍비박산된 전직 고관대작의 큰딸, 차오차오는 내몽골의 오지 생산건설병단으로 던져져 최말단 여직공 생활을 하면서 온갖 수모와 고통을 겪어야 했다. 1978년 시중쉰이 복권돼 광둥성 당서기로 부임하면서 30세의 차오차오를 광둥성 해방군 제1군의대학(군의대학은 '제4군의대학'이 최고 명문)에 입학시켰다. 졸업 후 그는 무장경찰부대에 입대하고 성이 장(張)씨인 이름과 직업 등 인적사항 미상인 남자와 결혼했다. 1989년 6월 톈안먼 사태 직전에 차오차오가 홍콩으로 노동자 신분으로 이주하면서 둘은 이혼했다. 둘 사이에 낳은 딸은 차오차오가 양육을 맡았다. 현재 남편 덩자구이(鄧家貴)는 윈난성 출신으로, 1980년대 이미 담배사업으로 큰 재산을 모아 1990년대 베이징·선전·홍콩에 여러 기업을 세운 중국판 신흥재벌이다. 치차오차오와 덩자구이는 1990년 홍콩에서 처음 만났다. 이듬해 그는 그녀에게 홍콩의 최고급 단지 '바오마산 화원(寶馬山花園)'의 수영장 딸린 고급빌라 한 채(약 300만 홍콩달러)를 약혼선물로 주었다. 둘은 1996년에 결혼하였다.

바오마산 화원 전경

1992년 정계를 완전히 은퇴한 시중쉰이 홍콩과 인접한 선전에서 장기 거주할 때, 차오차오는 선전과 홍콩을 오가며 아버지의 시중을 들었다. 아버지가 2002년 사망하자 차오차오는 베이징으로 돌아왔다. 차오차오는 이후 다시 홍콩기업가로 변신해 베이징과 선전 등지에서 부동산 개발사업을 하면서 엄청난 고수익을 올렸다. 차오차오는 남편과 함께 '베이징 중민신 부동산개발유한공사(北京中民信房地山開發有限公社)'를 설립해 자신은 동사장(회장), 남편은 총경리(사장)를 맡았다. 이들 부동산개발 동업자 부부는 베이징의 서부 중심지인 처궁좡대로(車公莊大路)에 호화 건축물 '관위안(觀緣)'과 총 대지 4만 6,000㎡, 건축면적 18만 5,000㎡ 면적의 고급 아파트 '징차오공관(京橋公館)'을 건설했다. 관위안은 베이징 지하철 2호선과 6호선의 환승 역세권과 주변에 중앙당정 핵심 12개 부처들이 분포된 베이징 정치·경제의 핵심지역 중 하나다. 차오차오의 부동산 사업은 수도 베이징에서만 대박을 터뜨린 건 아니다. 그는 '개혁개방 1번지' 선전에서도 돈을 쓸어 담았다. 2005년 1월 28일 남편 덩자구이는 선전시 지하철 부동산개발회사(深圳市地鐵遠爲房地産開發有限公社)를 설립했다. 선전시 지하철과 합작으로 라오제(老街) 지하철 역 주변을 개발해 빌딩을 지었다. 이 빌딩은 둥먼 라오제 시다먼(西大門)의 대표적인 건축물로 선전에서도 가장 좋은 지역에 입지하고 있다.

시진핑 일가 축재 폭로한 해외 언론들

미국의 블룸버그 통신은 2012년 6월 29일 당시 시진핑 부주석 일가가 3억 7,600만 달러(약 4,300억 원) 규모의 자산을 보유하고 있다고 보도했다. 통신은 시진핑 일가(사실은 시진핑 누나 차오차오와 남편 덩자구이)는 홍콩에서 자산 가치 5,560만 달러로 추정되는 건물 7개를 소유하고 있으며, 17억 달러 이상의 자산가치가 있는 희토류 취급 회사의 주식 18%, 그리고 별도의 기술관련 기업의 지분 2,000만 달러(약 228억 원)를 보유하고 있다고 시진핑 일가의 재산으로 뭉뚱그려 폭로성 보도를 했다. 통신은 다만 기사 말미에 시진핑 당시 부주석 자신이 친족의 사업에 유리하도록 관여하거나, 친족들이 부정 축재를 한 흔적은 없다는 글을 첨부해 빠져나갈 구멍을 만들어놓긴 했다. 그러나 이런 1차 정보의 제공자와 신뢰성이 의심스러운 외신들의 '아니면 말고' 식의 보도들이 오늘날까지 '겉으로는 성역 없는 부정부패 척결, 속으로는 부정축재 친족들의 뒷배'라는 시진핑의 이중성(?)을 성토하고 뒷담화하는 데 아주 좋은 재료가 되고 있다.

그렇다면 치차오차오의 축재는 동생 시진핑 덕분일까? 아버지 시중쉰 덕분일까? 차오차오가 영향력 막강한 중국 8대 원로의 하나 시중쉰의 딸이 아니라 보통 중국사람, 보통 부동산 업자였다면 이런 금싸라기 땅들을 차지할 수 있었을까? 아니 이보다 먼저, 부동산 신흥재벌 덩자구이와 결혼할 수 있었을까? 덩자구이가 결혼 전 그녀에게 300만 달러 호화빌라를 약혼선물로 줄 수 있었을까? 차오차오 부부의 사업이 융성하고 재산이 폭증한 시기는 대부분 시진핑이 권력의 정상에 오르기 전이었다. 대야망을 품은 시진핑이 몸을 최대한 낮추고 은인자중하면서 도처에 도사린 정적들에게 단 한 점의 약점을 잡히지 않기 위해, 단 한 푼의 검은 돈, 단 한 치의 검은 거래를 하지 않으려고 온몸의 신경을 집중 또 집중하던 때였다. 따라서 차오차오의 축재는 성역 없는 부정부패 척결 업적 등으로 권력의 정상에 오른 동생 시진핑의 직접적인 후원을 받은 덕분(물론 간접적 후광은 배제할 수 없음)이라기보다는 아버지 시중쉰의 후광과 음덕을 입은 덕분으로 분석된다. 요컨대 아버지 시중쉰은 '합법·합리·합정(合情)적'으로 아들 진핑에게는 권력을, 딸 차오차오에게는 재력을 물려준 후원자 역할을 했다고 필자는 총평한다.

시중쉰이 딸 안안의 특채를 면전에서 거절

치차오차오에 비하면 시진핑의 또 다른 누나인 치안안(齊安安)은 비교적 조용하다. 치안안은 외교학원(外交學院)을 졸업해 불어에 능하다. 1983년 왕광잉(王光英)이 광다공사(廣大公司)를 설립할 목적으로 많은 고위 간부의 자제를 영입하면서 의도적으로 치안안을 받아들였다. 시중쉰은 이 말을 듣고는 면전에서 왕광잉의 호의를 거절하고 치안안에게 "너는 시중쉰의 딸이니 조심하고 근신해야 한다"고 훈계했다. 치안안은 이후 국제상보사(國際商報社)에서 일했다. 치안안은 사업에 투신해 베이징친촨전파공사(北京秦川傳播公司)의 부총경리를 맡았다. 이미 호주로 이주했다는 소문도 있다.

시위안핑은 문혁 때문에 정상교육 못 받아

시진핑의 동생 시위안핑은 1956년 11월생이다. 베이징 81초등을 다녔고 문혁 때 모친을 따라 허난(河南)성 시화(西華) 황판(黃泛)구 농장의 '57간부학교'를 다녔다. 16살에 베이징에 돌아와 기계공장에서 노동자로 일했다. 시위안핑은 문혁 기간 동안 고등학교 진학의 권리를 박탈당해 정상적인 교육을 받지 못했다.

1977년 인민해방군 뤄양(洛陽)외국어학원에 입학했으며 졸업 뒤 군대, 무역 방면과 정부부처에서 일했다. 현재 국제에너지절약환경보장협회 회장으로 있다. 홍콩으로 이민을 갔으며 마카오 영주권이 있다. 시위안핑은 저장(浙江)의 부호 자원(賈雲)과 호형호제할 정도로 친하다. 자원은 시위안핑의 초청으로 시중쉰의 집을 방문했을 정도로 관계가 막역했다. 시위안핑은 자원의 방문 당시 "도울 일이 있으면 말해보라"는 내용의 사업적인 대화를 나눈 것으로 전해진다. 시진핑은 2002~2007년에 절강성 서기를 지냈다. 자원이 이사장 겸 총재를 맡고 있는 피카왕국제지주그룹(皮卡王國際控股集團)은 1993년에 설립됐다. 그룹은 영화 텔레비전, 부동산, 상업유통 및 공업을 4대 주요사업으로 하고 휘하에 21개 회사를 보유하고 있으며 자산은 17억 위안(약 3,060억 원)이 넘고 1만 3천 명의 직원을 고용하고 있다. 피카왕은 <포청천(包靑天)>, <신곽원갑(新霍元甲)>, <정무영웅(精武英雄)>, <천전(陳眞)> 등 뛰어난 TV 드라마의 촬영에 투자해 자원을 전국적으로 유명하게 했다. 자원의 이름도 자주 신문과 텔레비전 오락프로그램에 등장해 '스타 사장'으로 불렸다. 2007년 9월 그는 영화 <제1군규(第一軍規)>에서 남자 주인공인 마오쩌둥(毛

澤東)의 역을 맡았다. 그는 2007년 3월 둥양(東陽)시 난산(南山)에 건립 중이던 문화산업단지 입찰과정에서 담합에 연루돼 지명 수배 되기도 했다. 또 자원은 인민대표대회 뇌물선거에 연루돼 둥양시 기율위원회의 조사를 받기도 하는 등 논란 속의 인물이다.

20

쪕황제의 '축구몽'

시진핑 중국 국가주석에게 축구는 취미라기보다 정치다. 시 주석은 자신을 축구광(足球迷)으로 소개할 정도로 축구를 좋아한다. 2008년 7월 당시 국가부주석이었던 시진핑은 베이징 올림픽 스타디움을 시찰할 당시 특별히 여자 국가대표 축구팀만 '편애(?)'해서 전 팀원에게 유니폼 한 벌씩을 증정했다.

2009년 10월 독일 방문 때 시진핑은 자못 진지한 표정으로 "중국은 양적으로 많은 축구팬과 축구시장을 보유하고 있으나 질적으로는 수준이 너무 낮아 탈이다. 하지만 우리는 베이징 올림픽에서 종합우승하면서 한 가지 결심을 했다. 갖가지 종목에서 금메달 48개나 땄으니 이제는 축구에서 금메달을 따는 것"이라고 말해 실소(?)를 참는 독일인의 무한 인내력(?)을 시험하기도 했다.

2011년 7월 4일, 중국을 방문한 손학규 당시 민주당 대표는 시진핑에게 맨체스터 유나이티드에서 뛰고 있던 박지성 선수의 싸인볼을 선물했다. 축구광 시진핑은 만면에 화색을 띤 채 기쁨을 감추지 못했다. 그는 "중국축구를 얘기하면 좋기도 하고 부끄럽기도 하다"

며 "중국에서 월드컵을 개최할 수 있을까, 중국이 언제 월드컵 본선에 나갈 수 있을까, 월드컵 우승을 할 수 있을까가 내 세 가지 꿈"이라고 말했다.

2012년 2월 시진핑은 아일랜드 수도 더블린을 방문했을 때는 축구경기장을 찾아 구두를 신은 채로 자신 만의 축구묘기를 시전하기도 했다.

2014년 3월 부인 펑리위안 여사와 독일 베를린을 방문한 시진핑은 바쁜 일정을 쪼개 베를린 올림피아 경기장의 축구장을 찾아 훈련 중인 중국 청소년 축구팀을 격려했다. 이 자리에서 그는 볼프스부르크 축구클럽 유니폼을 선물받았다. 그해 7월 아르헨티나를 방문했을 때는 등번호 10번이 달린 레오넬 메시의 아르헨티나 국가대표팀 유니폼을 선물 받고 "내게 이적료는 얼마 줄 거냐?"는 농담을 던졌다. 석 달 후인 10월 영국 국빈 방문 때는 아랍에미리트연합(UAE) 만수르 왕자 소유 맨시티 구단을 직접 방문해 당시 캐머런 영국 총리, 맨시티 공격수 세르히오와 셀카를 찍기도 했다. 2017년 6월 잔니 인판티노 국제축구연맹(FIFA) 회장을 직접 만난 자리에선 중국의 축구 발전 방안을 설명하며 월드컵 개최를 요청했을 만큼 시진핑은 축구를 열렬히 사랑한다.

축구광 시진핑의 스팩은 그의 모교 101중학교 시절로 거슬러 올라간다. 베이징대학교 근처에 소재한 101중학교는 원래 당 간부 자녀 또는 혁명열사 유자녀만 다닐 수 있던 일종의 귀족학교인데, 축구부가 지금까지도 유명하다. 101중학교 축구팀 주장이었던 시진핑은 골 욕심이 많은 스트라이커(실력은 미상) 겸 일정한 포지션이 없는 이른바 '리베로'였다. 이 대목에서 2018년 3월 헌법을 개정하여 1인권력체제를 구축한 오늘의 '시(習)황제'의 모습이 투영된다.

축구는 가장 많은 관중이 모이는 스포츠다. 축구가 가지고 있는 대중성은 독재자의 구미를 당기기에 유혹적이다. 그 덕에 축구는 독재자의 권력 강화 수단과 선전물로 이용되곤 했다. 이탈리아 독재자 무솔리니는 축구를 활용해 여론을 조작하고 대중의 정치적 관심 분산을 유도했다. 국제 경기에서 승리하면 체제의 승리인 것처럼 선전했다. 볼로냐에 초대형 축구경기장을 건설하는 등 축구 인프라 확충에 도몰입했다. 1934년 제2회 월드컵의 이탈리아 유치에 성공한 무솔리니는 "우승하면 상을 실패하면 죽음을 내리겠다"라고 말했다. 경기마다 이탈리아 관중들은 '죽여라' 또는 '죽어라'를 외쳤다. 생사 기로의 공포에 질린 이탈리아팀은 억지(?) 우승을 차지했다.

최악의 독재자 히틀러는 1939년 폴란드를 점령한 직후 독일-폴란드 대표팀 간 축구경기를 열었다. 폴란드를 이겨 독일 민족의 우월성을 확실히 각인시키겠다는 의도였다. 나치는 폴란드 대표팀에게 "진다면 상을 주겠지만, 이긴다면 전원 총살시키겠다"는 협박을 했다. 그러나 폴란드 선수들은 3대2로 승리했다. 나치는 선수들을 그 자리에서 총살시키는 만행을 저질렀다.

2013년 6월 15일은 시진핑이 국가주석에 취임한 원년이자 그의 60세 생일이다. 그날 열린 태국 청소년팀과의 평가전에서 중국 대표팀은 1대5로 참패했다. 격노한 시 주석은 "경기결과를 도저히 용납할 수 없다. 모든 역량을 동원해 원인을 파악하라"고 엄명을 내렸다. 중국축구협회는 축구대표팀 감독을 해임하고, 대국민 사과를 했다. 국가체육총국은 대국굴기를 연상시키는 '축구굴기(蹴球崛起)'를 발표해야 했다. 최종목표는 '2050년 중국축구 국가대표팀의 월드컵 우승'이었다.

2015년 4월 30일 중국은 공산당 최고권력기관 중앙정치국 휘하에 축구개혁영도소조를 창설하고 '중국축구개혁 총괄방안'을 내놓았다. 단기적으로 축구관리시스템을 개선해 운영효율을 높이고, 중기적으로는 청소년축구 보급을 확대하고, 아시아 일류 프로축구팀을 육성하고, 남자축구 대표팀의 아시아 제패, 여자축구 대표팀의 세계 일류 복귀 등을 추진한다는 것이다. 그 구체적 실천방안으로 축구협회와 국가대표팀을 개혁하고, 초·중학교 체육과목에 축구를 필수로 지정하며, 청소년 축구인재를 육성하기 위해서 2025년까지 3만 개 축구 특성화학교를 만들고, 200개 대학축구팀을 창단하며, 향후 도시정비 및 농촌 개발사업에 축구장 건설을 필수요소로 한다고 선언했다. 실제로 2015년 중국은 고등학교 입시에 체육 과목 구기 테스트 종목에 축구를 공식적으로 포함시켰다. 이듬해 2016년 겨울 중국 슈퍼리그 16개 팀의 이적시장 규모는 4,500억 원, 평균관중 수도 2만 2,000명으로 한국 K리그의 3배에 달했다.

프로축구는 원래 기업가들이 스타 선수를 보기 위해서 모여드는 관중들을 자사 제품의 소비자로 만드는 기회로 활용하기 위해 생겨난 것이다. 중국의 특수한 정치체제 속에서 최고지도자가 어디에 관심을 갖고 있느냐는 큰 의미를 가진다. 특히 정치권력에 민감한 기업의 경우에는 직간접으로 큰 영향을 받지 않을 수 없다. 후각이 발달한 중국 재벌들은 프로축구를 자신의 기업과 정치권력층을 연결해주는 일종의 '등산고리(카라비너)'로 삼아 정상에 오르는, 원대하고 치밀한 로드맵을 작성한다.

헝다(恒大)그룹 총재 쉬자인(許家印)은 2012년 9월 1일 광둥 칭 웬(廣東 清遠)에 세계 최대 축구학교인 '헝다 축구학교'를 설립했다. 전국 소학교 학생 4,578만 명 중 선발된 3,150명은 전원 기숙사 생 활로 합숙훈련을 하고 있다. 교내에 42개 축구경기장을 보유하고 있는 헝다 축구학교는 2018년 현재 약 1만여 명의 유소년, 청소년 부, 성인부 학생 겸 선수들이 스페인 프리메라리가 최고명문팀 '레 알 마드리드'에서 특별 초빙한 감독을 비롯해 모두 935명의 감독과 코치의 지도 아래 중국의 레오날 메시의 꿈을 꾸고 있다.

세계 최대 전자상거래업체 알리바바 마윈(馬雲) 회장은 '광저우 헝다' 팀 지분 50%를 1억 9,200만 달러에 인수했다. 2017년 중국 슈퍼리치 서열 1위이자 글로벌 슈퍼리치 서열 18위 완다(萬達)그룹 왕젠린(王健林) 회장도 글로벌 프로축구팀 쇼핑에 나서고 있다. 왕 회장은 2014년 6월 스페인 프리메라리가의 명문팀 아틀레티코(AT) 마드리드팀을 4,500만 유로(약 600억 원)로 지분 20%를 인수했다. 그리고 2015년 초 일제히 중국의 5개 도시에 AT마드리드축구 학교 를 기공하고, AT마드리드팀의 중국 투어 경기를 성사시켰다.

21

시 주석의 직계와 6대 계파

시진핑 직계 [시자쥔(習家軍)] 정치국원 명단
시진핑 제외 24명 정치국원 중 14명(상무위원 3명)이 시진핑 직계

성명	현 주요직책	시진핑과의 관계	
리잔수栗戰书	전인대위원장	허베이성 인근현 서기시절부터 30년 지기	상무위
자오러지赵乐际	중앙기율위 서기	동향, 당정군고위 4000여명 서측근 임명	
왕후닝王沪宁	서기처 제1서기	장후서(江胡習) 3대 책사, 시진핑 사상 기초	
딩쉐샹丁薛祥	중앙판공청 주임	시진핑 상하이서 서기시절 비서	위원
왕천王晨	전인대부위원장	시진핑을 청화대학 입학 추천, 어돈 지원	
류허刘鹤	국무원 부총리	중학시절 동급생	
리시李希	광둥성 당서기	부친 시중쉰 부하의 비서	
리창李强	상하이시 당서기	저장성 서기서 부하	
장요우샤张又侠	군사위 부주석	시진핑 부친과 시중쉰 혁명 전우	
천시陈希	중앙당 조직부장	청화대학, 같은 과 학년 기숙사방 침대	
천민얼陈敏尔	충칭시 당서기	시진핑 저장성 서기서 부하	
황쿤밍黄坤明	중앙당 선전부장	청화대학 졸, 푸젠성 저장성 서기서 부하	
차이치蔡奇	베이징시 당서기	푸젠성 저장성 서기서 부하	
양샤오두杨晓渡	국가감찰위주임	상하이시 서기서 부하	

정치국 14명이 시자쥔(習家軍)

시진핑을 제외한 정치국 위원 24명 중 14명이 시진핑의 직계, 즉 시자쥔(習家軍)으로 분류된다. 당 서열 3위 리잔수(栗战书) 정치국 상무위원 겸 전인대위원장은 30년간 시진핑의 맹우다. 1982년부터 1985년까지 시 주석이 허베이(河北)성 정딩(正定)현에서 부서기와 서기로 재직할 때 리잔수는 정딩현 동쪽에 있는 우지(無極)현의 서기였다. 당시 두 사람은 자주 술을 함께 마시는 등 가깝게 지냈으며 시 주석이 푸젠성으로 자리를 옮긴 후에도 계속 연락을 유지했다. 시안시 당서기 시절에는 시 주석이 문화대혁명시절 고생한 연안의 토굴을 성역화하는 업적을 세웠다.

당 서열 5위 왕후닝(王沪宁) 정치국상무위원 겸 중앙서기처 서열 1위 서기 겸 중앙문명위원회 주임 겸 중공중앙정책연구실 주임은 장쩌민 후진타오 시진핑 3대 책사이며 시진핑 사상을 기초하였다.

당 서열 6위 자오러지(赵乐际) 중앙기율위서기는 2012년 당조직 부장에 취임, 당정군 국유기업 4,000여 최고위직위인 시진핑 측근을 심어 두었다.

18명의 정치국 평위원 중 딩쉐샹(丁薛祥) 중공중앙서기처 서기 겸 중공중앙판공청주임(대통령비서실장) 중앙 및 국가기관 공위서기는 시진핑 상하이 서기의 비서를 역임했다. 왕천(王晨) 전인대상무위원회 부위원장은 시진핑을 칭화대학에 추천한 인물이다. 류허(刘鹤)는 중앙재경위원회판공청 주임이자 국무원 부총리로 시진핑 중고시절 동급생이다. 리시(李希) 광둥성 서기는 시중쉰의 부하 리즈치(李子奇)가 간쑤성 서기시 리즈치의 비서였다. 리창(李强) 상하이시 서기는 시진핑이 저장성장 당서기 시절의 비서, 장요우샤(张又侠) 중앙군사위부주석 겸 국가군사위원회 부주석은 그 부친 장종순(张宗逊) 시진핑의 부친인 시중쉰 전 부총리와 산시성 동향이자 전우다. 천시(陈希) 중앙서기처서기 겸 중앙당조직부장 겸 중앙당교교장은 칭화대학의 기숙사 화학과 친구, 천민얼(陈敏尔) 충칭시 당서기는 시진핑의 저장성 당정군 수장시 복심이었다. 황쿤밍(黄坤明) 중앙서기처 서기 겸 중공중앙선전부장은 시진핑의 칭화대학 졸업으로 푸젠과 저장성 당정군 수장시 총신이었고 차이치(蔡奇) 베이징 당서기 역시 시진핑의 푸젠과 저장성 당정군 수장시 심복이다. 양샤오두(杨晓渡) 국가감찰위주임 겸 중앙기율검사위 제1부서기는 시진핑 상하이 당서기시 부하직원이다.

시 주석의 6대 계파

시주석의 직계 시자쥔은 다시 6대 계파로 구분된다. 지강신군「之江新軍」, 신서북군「新西北軍」, 청화계「淸華系」, 포강신군「浦江新軍」, 민강신군「閩江新軍」, 군공계「軍工系」

1. 신서북군: 시 주석과 그의 부친 시중신의 고향인 산시성 동향 출신이거나 산시성에 근무한 경력 등을 가진 시 주석의 직계 중의 직계다. 서열 3위 리잔수 전인대 상무위원장과 서열 6위 자오러지 중기위 서기 등 정치국상무위원과 장요우샤 군사위 부주석, 리시 광둥성 서기 정치국 위원 등 중국 정치 심장 정치국에 시 주석의 4명의 남자들이 포진되어 있다. 왕둥펑(王東

峰) 허베이성 서기, 징준하이(景俊海) 헤이룽장성 성장을 신임
중앙위원으로 선발했다. 중국 정치 최고핵심 2명의 정치국상
무위원을 보유한 신서북군은 시자쥔 6계 계파 중 질적으로 순
도가 가장 높다고 평가되고 있다.

2. 지강신군: 저장성의 제일강 첸탕(錢塘)강을 뜻하는 '지강신군
(저장의 새로운 군대).' 시 주석이 저장성에서 2002~2007년 5
년여간 성장 서기 난징군구 제1정치위원 등 당정군 수장을 역
임할 당시 그의 친신들이다.

리창(李强) 상하이시 서기, 천민얼(陈敏尔) 충칭시 서기, 황쿤
밍(黃坤明) 중앙선전부 부장, 차이치 베이징 서기 등 4명을 정
치국위원으로 발탁했다. 그리고 잉용(應勇) 상하이시 시장, 류
치(劉奇) 장시성 서기 겸 성장, 종산(鍾山) 상무부 부장, 탕이
쥔(唐一軍) 랴오닝 성장, 로우양성(樓陽生) 산시성 성장, 천이
신(陳一新) 중앙정법위 비서장, 자오이더(赵一德) 허베이성 부
서기, 왕용캉(王永康) 시안시 서기, 샤오쥔(鍾紹軍) 중앙군사위
판공청 주임 등 연부약강한 1960년대 이후 출생한 차세대 중
앙위원을 많이 포진시켰다. 시자쥔 6대 계파 중 양적으로 최다
계파이자 전도가 유망한 계파로 주목을 받고 있다.

3. 포강신군: 상하이방이 시 주석에 접수되어 재편성된 계파다.
2007.3~2007.10 약 6개월여 짧은 상하이시 서기에서 후진타
오를 잇는 황태자로 떠올랐던 달콤한 추억 때문일까? 시 주석
은 상하이 시절의 부하를 각별히 아끼는 편이다. 당시 상하이

시장으로 시 주석을 잘 보좌했던 한정(韓正)을 중국 정치 7룡 정치국상무위원으로 발탁, 중국경제 오케스트라의 지휘자 상무부총리로 임명했다. 정치국 위원으로는 딩쉐샹 중앙판공청 주임(대통령 비서실장 격)과 양샤오두 국가감찰위 주임(감사원장 격), 중앙위원으로는 쉬린(徐麟) 중앙선전부 부부장 천하오(陳豪) 윈난성 서기, 두자하오(杜家毫) 후난성 서기, 선샤오밍(沈曉明) 하이난 성장을 배치했다.

4. 민강신군: 민(閩)은 푸젠성의 약칭이다. 시 주석이 관직 생애 중 제일 오래 근무했던 17년여간(1985~2002) 푸젠 시절의 옛 부하들이다. 천시(陳希) 당조직부장 정치국 위원회에 송타오(宋濤) 중앙대외연락부장, 허리펑(何立峰) 발전계획위원회 주임, 리우쓰궤이(劉賜貴) 하이난성 서기, 왕샤오홍(王小洪) 공안부 부부장, 왕즈민(王志民) 주 홍콩 중앙연락판공실 주임이 민강신군이다. 그 외에도 차이치 베이징 서기, 황쿤밍 중앙선전부장은 푸젠출신의 저장관리로 지강신군과 민강신군의 양군의 혈통을 겸비하고 있다.

5. 칭화계: 시진핑의 칭화대학 동창 천시 중앙당조직부장 1명의 정치국 위원과 천지닝(陳吉寧) 베이징 시장과 후허핑(胡和平) 산시성 서기 등 칭화대학 출신 중앙위원이 포진했다.

6. 군공계: 시 주석이 푸젠성 임직 시 푸젠성 로켓 미사일 예비사단(高炮预备役师) 제1정치위원(사단 제1인자)을 6년여간(1996~

2002) 겸직했던 경력 때문일까, 2012년 10월 그가 중국 1인자로 등극한 이래 중국항천과기그룹(中国航天科技集团公司)출신의 인사들을 각별히 중용했다. 중국 공군 미사일 군수산업의 총본산 출신 마싱뤠이(馬興瑞) 광둥성장, 장궈칭(張國淸) 톈진시 시장, 천치우파(陳求發) 랴오닝서기, 장칭웨이(张庆伟) 헤이룽장성 서기, 쉬다저(許達哲) 후난성 성장이 중앙위원으로 선출됐다. 아직 정치국 위원은 한 명도 없지만 이들 4인의 항공 군수산업 출신은 新사인방으로 불릴 정도로 군공계의 부상에 이목이 집중되고 있다.

Chapter 2

6小龍

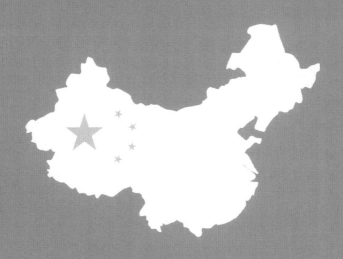

01
리커창(1): 재상은 황제와 칼자루를 다투지 않는다

진시황(秦始皇)이 기원전 221년 통일천하를 이룬 이후 중국의 1인자는 황제 자리에 앉는 사람이었다. 황제는 세습됐으며 천하통일을 상징했다. 2인자인 재상은 황제를 보좌하고 정부의 영수가 돼 실제적인 행정 책임을 졌다. 재상은 세습하지 않았으므로 현명하고 재능 있는 인물을 임용할 수 있었고, 재상이 경질돼도 황통(皇統)을 잇는 데에는 지장이 없었다. 황제는 비록 형식적인 자리였지만, 정치상으로 최고 자리라는 점은 변하지 않았다. 그러나 재상은 정치상의 최고 권력을 장악했고 행사했다. 현명하지 못하거나 역심을 품는 재상만 없으면 황통은 저절로 영원토록 이어질 수 있었다. 진시황은 이러한 견지에 입각해 시황제라 자칭하고 2세, 3세는 물론 영원무궁토록 황통이 전해 내려가기를 희망했다. 진(秦)·한(漢) 시대 정부의 실제 정무관은 모두 재상의 통솔 아래 있었고, 황제에 속하는 것으로 시봉관이 있었을 뿐 정무관은 없었다.

진·한 초기에는 황제의 비서인 상서랑이 4명뿐이었던 반면 재상의 비서처는 그 규모가 황제의 개인비서실보다 몇 배나 더했다. 당시 두 비서기관의 내용을 비교해보면 이론상 또는 사실상 정부의 실제책임은 전부 재상에게 있었음을 알 수 있다. 그래서 천변이나 큰 재화를 당하게 되면, 관습상 승상을 인책했고, 황제는 아무런 인책의 표시를 하지 않아도 좋았다. 중국 역사를 살펴보면 영도자를 받들어 혁명을 일으킨 개국공신은 거의 말로가 비참했다. 더구나 현재의 총리 격인 중국 역대의 재상은 전시는 물론 평화 시를 통틀어 볼 때, 병들어 죽은 경우는 절반도 채 안 된다는 통계도 있다.

2인자로서의 재상의 본분은 1인자인 황제와 권력의 칼자루를 다투지 않는 것이다. 2인자로서의 재상의 역할은 개인적으로 황제의 잘못된 생각을 고치도록 권유해 바로잡을 수 있지만, 겉으로 그것을 드러내서는 절대로 안 되며 이를 통해 명성을 얻어서는 더욱더 안 된다. 재상의 가장 중요한 책무 중 하나는 유능한 인재를 골라 일을 맡기는 것이다. 재상의 별칭인 승상, 이 두 글자는 곧 부황제라는 뜻을 나타내지만, 현대국가의 정부조직에 비추어 보면 내각책임제의 수상 격이라고 할 수 있다. 왕이나 대통령을 승계하는 것은 태자나 부통령이지 수상은 아니기 때문이다.

진·한 시대 이후에도 구 왕조를 무너뜨려 새 왕조를 세운 개국황제 등 약간의 예외가 있었지만, 거의 모든 중국의 역대 황제들은 군림했으나 통치하지는 않았다. 황제와 재상은 일방적 관계가 아니었으며 적절히 양자가 균형을 유지해왔다. 명 태조 주원장은 행정을 총괄하던 중서성을 폐지해 재상 제도를 없애고 일체의 행정을 황제가 직접 독재하도록 했다. 재상직을 없애는 대신 황제의 자문기관으로 전각의 대학사를 두었는데, 뒤에 권한이 확대돼 전각은 내각이 되고 대학사는 사실상 재상이 되었다. 청나라 때 황제의 보필기관으로 내각을 두고 그 수장인 내각 대학사가 재상의 역할을 하다가, 후기에는 군국의 대사를 논하는 군기처를 두었다. 결국 내각의 실권이 차츰 이곳으로 옮겨가, 드디어 군기처가 최고의 행정기관이 되었다.

위에 기록한 중국의 내각들은 영국의 근대 민주정치 아래 내각제와는 다른, 전제군주 아래 중국식 내각제였다. 또한 진시황에서 오늘의 중화인민공화국에 이르기까지의 중국은 황제나 주석 1인이 혼자서 독단으로 전횡을 일삼아온, 즉 '명실공히'보다는 '명(名) 따로 실(實) 따로'의 시대가 압도적으로 길고 보편적이었다. 진 시황, 한무제, 당 태종, 명 태조 등의 역대 개국황제나 명군들의 통치시기, 마오쩌둥 초기 집권기간 등 짧고 특수한 시절을 제외하면 황제나 주석은 명예만을, 실권은 재상을 비롯한 내각의 고관귀족이나 군벌, 외척 또는 환관의 집단에 있었다는 중요한 사실을 발견하게 된다.

중화인민공화국은 중국공산당이 영도한다. 현대 중국 제1직위는 중국공산당 총서기(總書記)이다. 시진핑 총서기가 겸직하고 있는 국가주석 자리는 내각책임제 아래 대통령직보다 못한 순수한 명예직에 가깝다. 다시 말해 시진핑이 중국 권력구조의 제1인자로 공인받는 이유는 국가주석이어서가 아니라 총서기이기 때문이다.

중국공산당 창당 때부터 오랫동안 유지되던 제1인자의 자리인 총서기는 마오쩌둥이 당권을 장악하면서부터 좀 더 권위적인 느낌이 드는 당주석(黨主席)의 명칭으로 바뀌게 되었다. 1950년대 중반 마오쩌둥은 다시 당주석 아래에 당주석의 지휘를 받는 총서기직을 설치했는데 '옥상옥(屋上屋)'이 아닌 '옥하옥(屋下屋)'인 그 자리를 '작은 거인' 덩샤오핑(登小平)에게 여러 해 동안 배분해주었다. 일부에서는 그것을 두고 마오가 덩에게 후계자 수업을 시키기 위한 일환이었다고 해석하고 있다.

1980년대 초 덩샤오핑 체제가 들어서면서부터 당주석직을 폐지하고 그 자리에다 원래의 당 제1인자의 의미로서의 총서기를 부활시켰다. 덩샤오핑은 중화인민공화국의 창립자인 '위인 마오쩌둥'은 살리는 대신, '당 주석'이라는 의자는 산산조각내 부셔버렸다.

오늘날 중국에서의 당 총서기가 제1직위라면 제2직위는 국무원 총리다. 1949년 중화인민공화국 건국 이후 국무원 총리를 맡은 자는 대체적으로 당 총서기(또는 당 주석)에 이어 실제 권력서열 2~3위를 유지해왔다.

지금의 리커창(李克强) 총리는 저우언라이, 화궈펑(華國鋒), 자오쯔양(趙紫陽), 리펑(李鵬), 주룽지(朱鎔基), 원자바오(溫家寶)에 이은 중국 제7대 총리이다. 건국 70년 중화인민공화국에서 겨우 일곱 번째의 총리가 재임하고 있으니 중국 총리의 평균임기는 10년을 넘는 셈이다.

중국 역대 국무원 총리 일람표
평균 재임 기간 10년

代	성명	재임기간	당서열	비 고
1	저우언라이周恩來	1949~1976	3~4위	1949~1954 정무원 총리, 마오쩌둥 시대 사실상 제2인자, 초대외교부장 겸직 (외교 총책)
2	화궈펑華國鋒	1976~1980	1위	당주석 겸직, 덩샤오핑 개혁파에 의해 실각
3	자오즈양趙紫陽	1980~1988	4위	총서기로 승진했으나 천안문사태로 실각
4	리펑李鵬	1988~1998	2위	천안문사태후 과도기와 장쩌민1기 실세총리
5	주룽지朱鎔基	1998~2003	3위	장쩌민 2기 실세 총리(경제 총책)
6	원자바오溫家寶	2003~2013	3위	후진타오 시대 실세 총리(경제 총책)
7	리커창李克強	2013~	2위	시진핑의 위세에 밀려 역대 최약체 총리 평가

*국무원 총리, 부총리, 국무위원의 임기 5년 1회한 연임가능 (중국헌법 제87조)

02

리커창(2): 부드러움으로
강함을 이기는 남자

"옛날엔 '사람이 하는 일은 하늘이 보고 있지만(人在做 天在看)' 클라우드컴퓨팅 시대인 현대는 '권력의 사용은 구름이 보고 있다(權在用, 雲在看)' 공직자는 사회각계 온라인 누리꾼으로부터 감독받는 걸 환영해야 한다." <2013년 3월 16일 리커창 총리 취임직후 기자회견에서>

"리커창은 중국 역대 최약체 총리다. 그의 문제는 '무능력(incompetence)'이 아니라 '무기력(impotence)'에 있다." <영국의 경제주간지 이코노미스트 2015년 10월 15일자>

"내가 만나 본 리커창은 겸손하고 온화하며, 지적이고 분명한 소신과 결단력을 가진 '극강(克强)'이라는 그의 이름 그대로 '부드러움으로 강함을 이기는' 이유극강(以柔克强)한 인물이었다." <이세기 한중친선협회 회장(전 통일원 장관·체육부 장관)의 리커창을 네 번

만나본 경험담 총평>

중국 제7대 총리 리커창(李克强)은 1955년 7월 1일 중국공산당 창당 34주년 되는 날에 안후이(安徽)성의 성도 허페이(合肥)에서 출생했다. 리커창의 부친 리펑싼(李奉三)은 현장을 거쳐 중급법원장, 지방역사지리 출판사 판공실 주임을 끝으로 퇴직했다. 그는 문화대혁명기간 홍위병들에게 구타를 당해 평생 불구자로 살았다.

리커창은 타고난 모범생이었다. 소학교 시절 그는 공부를 열심히 하고 성실하며 예의 바른 아이로 선생님의 총애를 한 몸에 받았다. 1968년 가을 지방 명문 중·고교 허페이8중에 입학했으나 얼마 되지 않아 학교 문이 닫혔다. 최고조에 다다른 문화대혁명의 광풍이 몰아쳤기 때문이다. 리펑싼은 영특한 아들의 교육을 안후이의 저명한 국학대사 리청(李诚, 1906~1977)에게 맡겼다. 리커창은 그에게 사기(史記), 한서(漢書), 자치통감(資治通鑑), 소명문선(昭明文选), 고문사류찬(古文辞类纂), 경사백가잡초(经史百家杂钞) 등 중국 고전을 5년간 학교에 복학할 때까지 배웠다.

문혁 초기 혁명의 동력이 되었던 대학은 마오쩌둥이 탈권에 성공한 1968년부터 신입생을 받지 않고 폐쇄됐다. "농촌에서 배우라"는 최고 영도자의 교시에 따라 고교 졸업생은 인민공사에 배치됐다. 1974년 고교를 졸업한 19세의 리커창은 명 태조 주원장의 고향으로 유명한 펑향(鳳陽)현 다마오(大廟) 인민공사 생산대대에 배속돼 농사를 지었다. 그는 독창적이고 과학적인 '저투입 고생산'의 영농방법을 개발해 '고투입·저생산'에 허덕이던 현지 농민들로부터 큰 지지를 받았다. 리커창은 불과 2년 만에 다마오 대대의 1인자 지부당

서기(면장 급)가 됐다.

'3전3기'의 오뚜기 덩샤오핑이 재기에 성공한 1977년 가을, 10년 만에 대입시험이 부활했다. 그해 12월 10일 치러진 대입시험엔 무려 570만 명이 응시했다. 그중 대학에 들어간 사람은 27만여 명에 불과했다. 리커창은 제1지망을 안후이 사범학원으로, 제2지망을 베이징대 법률학과로 써 넣었다. 리커창은 후일 "안후이 사범학원을 제1지망으로 한 것은 학비가 무료였기 때문"이라고 밝혔다. 선발우선권을 가진 베이징대에서 그를 선발했다. 리커창은 1978년 3월 베이징대 법률학과에 입학했다. 인문사회 계열 중국 최고 명문 베이징 법대 재학 시절, 짙은 눈썹에 큰 눈의 수척한 외모의 리커창은 늘 과묵하고 조용했다. 언행에 급격한 감정변화도 없었고 규칙을 잘 지키고 단체생활을 잘했다. 교수와 상급자에게 고분고분하고 지시에 잘 따랐다. 발표를 잘하나 무리하게 많이 발표하는 경우가 없고, 과도하게 감정을 드러내지 않았다. 자신의 발표 전에 타인의 발표를 더 들어보기를 원했다.

특유의 '이유극강'의 리더십과 친화력으로 4학년 때 베이징대학 총학생회 상무위원장으로 선발될 때까지 리커창은 거의 모든 시간을 공부에 투입했다. 수업시간 외에는 이른 새벽부터 황색 군용 배낭을 메고 도서관을 가고 점심과 저녁시간 외에 도서관이 문을 닫을 때까지 공부했다. 리커창은 영어공부와 입법학(법정책학, 중국법학의 주류), 비교법학연구에 주력했다. 앞면엔 영문, 뒷면엔 중문해석을 단 자신만의 '영중(英中)사전'을 만들었다. 식당을 가서 밥을 먹든지, 외출해서 버스를 타든지 '리커창표 영중사전'을 들고 다니며 외웠다.

리커창은 '영국헌법자료'와 '영국헌법사'를 번역해 책으로 펴냈다. 두 번역서는 각각 전국인민대표대회 법제위원회 교재로, 베이징대 법률학과 참고교재로 사용됐다. 특히 1981년 대학 졸업반이던 26세 때 그는 영국 저명한 대법관이자 세계적 법학자 알프레드 톰슨 데닝(Alfred Thompson Denning) 경의 명저『법률적 정상절차(法律的 正常程式 · The Due Process of Law)』를 번역(대표 번역자), 출판했다. 이 책은 아직까지 법학교양 필독서로 널리 읽히고 있다.

그리고 그는 칭화대학교 영문과 재학생이던 청훙(程虹)과 사귀어 훗날 부부가 됐다. 지금도 집안에서는 부인과 딸(하버드대학 박사과정 유학)과 영어로 소통한다는 리커창 총리의 원어민 뺨치는 유창한 영어실력은 그때 갖춰진 게 아닐까. 하지만 그는 외국인사와 공식행사에서는 '하우아유, 굿모닝, 생큐' 따위 간단한 인사말조차 영어를 쓰지 않는 걸로 유명하다.

리커창 총리의 부인, 허난 정저우(河南鄭州) 출생, 뤄양해방군 외국어학원(2년제 초급대학) 졸, 칭화대학 영문과 졸, 중국사회과학원 문학박사, 전 수도경제무역대학 영어과 교수로 30여 년 재직, 2008년 리커창 상무부총리에 임직하자 사직. 자타가 공인하는 중국의 미국자연문학연구의 1인자.

리커창은 영어뿐만 아니라 새롭고 실용적인 법학영역에 많은 관심을 보였다. '국제상법'을 연구하기 위해 룽이런(榮毅仁) 전 국가부주석이 창립한 중국국제신탁투자공사에 실습을 나갔다. '해상법'을 공부하기 위해 톈진신항(天津新港)에 견학을 갔다. 교수들마저 '국제상법'과 '해상법'이 무엇인지 모를 때 이미 리커창은 도서관에서 '경제법' 영어원서를 읽고 있었다. 1982년 베이징대 졸업 후 리커창은 미국 유학을 꿈꿨으나 베이징대 학교 당국의 끈질긴 권유로 베이징대에 남아 경제학과 석사과정에 진학, 대학 내 공산주의청년단(공청단)에 가입했다. 그해 공청단 상무서기로 있던 전 국가주석 후진타오를 처음 만났다. 후진타오는 리커창의 명석한 두뇌와 근면성실함을 높이 평가해 공청단 중앙후보위원으로 승진시켰다. 이어 1983년 공청단 중앙서기처 후보서기로 임명되었으며, 1988년 경제학 석사학위를 받는 동시에 공청단 중앙서기처 서기로 당선되었다.

1993년 국가부주석으로 등극한 후진타오는 리커창에게 공청단 중앙 제1서기(장관급) 자리를 물려주었다. 리커창은 빈곤지역에 학교를 세워주는 '시왕공청(希望工程 희망공정)' 사업을 전개해 9,000여 개의 학교를 개설해 230만 학생들에게 면학 기회를 부여했다.

03

리커창(3): 역대 최약체 중국 총리

시진핑 주석을 '시황제'로 만든 최고 공신은 역대 최약체 총리 리커창. 이전의 중국의 주석과 총리, 장쩌민-주룽지, 후진타오-원자바오 등은 상호견제와 균형을 유지하면서 상호협의하에 중국을 통치했었다. 그러나 이극강(李克强), 그의 이름대로 이유극강(以柔克强)이 통하지 않을 만큼, 신사복을 입은 정치군인 시진핑의 힘이 너무 강했을까?

"톈안먼 광장, 한 소녀가 머리를 온통 그을린 채 엄마, 엄마를 울부짖고 그 옆의 한 남자는 가솔린을 몸에 끼얹고 불을 붙인 뒤 가부좌를 틀고 있다." 2001년 1월 30일, 중국 중앙방송CCTV 오후 8시 메인뉴스는 끔찍한 화면세례를 퍼부었다. 그 어떤 엽기 드라마보다 참혹한 실제 상황에 시청자들은 자신도 모르게 눈을 질끈 감았다. 중국의 중원 허난(河南, 면적 16.7만㎢, 인구 1.05억, 경상북도와 자매결연 체결)성에서 올라온 파룬공(法輪功) 수련자 5명이 톈안먼 광장에서 집단으로 분신자살을 실행하는 장면이다. 이때 허난성 성장은 리커창 현 총리. 그가 1998~2004년 7년간 임직한 허난성은 조직폭력, 에이즈와 파룬궁 창궐 지역으로 차별 대우받는 이른바 '차이나의 고담'이었다.

세계 4대 문명발상지 황허(黃河)의 남쪽에 위치한다고 이름 붙여진 허난성은 일망무제의 대평원이 까마득히 펼쳐져 있다. 그러나 창강(長江) 남쪽의 장쑤성과 저장성 등 장저(江浙) 땅에 비하면 땅이 메말라 풍작과 흉작의 격차가 심했다. 예로부터 허난 주민들은 유약하고 온화한 강남인과 반대로 자연과 인간이 거친, 말하자면 약육강식의 세계였다. 이르는 곳마다 무법지대가 있었고 도박꾼과 무뢰배는 물론 마적에서 무덤 도굴꾼에 이르는 어둠의 무리가 들끓고 있었다.

1998년 6월 리커창은 44세의 나이로 허난성 성장 대리 겸 부서기로 임명돼 최연소 성장 및 첫 박사학위 보유 성장을 기록하게 되었다. (리커창은 공청단 제1서기 재직기간인 1995년에 베이징대에서 <중국 경제의 삼원(三元)구조>라는 논문으로 경제학 박사학위를 받았다.)

리커창은 허난성의 성장과 당서기로 재직하며 '중원굴기(中原崛起)'의 슬로건을 내세웠다. 동부 연해안의 자본과 인재를 끌어들여 성의 1인당 국내총생산(GDP)을 1990년대 초 31개 성 중 28위에서 중위권인 8위로 상승시켰다. 그리고 한때 허난 주민의 '1/4이 에이즈 감염자, 1/40이 파룬궁 신도'라는 악명 높던 허난의 형편을 일정 수준 호전시켰다. 하지만 그의 실적은 평균작이었다. 리더십과 탄탄한 경제이론 지식을 갖춘 리커창이 발군의 실력을 발휘할 것으로 당중앙이 당초 기대했던 바에 비한다면 그의 성적표는 낙제를 겨우 면한 수준이었다.

리커창은 그의 강력한 후견인 후진타오가 집권한 이듬해인 2004

년 12월 노후 공업지대인 동북지방 진흥의 임무를 받고 동북3성의 맏형 격인 랴오닝(遼寧, 면적 14.6만㎢, 인구 4,600만, 경기도와 자매결연 체결)성 서기로 옮기게 되었다.

유사 이래 20세기 전반까지 중국의 주류민족인 한족(漢族)의 가슴속 영토에는 만주(滿洲)[22]가 없었다. 동북이 중국인의 영토의식의 판도 밖에 있었다는 것을 방증해줄 수 있는 자료들은 반만년 중국사의 벌판에 수북하게 널려 있다. 세세대대로 한족들에게 만주지역은 쓸모나 이익은 없으나 버리기는 아까운 계륵(鷄肋)이었다. 그도그럴 것이 한족들의 입장에서 만주는 조상대대로 국경선인 만리장성을 넘어 중국의 본토를 위협하거나 지배하여온 이른바 오랑캐들, 부여, 고구려, 발해, 말갈, 거란, 여진, 몽골, 만주족의 본거지였으니. 특히 랴오닝성은 1895년 청일전쟁의 패전으로 랴오둥(遼東)반도를 일본에 할양했던 치욕의 역사와 만주국(1931~1945)시절 일제식민지배 14년간의 회유책과 친일의식화교육 그리고 랴오닝에 집중 투자한 일본 자본의 영향 등으로 중국 전역에서 반일감정이 비교적 약한 지역으로 손꼽히는 곳이다.

랴오닝성 당서기로 부임한 리커창은 국유기업개혁과 대량해고의 난제를 해결하는 데 역점을 두었다. '모든 사람은 집이 있어야 한다(人人有房住)'라는 슬로건을 내걸고 중앙정부의 지원을 받아 주택 120만 호 공급을 통해 주택난을 일시에 해결, 랴오닝 주민들로부터 많은 호응을 받았다. 하지만 랴오닝성에서도 허난성과 마찬가지로 리커창은 주목할 만한 업적을 쌓지는 못했다. 그에 비해 시진핑은

---

22) 중국에서는 일본의 괴뢰국 만주국 시절이 연상되는 '만주'라는 단어사용을 기피하고 '둥베이(東北)'라고 칭한다.

저장성 성장과 서기 재임 7년간(2001~2007) 성 1인당 GDP를 광둥성을 제치고 전국 최고로 도약시키는 눈부신 업적을 거두었다.

리커창의 랴오닝 당서기 당시 일본언론은 예외 없이 그가 후진타오주석의 후계자, 국가부주석을 맡아 2012년 후주석에 이어 당 총서기로 오르게 될 것으로 앞을 다투어 보도했었다. 리커창은 일본과는 오래전부터 인연을 맺고 있었다. 그는 1985년 3월 중일 우호교류의 일환으로 구성된 중국 청년대표단의 간사로 일본을 방문한 이후 일본 정계지도자와는 지속적인 교류를 가져왔다. 오카다 가쓰야(岡田克也) 전 일본 민주당 대표도 2005년 랴오닝성을 방문한 뒤 "리커창이 장차 중국의 미래 영도자가 될 것으로 확신한다"고 예단했었다. 특히 랴오닝이 중국 31개 성시 중 일본과 경제문화 교류가 가장 활발하다는 점도 일본 정계가 리커창 주석의 등극을 고대했고 또 재패니즈 프랜드리한 리 주석시대를 믿어 의심치 않았던 대목이다. (한국의 최다 투자지역은 산둥성이라면 일본은 랴오닝성이다. 현재 랴오닝과 일본의 도시 간 자매결연이 20여 쌍에 이르고 랴오닝에 진출한 일본 기업이 7천여 개, 일본자본 투자액은 153억 달러에 달하고 있다.)

그러나 리커창은 2007년 10월 제17차 당 대회에서 권력서열 7위 정치국상무위원으로 시진핑(6위)에 한발 밀렸다. 2008년 3월 시진핑은 후진타오 주석의 후계자 자리인 국가부주석에 임명되고 리커창은 원자바오 총리의 후계자 자리인 상무부총리를 맡게 되었다. 앞서 있던 리커창이 시진핑에 역전당한 숨은 이유 한 가지는 무엇일까? 일본과 오랜 인연을 맺고 있었던 리커창이 일제괴뢰 만주국시절 친일의식화로 반일감정이 비교적 약한 랴오닝성 당서기 재직 중

일본 정경언관학이 차기 영도자로 그를 너무 앞서서 띄워주었기가
아니었을까?

2013년 3월 시진핑과 리커창이 각각 중국의 오너와 CEO인 국가
주석과 국무원 총리에 취임하자 '시-리양두체제'가 될 것으로 분석
가들은 예상했었다. 경제학 박사인 리커창은 역대 최고의 경제총수
로 기대되며 자신의 이름을 딴 '리코노믹스(리커창+이코노믹스)'라
는 말을 낳았다. 그러나 2015년 증시 폭락사태에 이어 리 총리가 역
점을 두었던 국유기업 개혁, 자유무역지대 건설 등은 점차 '변방의
북소리'가 되어갔다. 더구나 2016년 말 개최된 18기 6중전회 때 시
주석에 '핵심' 칭호가 부여되자, 리 총리를 시 주석과 병렬로 두는
경우는 아예 사라졌다. 리코노믹스 대신 '시코노믹스(시진핑+이코노
믹스)'에 넘겨줬다. '시·리 체제'라는 말도 자취를 감췄다. 2018년
3월 현재, 시 주석은 리 총리가 군말 없이 '시진핑 핵심'을 추종하는
태도로 보아 자신의 권력을 위협하지 않을 것으로 판단한 듯하다.
리커창을 시진핑 제2기 정부의 총리에 유임시킨 것으로 보인다.

리커창 어록 8선

리커창 총리에 대한 세간의 비판적 평가는 다음 세 가지다. 첫째,
절대 강자 시진핑의 위세에 밀려 존재감 없는 역대 최약체 총리, 둘
째, 최고학부 출신 최고학력(베이징대 법대 졸, 경제학 박사) 총리나
무색무취 무능한 경제정책, 셋째, 아내와 딸과 영어로 대화할 정도
로 영어에는 능통하나 중국어 명언이 별로 없음.

필자가 리커창이라면 첫째, 둘째의 비판은 어쩔 수 없이 감수할

수 있을지 몰라도 셋째 비판은 도저히 받아들일 수 없다고 생각한다. 리커창도 적지 않은 명언을 남겼다.

1. 큰길을 가고, 사람을 근본으로 삼고, 천하를 이롭게 한다(行大道, 人爲本, 利天下) - 2013.3. 중국 제7대 총리 취임사
2. 옛날엔 "사람이 하는 일은 하늘이 보고 있지만(人在做 天在看)" 클라우드컴퓨팅 시대인 현대는 "권력의 사용은 구름이 보고 있다(權在用, 雲在看)" 공직자는 사회각계 온라인에게 감독받는 걸 환영해야 한다. - 2013.3. 전인대 폐막 기자회견 시
3. 글로벌화 현대 세계 각국은 '지구촌'에 동거하고 있다. 어떠한 나라도 고립된 '로빈슨 크루소'로서는 살아남기 어렵다. 중국 경제의 구조조정과 버전업은 세계경제 번영에 큰 도움이 될 것이다. - 2013년 다보스포럼에서
4. 중국은 더 이상 高투입, 高배출, 高오염의 암회색 길을 갈 수 없다. 녹색의 길로 대전환해야 한다. 환경오염의 신규 빚을 지지 말며 오랜 빚을 갚아나가야 한다. - 2014.3 전인대 정부업무보고 시
5. 서적은 문명의 캐리어, 독서는 행복한 재테크 - 독서광 리커창 총리, 전 국민의 독서습관화, 일과 독서를 결합, 문화 창조력과 도덕 수준을 높이자는 '전민열독(全民閱讀)' 슬로건을 내걸며 - 2014.3. 전인대 폐막 기자회견
6. 바둑에서의 사활은 독립된 두 눈(집)을 낼 수 있는지의 여부에 달려 있다. 안정적 성장과 구조조정은 바로 두 개의 눈에 해당한다. - 바둑고수(아마추어 3~4단쯤) 리커창 총리, 2015.3 전

인대 폐막 기자회견[23)]

7. 대만 기자: "중국정부의 대만상공인 우대정책의 목적은 뭔가?"
   리커창 총리: "특별한 목적은 없다. 우리는 한 동포이기에" –
   2016.3. 전인대 폐막 기자회견 시

8. 알파고는 사람이 만든 것. 상호 보완성이 높은 한·중·일 3국
   은 서로 손을 잡고 사람이 필요로 하는 스마트 과학기술 신제
   품을 개발해내자. 3국이 함께 광활한 세계시장을 개척해 나가
   자. – 2016.3. 전인대 폐막 기자회견

---

23) 청년실업과 비정규직 문제를 다뤄 화제가 됐던 웹툰과 TV 드라마 미생(未生)도 대표적 바둑
   용어다. 미생은 바둑에서 완생(完生)의 최소 조건인 '독립된 두 눈(집)' 없는 상태를 말한다.
   대국자들이 착수에 따라 살 수도 있고 죽을 수도 있는 미완성의 상태다.

04

리잔수(1): 시진핑의 맹우(盟友)

용사는 말 위에서 만 리를 헤매고 지사는 천수의 시를 짓다가 눈물을 흘리네. 한 밤의 추풍이 송화강 달을 스치면 흔들리는 두세 점 등불이 고향이로구나. <리잔수(栗戰書) 강반사향(江畔思鄕)[24]>

"나는 스포츠와 액션물과 경극 TV시청을 좋아하지만, 운동에 소질이 없고 노래는 거의 음치수준이다. 내 성격은 마치 두 얼굴을 가진 것 같다. 어떨 때는 호방하나 어떨 때는 소녀감성이다. 원래 내 꿈은 정치가가 아니라 신문기자였다. 지금도 나를 아마추어 기자라고 생각한다." <리잔수 헤이룽장성 성장 시절 한 인터뷰에서 고백[25]>

그의 이름에 담긴 슬픈 사연

리잔수는 시진핑 중국 국가주석의 오랜 맹우(盟友)이자 신뢰하는

---

24) 리잔수 헤이룽장성 부성장시절(2004년 9월 28일) 중추절 밤에 하얼빈 시내를 흐르는 쑹화(松花)강가에서 고향을 그리면 쓴 시, 이 <강반사향>으로 그는 '시인성장'이라는 애칭을 얻었다.
25) 리잔수 헤이룽장성 성장시절(2008년 12월 19일) 홍콩의 봉황TV 인터뷰에서.

친신(親臣)이다. '좌(左) 잔수, 우(右) 후닝'이라고나 할까? 시진핑 집권 1기 5년간 시 주석은 국내외 출장 시 항상 그의 왼편에는 당시 중앙판공청 주임(대통령 비서실장 격)이자 최고 친신인 리잔수를, 오른편에는 중앙정책연구실 주임이자 최고 책사인 왕후닝을 대동했다.

리잔수는 1950년 8월 허베이성 남서부 핑산(平山)의 산간오지 벽촌에서 3대가 항일열사와 공산혁명전사의 선혈로 물든 '홍색가문(紅色家門)'에서 태어났다. 특히 그의 넷째 종조부 리자이원(栗再溫, 1908~1967)은 베이징대학 재학시절 1927년 중국공산당에 가입한 이래 항일전쟁과 국공내전에 혁혁한 공로를 세워 산둥성 부성장, 당 서기를 지낸 공산중국의 거물급 혁명열사이자 고관대작이다. 하지만 리잔수의 생애에 결정적 영향을 끼친 사람은 리자이원이 아니다. 그의 숙부 리정퉁(栗政通, 1923~1949)이다.

14세 어린 나이에 항일전쟁에 참전한 리정퉁은 1949년 국공내전 승리를 앞두고 산시(山西)성에서 전사했다. 꽃다운 나이 26세였다. 리잔수의 부친 리정수(栗政修, 1920~1998)는 동생의 시신을 한 달여를 걸려 고향으로 운구해 장사를 치렀다. 리정퉁은 그의 짧은 생명을 불태운 십여 년간 '전선편지'를 고향에 보내왔다.

마지막 '전선편지'에는 사진 몇 장이 동봉되어 있었다. 맨 마지막 추신은 아래와 같다.

"이 사진들은 내 마음 한 조각의 징표다. 인민을 위해 싸우다 마지막 피 한 방울을 쏟을 적에 포연으로 감싸인 나의 혼백이 고향 부모형제 친지들과 표표히 떠돌기를 바란다."

리정수는 동생이 전사한 이듬해, 태어난 첫아들에게 '전선편지'라는 뜻의 '잔수(戰書)'라는 이름을 지어주었다. 전장에서 요절한 동생

을 애도하는 마음이었다.[26]

2001년 리잔수는 리정통 순국 52주년에 즈음하여 장편의 추도문을 썼다. 그중 한 구절에 "그가 마지막 피 한 방울을 쏟을 적에 나는 아직 이 세상에 오지 않았다. 그러나 그는 내 가슴속에 영원히 살아 있는 영웅이자 우상이다"라고 썼다.

편지 1통이 뇌물 1만금보다 효과가 좋아

1972년 허베이성 스자좡(石家庄)지역 재경무역학교(초급대학) 물가학과를 이수한 리잔수는 스자좡 지역 상업국 판공실(사무처)에 배치받았다. 거기서 그는 간사, 부주임으로 승진해 허베이성 스좌좡 지역 당위원회 판공실 자료과 간사를 맡으면서 주경야독으로 허베이사범대학교 야간학부 정치교육학과를 나왔다.

1980년대 초 중국 대륙에는 공산당의 영도와 사회주의를 부정하는 사조가 횡행했다. 이러한 사조에 혁명가문 출신 리잔수는 강한 반감을 품었다. 그는 '사회주의가 좋아(社會主義好)'라는 대표적 혁명가요를 부르지 않는 풍조를 개탄하며 후야오방(胡耀邦) 당시 총서기에게 편지를 썼다.

편지에서 그는 중국 각계각층의 행사 때 '사회주의가 좋아' 제창을 의무화할 것을 제안했다. 또 원래의 가사 "우파분자(마오쩌둥 시절 덩샤오핑의 개혁파를 지칭했던 용어)가 꾀하는 반대는 반대가

---

26) 『주간조선』 창간특집(2017.10.28.)은 "잔수(戰書)라는 이름은 '선전포고서'란 뜻이다. 한국전쟁이 발발한 1950년에 태어난 사람들은 이런 호전적인 이름이 많다"라고 오보하고 있다. 리잔수의 생년월일 1950년 8월 30일생, 중국의 한국전 참전은 그해 10월 초였다.

될 수 없어"를 "반동분자(반개혁파)가 꾀하는 반대는 반대가 될 수 없어"로 개사할 것을 건의했다. 편지는 중앙선전부에 접수되어 큰 반향을 일으켰다. 리잔수의 건의대로 개사된 '사회주의가 좋아'를 각계각층의 행사 때 제창을 의무화한다는 기사가 당중앙 기관지 인민일보 1982년 5월 26일자 4면에 대서특필됐다.

이후 리잔수의 관운은 웅비 도약했다. 이듬해 1983년 정월, 우리나라 지방공무원 7급 정도였던 33세의 관초(官草, '민초'에 대응한 필자의 조어)가 허베이성 우지(無極)현 당서기(군수 격)로 발령받았다. 무려 5~6계급을 한꺼번에 건너뛴 벼락 승진이었다.

"이름도 편지, 출세도 편지, 편지에서 편지로(from letter to letter)", '전선 편지'라는 이름을 가진 리잔수는 편지 한 통으로 '어변성룡(魚變成龍)'했다. 등용문의 폭포를 단숨에 뛰어오른 잉어가 용으로 화신하여 등천하듯. 잘 쓴 편지 1통이 뇌물 1만금보다 효과가 좋았다.

남한 면적보다 96배나 넓은 중국은 성(省)급 ‑지(地)급 ‑현(縣)급‑향진(鄕鎭)급 4단계 지방행정체제를 채택하고 있다. 2018년 1월 현재 한국의 군(郡)에 해당하는 중국의 현급 행정구역은 2,853개나 된다. 광활한 중국 땅에서 인근 현 출신이거나 인근 현에서 공부하거나 일한 경력이 있다면 이는 매우 가까운 지연관계라고 할 수 있다.

리잔수가 자신이 건의한 대로 개사된 '사회주의 좋아'를 들으면서 당서기로 취임한 우지현의 동쪽에는 정딩(正定)현이 접해 있는데 그곳엔 때마침 시진핑이 당서기로 재직하고 있었다. 중앙군사위원회 판공청 비서(현역 중령)에서 농촌지역 고을의 수장으로 내려온 시진핑은 나이가 세 살 위인 데다 지역에서 잔뼈가 굵은 리잔수에게 많은 조언을 구했다. 혁명열사 고관대작 가문 출신인 둘은 서로

호형호제 의기투합하며 가끔씩 술자리도 함께하면서 돈독한 교분을
맺었다.

05
리잔수(2): 숨겨진 지한파

제1세대 마오쩌둥은 서남방 확장에, 제2세대 덩샤오핑은 동남방 진출에, 제3세대 장쩌민은 서북방 개발에, 제4세대 후진타오는 동북방 진출에 주력했다면, 현 제5세대 시진핑은 일대일로(一帶一路, 육해상 신실크로드 전략)의 세계 5대양 6대주 전 방위로 나아가고 있다.
중국의 세대별 팽창 주력방향[그래픽=강효백 교수 제공]

"한 사내가 절벽에서 천하를 굽어보니 산들이 봉우리를 이루며 몰려온다. 한줄기 가을바람이 낙엽을 쓸고 지나가면 독수리가 창공을 찌르듯 웅비한다." <리잔수(1950~) 헤이룽장성 성장 재직 때 쓴 시구>

"당 중앙이 나를 구이저우(貴州)로 보냈으니, 나는 구이저우 사람이다. 구이저우에서 나는 첫째 좋은 학생, 둘째 좋은 공복, 셋째 좋은 반장이 되겠다." <2010년 8월 10일 리잔수 구이저우 당서기 취임사 中>

중국의 세대별 지역개발 주력방향에 맞춘 리잔수의 스펙

지그재그 또는 역(逆) Z형이라 할까. 찬란한 중화제국의 부활을 꿈꾸는 중국은 팽창과 수렴을 반복하며 지역개발전략과 대외정책의 주력방향을 연계해 전환시키는 특유의 궤적을 보여왔다.

40년 지방행정개혁가 리잔수의 스펙도 이러한 중앙정부의 지역개발전략 주력 방향 및 궤도와 맞춰져 있다. 현 19기 정치국원 25명(상무위원 7명 포함) 중 농촌지역 현서기, 시서기, 성장, 성서기의 단계를 모두 밟은 지도자는 시진핑 주석과 그의 최측근 리잔수 전국인민대표대회 상무위원장(국회의장 격, 2018년 3월 취임)밖에 없다. 시 주석과 리 상무위원장 등 둘 다 관직생활을 허베이성[27]의 농촌지역 현서기에서 출발했다. 단, 이후 전자는 주로 번화한 동부 연해지역에, 후자는 주로 낙후한 서부와 동북지역에서 근무했다는 게

---

27) 허베이성(河北省, 면적 18.8만㎢, 인구 7,185만 명)은 황허(黃河) 북쪽에 위치하였다 해서 붙여진 지명으로 중국 수도 베이징을 둘러싼 성이다. 우리나라 경기지역에 해당하는 허베이성은 실제로 경기도의 자매결연 지자체이기도 하다.

좀 다른 점이다.

리잔수는 고향 허베이에서 관직의 잔뼈가 굵었다. 1972년 그의 나이 22세에 허베이의 성도 스좌장(石家莊)지역 상업국 판공실에서 관직생활을 시작해 33세에 현서기, 36세 공산주의청년단 허베이성 서기, 43세에서 허베이성 상무위원 겸 비서장(사무국장) 등을 역임, 1998년 48세 때 산시(陝西)성28) 상무위원으로 전근할 때까지 무려 26년간을 허베이에서 근무했다.

1998년 3월 출범한 장쩌민 제2기 정부는 부익부 빈익빈, 양극화를 초래한 선부론(先富論)의 폐혜를 바로잡기 위해, 지역 간 균형발전의 신균부론(新均富論)에 입각한 서부대개발을 내세웠다. 서부대개발의 핵심은 낙후한 서북지역의 개발과 소수밀접지역의 국경지대에 초점이 맞춰진 것이다. 허베이에서 청렴하고 성실하고, 탁월한 업무추진 능력으로 실력을 인정받은 리잔수는 산시성 당 상무위원과 농촌업무영도소조 부조장에 투입됐다.

2000년 말 산시성 벽촌지역 농민 한 명이 난동자로 오해받아 파출소에 끌려가 토굴 속에 엿새간 불법 감금된 사건이 발생했다. 리잔수 조직부장은 직접 피해자에게 머리를 조아리고 극진한 공개사과와 책임자 처벌 배상조치를 취해 민심을 얻었다.

2001년 3월 리잔수는 그의 맹우(盟友), 시진핑(당시 푸젠성 당서기)과 시의 모친 치신(齊心), 여동생 치차오차오와 함께 시의 부친 '시중쉰문선' 출판기념식에 참석하기도 했다.29)

---

28) 산시성(陝西省, 면적 20만 6,000㎢, 인구 3,835만 명)은 중국 서북부의 중심 대성으로 우리나라 경상북도 자매결연 성이기도 하다.
29) 2002년 5월 24일 시중쉰이 사망하자 리잔수는 특별조전을 보냈고, 2003년 베이징 인민대회당에서 '시중쉰 혁명생애'의 좌담회에 참가해 시진핑과의 끈끈한 인간관계를 맺었다.

이듬해 2002년 1월 리잔수는 산시성의 성도이자 시진핑의 고향, 시안시 당서기로 승진했다. 당시 시안은 13개 왕조의 수도30)이자 중국 서부 중심도시라는 격에 걸맞지 않게 낙후돼 있었다. 리잔수는 고층건물 몇 개가 달동네 불량주택의 바다에 섬처럼 떠 있던, 황토색만 그윽했던 고도(古都) 시안에서 당당하고도 격조 높은 현대문명의 꽃을 피워나갔다.

2003년 3월 당시 신임 후진타오 국가주석은 장쩌민 시대의 서북에서 동북으로 방향을 확 틀었다. 후진타오 정부는 조화로운 사회건설이라는 균형발전전략의 틀을 수립하고 동북3성의 인프라를 개발하는 동북진흥전략으로 내놓았다. 2년이 채 되지 않은 짧은 재직기간이지만 역대 시안시 수장 중에서 으뜸 수장으로 칭송이 자자한 리잔수를 동북3성 중 최북방 헤이룽장(黑龍江)31) 부성장으로 투입했다.

리잔수의 진짜 관운은 60세부터

2008년 3월 당시 리잔수 중앙후보위원이자 헤이룽장 성장(성 제2인자)은 국영중앙(CC)TV와의 기자회견 시 몇 년 후에 은퇴해서 자선사업에 몰두하겠다고 밝혔다. 사실 58세의 중앙후보위원이 중앙위원 그 이상의 높은 자리를 꿈꾸기에는 너무 늦은 나이였다. 그러나 인생은 60부터라는 말이 있듯 리잔수의 진짜 관운은 60부터였을

---

30) 시안(西安)은 서주(西周), 진(秦), 전한(前汉), 신(新), 후한(後汉), 서진(西晋), 전조(前趙), 전진(前秦), 후진(後秦), 서위(西魏), 북주(北周), 수(隋), 당(唐) 등 13개 왕조의 수도였음.
31) 한반도 면적의 2배 이상인 면적 47만 3,000㎢, 인구 3,831만 명, 우리나라의 충청북도의 자매결연 성.

까? 그의 나이 만 60세 되던 2010년 8월, 중국 고위 정·관계 인사에 매우 보기 드문 승진인사가 돌연 발생했다. 중앙후보위원이었던 리잔수가 통상 중앙위원이 맡아온 구이저우(貴州)성32) 서기(성 1인자)로 승진했던 것이다.

1인자 성 서기와 2인자 성장의 당직위는 각각 중앙위원(장관급), 중앙후보위원(차관급)이 상례.33) 그런데 리잔수의 이례적 승진 배경에는 차세대 최고지도자로 낙점된 시진핑 당시 국가부주석이 있었다. 서남부의 낙후한 구이저우성의 연로한 수장 리잔수는 중앙의 재정적 지원 없이 자체적으로 빈곤 구제 및 교육 개선 사업에 역점을 뒀다. 하지만 40년 가까이 변방의 행정관료로 떠돌던 '이무기' 같던 리잔수가 용이 되어 승천하는 관운 대역전을 하게 된 결정적 계기는 2011년 5월 8~11일 시진핑 당시 부주석이 구이저우 시찰을 내려왔던 3박 4일이었다. 그 3박 4일 동안 리잔수는 열일을 제쳐두고 차기 최고자를 밀착 수행하고 오랜 동지와 독대밀담을 나눴다.

리잔수는 2012년 3월 시진핑 집권을 앞두고 중난하이의 안살림을 관장하는 중앙판공청의 부주임(장관급)으로 전격 발탁됐다. 그리고 두 달도 채 안 돼 중앙판공청 주임(부총리급, 대통령 비서실장격)으로 승진했다. 그의 전임자 링지화(令計劃)가 아들의 페라리 나체 음주운전 사망사고에 휘말려 좌천됐기 때문이다. 전임자의 불행은 후임자의 행운인가. 리잔수는 중앙판공청 주임(청와대 비서실장격)에 취임하자마자 10년간 구축된 링지화의 세력을 철저히 청산해

---

32) 면적 17만 6,000㎢, 3,528만 명, 충청남도 자매결연 성.
33) 중국 정치국상무위원은 총리급 이상, 정치국원은 부총리급 이상, 중앙위원은 장관급 이상, 중앙위후보위원은 차관급이다.

시진핑의 국정을 위한 효율적인 중추기구로 탈바꿈시켰다. 리잔수
는 신중하고 노련한 일처리, 시진핑에 대한 변함없는 충심, 완벽한
지시 완수 등으로 신뢰를 굳히면서 시진핑의 남자로 불리게 됐다.

2017년 10월 25일 리잔수는 정치국상무위원 넘버3에 선출됐다.
이듬해 3월 전인대 상무위원장으로 취임했다. 시진핑은 자신의 비
서실장을 중국최고권력기관 전국인민대표대회 수장에 임명했다. 국
회의장이 된 격이다. 전무후무한 일이다. 시진핑의 '1인체제' 완성의
징표라 할 수 있다.

리잔수는 숨겨진 진짜 지한파?

10월 25일 중국공산당 권력 3강(强)으로 등극한 리잔수는 숨은
진짜 지한파가 아닐까? 일개 지방 행정수장이던 리잔수가 베이징의
중앙무대에 최초로 두각을 나타낸 계기는 2002년 1월 18일 시안시
당서기 자격으로 베이징에서 개최된 '중국의 세계무역기구(WTO)
가입과 한·중경제협력세미나'에 참석해 '중국시안 서부최가(中國西
安, 西部最佳, 중국 시안이 서부에서 가장 아름답다는 뜻)' 기치를
내건 때부터이기에.

"한국 기업들, 중국서부 시안에 많이 투자해주세요." 2003년 3월
28일 대규모의 시안경제대표단을 이끌고 방한한 리잔수 시안시 당
서기는 서울 롯데호텔에서 투자설명회를 갖고 한국 기업들의 하이
테크 산업단지 투자를 호소했다.

"한국인들의 도전정신과 창의성에 깊은 감명을 받았다." 2006년
9월 25일 리잔수 당시 헤이룽장 상무부성장은 한국 특파원들과 가

진 인터뷰에서 3년 6개월 전 방한 시의 인상을 '도전'과 '창의'라는 두 단어로 요약했다. '대장금' 등 한국 TV 드라마를 좋아한다며 한류에도 깊은 관심을 표명했다. 덧붙여 헤이룽장성의 자매결연 지자체인 충청북도의 인구·면적·연혁·산업현황 등을 한 자릿수까지 정확하게 파악하고 있음을 과시했다. 그러면서 그는 한국의 유일한 내륙도(道)가 바다가 없는 헤이룽장성과의 동병상련을 앓고 있는 게 아닌지 하고 반문하기도 해 한국 특파원들을 놀라게 했다.

리잔수는 그해 10월 31일 서울에서 열리는 헤이룽장성 홍보주간 행사에 600여 명의 대규모 투자유치단을 파견했다. 2009년 10월 8일 헤이룽장성을 방문한 전 국토통일원 장관 이세기 한중친선협회장이 이끄는 정·재계 인사들과 장시간 면담을 가졌다.

2014년 7월 3∼4일 시진핑 주석의 방한 당시 리잔수는 항상 시 주석의 왼편에서 수행해 내외신 기자단 사이에서 '좌(左) 잔수(당시 중앙판공청 주임), 우(右) 후닝(왕후닝, 당시 중앙정책연구실 주임, 현 정치국상무위원)'으로 통했다.

그로부터 3년 후 문재인 대통령의 첫 번째 한·중 정상회담인 지난 2017년 7월 6일 독일 베를린에서 리잔수는 시 주석의 왼편에 배석해 한국 측 대표단과의 따뜻한 눈길을 주고받았다.

06

왕양(1): 똥지게꾼에서 권력서열 4위로

"인터넷상에서 위정자와 군중은 절대 평등하다. 위정자는 군중의 질의에 솔직하게 성실답변해야 한다. 왜 위정자만 성질내고 막말할 수 있나? 왜 군중은 화낼 수 없고 욕해선 안 되나?"

"행복추구는 인민의 권리이며, 인민을 행복하게 만드는 게 당과 정부의 책임이다. 인민의 행복을 당과 정부가 내리는 은총이라는 인식의 착오는 반드시 교정되어야 한다." - 왕양 중국 정치국상무위원

똥지게꾼에서 권력서열 4위로

왕양(汪洋)은 17세까지 똥지게를 졌다. '중국7룡' 중 진정한 프롤레타리아 출신은 왕양 단 한 명뿐. 혁명 열사나 고관대작의 자제는 아님은 물론 공산주의청년단(공청단) 고위간부 출신도 아니다. 경제 중심도시 상하이 태생이거나, 근무경력자도 아니다. 이렇다 할 학벌도 없고, 시진핑의 고향 시안과 연고도 없다. 왕양의 출발점은 '0'에 가깝다. 이런 그의 출세비결은 뭘까?

왕양은 1955년 3월 안후이성 북부 쑤저우(宿州)의 근교 농촌마을에서 식품공장 직원 아버지와 담배가게 점원 어머니 사이에서 2남 1녀의 장남으로 태어났다. 왕양은 어려서부터 영특하고 독학을 좋아하며 매사에 진지하면서도 탐구심이 강한 '시골영재'였다. 그 시절 대다수의 농촌아이가 초등학교를 마치면 곧장 일터로 투입됐던 것과 달리 왕양은 중학교에 진학했다. 그러나 얼마 못 가 학업을 중단할 수밖에 없었다. 모두가 평등하게 가난한 '균빈(均貧)의 시대'였기에. 중학 중퇴 농촌소년 왕양에게 배분된 주된 업무는 마을 집집마다 뒷간에서 인분을 퍼 담아 똥장군을 지게에 지고 언덕배기를 넘어 있는 인민공사 소속 밭에 뿌리는 일이었다. 그의 나이 17세 되던 해인 1972년 아버지가 사망하자 아버지가 다니던 식품공장 직원으로 전속 배치됐다.

1976년 식품공장 작업장 조장으로 승진한 만 21세 왕양에게 드디어 '인생 역전'의 기회가 찾아왔다. 문화혁명기의 지방 당간부 재교육 훈련기관인 '57'간부학교의 교사로 선발된 것이다. 제아무리 당시 중국사회가 고학력자가 드문 저학력 사회였다 하더라도 중학교 중퇴학력자가 당간부학교의 교사가 될 수 있다니. 이렇다 할 배경이 없는 왕양 본인의 능력이 출중했으리라고만 추정할 수 있을 뿐이다. 탁월한 교육 행정능력을 인정받아 연구실 부주임, 학교 당위원회 위원으로 승진한 왕양은 1979년 베이징의 중앙당교 이론선전 간부학습반(2년제 초급대학과정) 파견 교육을 받게 되는 '인생도약'의 기회를 맞이했다. 덩샤오핑(鄧小平)의 차세대 간부 양성 정책의 일환이었다. 안후이성으로 돌아온 1981년 26세의 왕양에게 공청단 쑤현 지역 당위원회 부서기직이 주어졌다. 이어 안후이성 공청단 선전부부장, 부서기를 역임한 1984년 29세의 왕양은 공청단을 떠나야만 했다. 공청단원의 정년 만 28세를 넘겼기 때문이다.

잠깐 여기서 반드시 짚고 넘어가야 할 한 가지가 있다. 국내 외신에서 왕양을 후진타오계의 공청단파(共靑團派)로 재단하는 대목이다. 이는 모든 중국정계 인사변동을 파벌 간 권력투쟁으로 읽으려는 일본과 홍콩의 일부 매체가 주조해낸 '픽션' 내지 '팩션'이다.

공청단은 중국공산당의 예하 청년조직이다. 2014년 말 현재 공청단원의 수는 약 8,822만 명으로 고등학교 졸업생이면 거의 대부분 공청단에 가입하고 있다. 공청단의 가입 조건은 다음과 같다. 만 14세 이상 28세 이하의 중국 청년으로, 공청단의 장정(章程, 규정)을 승인하고, 공청단 조직에 참가해 적극적으로 사업에 참여하며, 공청단의 결의를 집행하고 단비를 납부할 경우, 공청단 가입을 신청할 수 있다. 28세가 되면 단 내의 직무를 맡을 수 없고, 단을 떠날 절차를 밟는다. 단, 성(省)급 이상의 공청단 제1서기의 정년은 39세, 전국 공청단 제1서기는 44세이다. 이를테면 공청단 전국 제1서기 출신인 후진타오 전 국가주석과 리커창 총리는 모두 43세에, 상하이시 공청단 서기를 역임한 한정 현 정치국상무위원은 38세에 공청단을 탈퇴했다. 따라서 고졸 이상이면 누구나 가입하는 공청단이고, 정치국원 비롯 대다수 현직 당간부가 공청단 경력자인 상황에서 지방 공청단 초급간부 2~3년 일천한 경력의 왕양을 '공청단파'로 분류하는 것은 한마디로 '난센스 오브 난센스'다.

등롱환조(騰籠換鳥): 새장을 비우고 새로운 새를 채워라. - 왕양

봉황열반(凤凰涅槃): 봉황은 자신을 불사른 후 더 강하고 아름다운 존재로 거듭난다. - 시진핑

아이스브레이커(Ice-Breaker)

1989년 6월 4일 비극의 천안문사태가 발생했다. 그날 이후 중국 개혁은 빙하기에 진입했다. 그 많던 사영기업과 개체호(영세 자영업자)는 꽁꽁 얼어붙은 시장의 땅굴 속에서 움츠린 채 기나긴 동면기를 겪어야 했다. 반면 세계 사회주의 진영의 동토는 해빙기를 맞고 있었다. 동독은 서독에 흡수되어 자취도 없이 녹아버렸다. 공산주의 종주국 소련은 15개 공화국으로 갈기갈기 해체되었다. 동유럽 각국은 귀신이 몸을 흔들어 형체를 바꾸듯 자본주의 체제로 변신했다. 마지막 남은 사회주의 대국 중국은 어디로 갈 것인가? 대륙의 얼음장은 누가 깰 것인가?

"깨어나라! 통링(醒来! 銅陵)"

1991년 11월 14일 안후이성 남부 소도시 통링(銅陵)의 일간지 『통링바오(銅陵報)』의 1면 전면을 꽉 채운 기고문의 제목이다. 기고자는 36세의 통링시장 왕양.

"일체의 사상을 해방하라! 일체의 부패, 고착, 봉건쇄국 사상관념을 수술하라!"

2007년 제17기 1중 전회에서 왕양은 중앙위원에서 정치국후보위원을 거치지 않고 두 단계나 승진하여 정치국원에 올랐다. 틀에 얽매이지 않고 자유로운 개혁성향의 왕양은 개혁개방의 선행마이자 중국의 제1부성(富省)인 광둥의 기수, 즉 광둥성 당서기로 등극했다. 왕양은 새장을 비워 새로운 새로 채우듯(騰籠換鳥), 양적 확대에 주력해왔던 중국을 강력한 구조개혁을 통해 질적 성장으로 전환하자며 개혁을 밀어붙였다. 예산을 투명하게 공개하고 낙후지역 주민들이 일자리를 찾아 번화한 대도시로 이주하는 낡은 호구제도를 혁파했다. 값싼 위탁가공이나 노동집약적 낙후산업에 집중되었던 광둥성 경제를 첨단과학기술과 지식산업 경제로 전환했다. 2008년 글로벌 금융위기 때는 시대에 뒤떨어진 부실기업을 억지로 살려두면 안 된다며 대대적인 국유기업의 구조개혁을 단행했다. GDP 성장률을 8%대로 지킨다는 '바오바(保八)'에 대해, "GDP 수치는 별로 중시하고 있지 않다", "불경기에 성장이 무디어지는 것은 당연하다" 폭탄성 발언을 이어가며 대대적인 국유기업의 구조개혁을 단행했다. 이러한 왕양의 개혁은 '광둥모델'로 치켜세워졌다.

이 겁도 철도 없는(?) 소도시 시장의 어마어마한 '정치도박'은 빙하의 대륙을 진동시켰다. 당중앙 기관지『인민일보』는 '통링개혁'이라는 제하의 평론(사설)을 실었다. '깨어나라 통링'은 얼음처럼 차갑게 경색된 장벽을 깨뜨려 일거에 국면을 전환하는 '아이스브레이크'로 작동했다.

덩샤오핑은 이듬해 1992년 1월 18일(길일) 남행 특별열차에 노구를 실었다. 그 유명한 남순강화(南巡講話)의 여정이 개시된 것이다. 천안문 사태로 2년 반 넘게 동결되었던 대륙의 얼음장이 쩡하게 갈

라지기 시작한 것이다. 왕양의 '아이스브레이크'는 정확히 2개월 4일 후였다. 88세의 키 작은 최고영도자는 특별열차가 안후이 북부 중심도시이자 왕양의 고향 쑤저우 인근 벙부(蚌埠)역에 이르자 정차를 명했다. 그리고 통링시장 왕양을 불렀다. 덩 노인은 앳된 얼굴의 왕양을 '아이 시장'이라 부르며 그의 과감한 개혁개방 정신을 극찬했다. 개혁의 돌파구를 찾으려고 고심하던 덩샤오핑에게는 '깨어나라 통링'으로 대륙의 얼음장을 깨뜨려 마음을 열고 분위기를 살린 아이스브레이커, 왕양이 깨물어주고 싶을 정도로 고마웠으리라!

그날 이후 왕양의 관운은 승승장구 일취월장 보보고승(步步高升) 붕정만리(鵬程萬里). 1993년 초, 38세의 왕양은 안후이 부성장(당시 전국 최연소 부성장)으로 일약 승진했다. 모험과 개혁을 좋아하는 왕양의 특장의 하나는 지칠 줄 모르는 학구열이다. 통링시장 재직 시 중앙당교 통신교육학원 당정관리과에 편입해 학사학위를 받은 왕양은 안후이성 부성장 재직 시에는 중국과학기술대학원(한국의 KAIST격, 안후이성 성도 허페이(合肥) 소재) 관리과학과 과정을 이수하여 공학석사학위를 취득했다. 1999년 국가계획위 부주임(한국의 기획재정부 차관 격), 2003년 국무원 부비서장(국무조정실 차장 격)을 지냈다. 2005년, 만 50세 왕양은 세계최대 도농복합 거대도시(면적 8.1만㎢, 인구 3,100만 명, 남한 면적의 8할, 인구의 6할 이상) 충칭(重慶)직할시 당서기에 부임했다.

07

왕양(2): 새장을 비워 새로운 새로 채워라, 등롱환조(騰籠換鳥)

　　그러나 빛이 환하면 그림자도 짙은 것인가? 중국판 리버럴리스트 왕양에게는 지지자도 많았지만 반대파도 많았다. 왕양은 '등롱환조', '행복한 광둥(幸福廣东)'은 구호만 요란했지 '피땀공장(血汗工場)', '외지노예노동자(外地奴工)', '흑사회 천하'라는 악명 높은 광둥의 근본적 사회문제를 해결하지 못했다는 비판을 면치 못했다. 왕양의 최대 라이벌은 이른바 '태자당'의 대표주자였던 보시라이(薄熙來, 후일 부패혐의로 실각, 종신형 복역 중) 충칭시 당서기였다. 차기 당 총서기를 노리던 보시라이는 마오쩌둥의 전통사회주의계획경제로의 회귀를 추진하는 '충칭모델'을 내세웠다. 왕양은 "떡을 나누는 것보다 키우는 데 역점을 둬야 한다"고 주장하는 데 반해 보시라이는 "떡은 먼저 공평하게 나눠야 더 커진다"라는 치열한 21세기 중국판 보혁 논쟁을 펼쳤다.

　　2012년 18차 당대회에서 정치국상무위 입성이 점쳐졌던 왕양은 보시라이의 낙마에 따른 반대파의 집중견제로 국무원 3인자인 농업과 대외무역 빈곤대책 담당 부총리로 승진하는 데 만족해야 했다. 하지만 시진핑 주석은 자신의 중국사회의 환골탈퇴 촉구 슬로건인 '봉황열반 욕화중생(凤凰涅槃 浴火重生, 봉황이 자신을 불사른 후 더 강하고 아름다운 존재로 거듭난다, 시 주석이 전매특허처럼 즐겨 쓰는 표현)'과 일맥상통하며 신창타이(新常態, 뉴노멀) 정책과도 코드가 맞는 '등롱환조'의 왕양을 중용했다. 왕양은 기대에 부응하는 성과를 냈으며 결국 2017년 10월 개최된 제19차 대회에서 대망의 중국 정치7룡(정치국상무위원)으로 웅비하게 되었다. 당서열 4인자가 정치협상위원회(중국 최고 정책 자문회의) 주석을 맡게 되는 지난 25년간의 패턴에 따라 2018년 3월 왕양은 정협주석에 선출되었다.

중국에 가까운 나라는 북한보다 한국

시진핑 2기의 신임 정치국상무위원 중 대표적인 지한파는 평창올림픽(2월 9일 개최)을 계기로 대규모 대표단을 이끌고 올 한정(韓正)과 왕양이다. 왕양은 광둥성 서기시절인 2009.11 외교통상부의 초청으로, 부총리 시절인 2015.1 중국관광의 해를 계기로, 모두 두 차례 방한한 바 있다. 특히 3년 전 이맘때 방한한 왕양에게 삼성·현대차·LG 등 한국의 3대 그룹 총수들이 찾아가 각각 단독 회동을 가지는 등 재계의 환대를 받아 '왕양 신드롬'까지 일어났다는 말까지 나돌 정도였다. 반면에 왕양은 북한을 단 한 번도 방문하지 않았다. 왕양이 단독으로 북한인사와 접촉한 자료는 아직 찾지 못했다. 개혁개방 성향이 농후한 왕양이 봉건폐쇄사회 북한에 호감을 품을 하등의 이유는 없어 보인다. 2017년 12월 2일 일본 요미우리 신문은 왕양 부총리가 방중한 야마구치 나쓰오(山口那津男) 일본 공명당 대표에게 북·중 관계가 과거 '혈맹관계'에서 핵 문제로 인해 이제는 '대립관계'가 됐다고 말한 것으로 보도했다. 북·중이 혈맹관계라서 한·미동맹만으로 부족하니 유사시 자위대의 한반도 진주 등 일본 군사력의 도움이 필수라는, 속보이는 궤변을 펼치던 일본 언론은 중국 권력서열 4위 왕양이 북·중 관계를 '대립'으로 표현한 것은 이례적인 일이라고 호들갑을 떨었다.

중국 역대 한·북·일·미 관계변화추이 일람표

세대	최고지도자	시대	한국	북한	일본	미국
1	마오쩌둥	1949~	최하	최상	하	최하
		1972~	최하	최상	중(중일수교)	하(닉슨방중)
2	덩샤오핑	1978~	최하	최상	중	중(미중수교)
		1988~	하(서울올림픽)	최상	상	중
3	장쩌민	1992~	중(한중수교)	상((김일성사망)중	중	상(시장경제)
		1997~	상(동반자관계)	중	하(영토분쟁)	상(WTO가입)
4	후진타오	2002~	상	중	중	상
		2007~	상	하(북핵실험)	하(영토분쟁)	상
5	시진핑	2012~	최상(천안문사열)	하(장성택 처형)	최하(아베 극우)	상
		2016~	중(사드 배치, 차정부의 친일반중정책)	최하(핵실험 미사일발사)	최하	상
		2018~	상(사드합의 이후)	최하(대립관계)	최하	상

중-미관계: 겉으로는 대립, 속으로는 세계자본주의 공동체 / 중-일관계: 예나 지금이나 적대관계, 시진핑-아베시대 최악 /북-중관계: 한-중수교전까지는 혈맹관계, 지금은 단순수교 대립관계, 현재 중국인의 최대 욕설: "북한가서 살아라!"

사실 북·중관계는 1992년 한중수교와 1994년 김일성 사망 이후 '혈맹관계'에서 '전통적 우호관계'로 강등되더니, 2009년 북한 2차 핵실험 직후 '단순수교'관계로 급전직하하다 전통적 우호관계로 잠시 회복했으나 시진핑-김정은 시대 이후 다시 단순수교로 전락, 최근에는 중국권력 4강 왕양이 공언하는 '대립관계'로까지 얼어붙은 상황이다.

실례로 21세기(2000~2019년 3월 현재)까지 중국 현 정치국상무위원 7인의 방한 횟수는 17회이나 방북 횟수는 5회에 불과하다. 또한 2013년 시진핑 시대 이후 한·중 정상회담은 12회나 되나 북·중 정상회담은 4회에 불과하다. 특히 문재인 대통령은 2017년 7.6 독일 베를린 G20 정상회의, 11월 11일 베트남 다낭 APEC 정상회의, 12.14 국빈 방중에 시 주석과의 정상회담 등 취임 8개월간 세 차례나 한중정상회담을 가졌다(전화통화 제외).[34]

이처럼 '경제는 온탕, 정치는 냉탕'으로 잘못 각인되어온 한·중관계는 사실 북·중관계보다 경제 사회 문화뿐만 아니라 정치외교적으로도 훨씬 긴밀해진 지 이미 오래다. 심지어 사드배치문제로 한동안 양국관계가 경색되었던 때도 정치 경제 사회 문화 모든 면에

---

34) <박근혜 대통령> 8차례
    ▲ 2013.6.27 = 박근혜 대통령 국빈 방중, 시진핑 주석과 회담
    ▲ 2013.10.7 = 박근혜 대통령, 인도네시아 발리 APEC 정상회의 참석 계기 시 주석과 회담
    ▲ 2014.3.23 = 박근혜 대통령, 네덜란드 헤이그 핵안보정상회의 참석 계기 시 주석과 회담
    ▲ 2014.7.3 = 시 주석 국빈 방한, 박근혜 대통령과 회담
    ▲ 2014.11.10 = 박근혜 대통령, 중국 베이징 APEC 정상회의 참석 계기 시 주석과 회담
    ▲ 2015.9.2 = 박근혜 대통령, 전승절 기념행사 참석차 방중, 시 주석과 회담
    ▲ 2016.3.31 = 박근혜 대통령, 미국 워싱턴 핵안보정상회의 참석 계기 시 주석과 회담
    ▲ 2016.9.5 = 박근혜 대통령, 중국 항저우 G20 정상회의 참석 계기 시 주석과 회담
    <문재인 대통령>
    ▲ 2017.7.6 = 문재인 대통령, 독일 베를린 G20 정상회의 참석 계기 시 주석과 회담
    ▲ 2017.11.11 = 문재인 대통령, 베트남 다낭 APEC 정상회의 참석 계기 시 주석과 회담
    ▲ 2017.12.14 = 문재인 대통령 국빈 방중, 시 주석과 회담.

서 한중관계는 북중관계보다 친밀한 관계를 유지했다. 요컨대 중국에 가까운 나라는 한국보다 북한이라는 인식은 1970년대 냉전시대 사고방식에 기반한 오래된 잔상이거나 위험한 착각이다. 중국의 대외전략에 관해 한·중관계에 대한 환상도 버려야 하지만 중국최고지도층이 대립관계라고까지 공언하는 북·중관계를 과대평가함으로써 한·중 간 신뢰를 약화시켜서는 안 될 것이다.

08
왕후닝, 시진핑의 제갈량

1955년 10월 상하이에서 출생한 왕후닝의 원적지는 제갈량의 고향 산둥성 린이(臨沂)와 동북쪽으로 200㎞ 떨어진 라이저우(萊州)다. 왕후닝은 어렸을 때부터 병약한 편이었으나 '책벌레'로 유명했다. 그가 중학교에 진학할 무렵 문화대혁명이 발발했다. 길거리에 나가 광란의 혁명무도회를 벌인 홍위병과 달리 그는 방에 틀어박혀 책만 읽었다. 1971년 중학교를 졸업하였으나 신체가 너무 허약해 벽촌으로 노동을 보내는 하방(下放)을 면했다. 그 무렵 많이 읽고, 많이 생각하고, 많이 쓰는, 다독(多讀)·다사(多思)·다작(多作)의 좋은 습관을 길렀다.

1974년 상하이 사범대학(현 화동사범대)에 입학해 프랑스어를 전공하고 졸업 후 상하이시 출판국에 배치되었다. 문혁이 종료되고 덩샤오핑이 '3전3기'에 성공한 해인 1978년 왕후닝은 상하이 최고 명문대학이자 중국 5대 명문대학의 하나인 푸단(復旦)대학교 국제정치과 석사과정에 진학,『자본론』의 대가 천치런(陳其人)의 문하생이 됐다.

1981년 법학석사학위 취득 후 대학에 남아 국제정치학과 조교와 강사 부교수를 거쳐 1989년 34세의 젊은 나이에 푸단대 정교수로 임용됐다. 미국 아이오와대, 캘리포니아대 방문학자를 지내는 등 정치학자로서 경력을 다졌다. 1980년대 이미 왕후닝은 저명한 청년학자가 되어 '반웨탄(半月談)' 등 시사잡지의 표지인물이 되기도 했다. 1987년 중국공산당 제13차 대회의 중요이론문헌의 기초작업에 참여했다.

왕후닝이 대중의 스포트라이트를 받은 것은 1993년 그가 푸단대 토론팀을 이끌고 싱가포르의 '국제중국어 대학생 토론대회'에 참가했을 때다. 당시 중국 TV는 토론대회의 전 과정을 현장 실시간 중계했다. 결승전에서 왕후닝 감독의 푸단대 팀이 타이완대학 팀을 물리치고 우승을 차지한 순간 왕후닝은 중국 신세대의 스타로 떠올랐다. 직후 출판된『싱가포르 설전 계시록(獅城舌戰啓示錄)』은 베스트셀러가 되었다.

2017년 10월 25일 11시 57분(베이징 시간) 베이징 인민대회당 동대청 무대 위, 왕후닝은 시진핑에 이어 다섯 번째로 걸어 나왔다. 굵은 안경테 안으로 예리하게 빛나는 큰 눈망울, 전형적인 서생(書生)의 모습의 그가 중국 정치7룡에 등극한 것은 중국공산당 19차 당대회 최대의 이변이었다. 세계 각계는 발칵 뒤집혀졌다. 중국 각계에서 가장 빨리 가장 뚜렷하게 반응한 곳은 도서시장이었다. 순식간에 중화권 전역의 온·오프라인 서점은 난리가 났다. 왕후닝이 푸단대 법과대학 학장시절 쓴 책『정치적 인생』(1995년 1월 출간, 정가 8.7위안)의 온라인 비공식거래가 620위안까지 치솟았다. 당일 오후 1시도 안 되어 책은 완전히 품절됐다.

도대체『정치적 인생』은 무슨 책이고 어떤 가치가 있는가? 시진핑의 브레인, 왕후닝의 진면목을 엿볼 수 있는 진귀한 자료이기 때문이다. 1995년 가을, 학계에 도사리고 누워 있던 와룡(臥龍) 왕후닝이 중앙무대로 승천하기 직전에 쓴 일기를 묶어 편집한 책이다.『정치적 인생』은 왕후닝이 편안한 마음으로 비교적 평이하고도 솔직하게 쓴 독서서평과 일상의 신변잡기다. 그가『킨제이 보고서』,『자유로부터의 도피』,『이코노미』등 드넓은 스펙트럼의 광폭독서를 좋아하며 영화 감상과 자작시를 전서체로 쓰길 좋아했음을 알 수 있다.

　　이하는 필자가 스크랩한『정치적 인생』의 주요 대목이다.

　　"현대세계를 사는 모든 현대 중국인에게 정치적이 아닌 것은 없다. 나도 모르게 든 습관은 깊은 밤에 일어나 낮에 겪은 일을 반추하는 것이다. 나는 낮 시간을 지독하게 엄숙하고 건조한 학술적 사유로 보낸다. 인생에 대해서 생각할 여유조차 없다. 어두운 밤의 장막이 내리고 일체가 고요해질 때, 창밖의 섬광을 보며 자신과 세계를 사유한다. 참된 사유의 침전과 누적은 고요한 외부와 고요한 내심에서 형성된다. 고요함의 끝 간 데! 이건 추구할 가치가 있는 경계다." - 『정치적 인생』서문 발췌

　　"국가사회의 흥망성쇠는 왕왕 인간이 받는 여러 종류의 유혹이 종합적으로 작용한 결과다. 근대 이후 최대의 유혹은 '민주정치'의 유혹이다. 사회발전과정에 정치민주화가 우선이라는 조급한 유혹에서 벗어나는 것은 국가사회의 안정적 발전의 필수 조건이다."

　　"중국사회는 붕괴될 것인가? 4개 시스템만 주의하면 된다. 군대, 정당, 당정간부와 지식인, 이 4개 시스템에 문제가 발생하지 않는다

면 중국은 무너지지 않을 것이다."

"서양 물질문명 속의 가치체계는 중국이 그대로 따라가야 할 것이 아닌, 참조할 만한 가치체계일 뿐이다. 오늘 중국에게 가장 필요한 것은 유구한 중국의 역사 문화 전통 중에서 새로운 정치가치의 발굴이 필요하다."

"이 세상에 생활하는 자는 어떤 사람은 강자로서, 또 어떤 사람은 약자로서 살아간다. 어떤 다른 사람이 설정한 목표로 살고 어떤 사람은 타인에게 목표를 설정해준다. 어떤 사람은 감성적, 어떤 이는 의지로 생활한다. 나는 대개 이 한 쌍의 개념 중 선택할 수 있는 사람이다."

"누가 정치인인가? 죽음 앞에서도 굽히지 않는 신념, 동서양을 넘나드는 학문, 마음으로 존경하지 않을 수 없는 인간성, 멀리 높이 바라보는 혜안, 백절불굴의 의지, 모든 시냇물을 품는 바다와 같은 도량, 대세를 통찰하는 능력을 갖춘 사람이다." -『정치적 인생』본문에서 발췌

푸단대 법학원장으로 있던 왕후닝을 처음 눈여겨본 것은 쩡칭훙(曾慶紅)이었다. 장쩌민의 복심으로 당시 중앙판공청 주임으로 있던 쩡칭훙은 1995년 푸단대 교수로 있던 왕후닝에게 당 중앙정책연구실 정치조장을 맡겼다. 왕후닝은 장쩌민의 당 대회 연설을 기초하며 '개혁과 발전, 안정'의 삼자관계 처리에 대한 이론적 틀을 제시하였다. 장쩌민 시기의 지도사상인 삼개대표론(三個代表論)을 만들어 중국 공산당이 노동자·농민의 당에서 전체 인민을 위한 당으로 변신하는 데 필요한 논리를 제공했다. 중국공산당을 노동자 정당에서 대중집권 정당으로 변모시키는 데 일조했다.

중앙정책연구실은 당 중앙을 위해 정치이론과 정책을 연구하며 문건을 기초하는 곳이다. 그는 이곳에서 조용히 중국 지도부의 생각을 한 곳에 모으는 작업을 한다. 정치국 집단학습을 통해서다. 시진핑이 주재하는 집단학습엔 중국을 이끄는 최고위 관료 40~50명이 모인다. 이 집단학습의 주제와 강사 선정에 중앙정책연구실의 역할은 절대적이다. 어떤 문제를 어떤 강사를 불러, 어떤 결론으로 유도할지가 왕후닝의 손에 달린 것이다. 이런 왕을 미국 언론은 외교의 귀재 헨리 키신저와 국내 정치의 달인 칼 로브를 합쳐놓은 인물과 같다는 평가를 내리고 있다. 왕후닝은 후진타오 집권 때는 중앙정책연구실 주임으로 더욱 승진한 왕후닝은 고속 성장의 후유증을 치유하기 위한 과학발전관(科學發展觀)을 내놓았다. 시진핑 역시 왕후닝을 중앙정책연구실 주임으로 그대로 유임시켰고, 시진핑의 구호인 중국꿈(中國夢)을 디자인하고 있다. 권력강화를 위해 태스크포스 형태로 발족한 중앙전면심화개혁영도소조 주임 자리를 맡겼다. 중국이 21세기판 육상 및 해상 실크로드를 구축하려는 일대일로(一帶一路) 영도소조의 수석 부조장을 겸임하였다. 이때부터 왕후닝이 상무위에 입성할지도 모른다는 전망이 조금씩 나오기 시작했다. 다만 왕후닝은 지방 최고책임자인 지방 당서기 경력이나, 국무원 주요 부처 수장 경력이 전무해 끝까지 상무위 진입 관측이 엇갈렸다. 하지만 이 같은 모든 약점을 극복하고 중국 정치 7룡으로 등극했다. 개혁개방 이후 책사로서 최초다. 중국의 지난 20년은 왕후닝의 설계도대로 왔다고 해도 과언이 아니다. 그리고 앞으로의 20년 역시 왕후닝이 설계하는 청사진으로 나아갈 가능성이 크다.

09

자오러지(1): 시진핑의 동향 친신

상하이(上海) 하면 으레 그 지명(위 상, 바다 해)에서 푸른 물결 넘실대는 망망대해를 연상한다. 상하이에 거주한 지 몇 달이 지났을 때 바닷가에서 태어나고 자라난 필자는 눈물이 날 지경으로 바다가 보고 싶어졌다. 어느 주말 짬을 내어 한 시간 이상 남쪽 끝 바닷가로 급히 차를 몰았다. 이윽고 낯익은 갯내음이 물씬 코끝을 습격하자 필자의 가슴은 옛 애인을 만나는 것처럼 두근거렸다. 그러나 두 눈에 비친 바다, 동중국해는 끝없이 광활한 무논에다 싯누렇고 붉은 흙탕물을 마구 퍼질러놓았다고 할까. 탁하고 싯누런 동중국해에 비하면 우리 황해는 '黃海'가 아니라 '청해(靑海)'라 불러야 할 것처럼 맑고 푸른 편이었다.

맑고 푸른 바다다운 바다 '청해'를 필자는 서북부 깊숙한 내륙 칭하이(靑海)성 시닝(西寧, 칭하이성 성도) 여행에서 만났다. 중국 최대의 짠물 호수 칭하이호(靑海湖, 면적 4,456㎢)는 글자 그대로 맑고 푸른 물결이 파도가 치는 바다였다. 막힌 것 없이 탁 트인 바다, 하늘도, 물도, 바람도 맑고 푸르렀다.

중국의 31개 광역행정구역(22개 성, 5개 자치구, 4개 직할시) 중 바다 '해(海)'가 붙은 곳은 상하이와 칭하이 단 두 곳이다. 그러나 둘은 지명에만 바다가 붙었다는 게 같을 뿐, 거의 모든 게 정반대라고 할 만큼 극명하게 대비된다.

21세기 뉴 뉴욕(New New York)이라고 자처하는 상하이는 중국 최고로 번화한 최대 경제도시이다. 반면 서울 면적의 7배가 넘는 칭하이호를 품고 있는 칭하이성은 남한 면적의 7배가 넘는 광활한 72만㎢이지만 인구는 500여 만 명에 불과하며 중국에서 가장 가난한 광역 행정구역에 속한다.

한정(韓正, 1954년생) 정치국상무위원(서열 7위)은 상하이에서 태어나고 자라나고 상하이에서 시장 당서기를 역임한 반면 자오러지(趙樂際, 1957년생) 최연소 정치국상무위원(중앙기율검사위 서기, 서열 6위)은 칭하이에서 태어나고 자라나고 칭하이에서 성장 당서기를 역임했다. 1957년 3월 칭하이성 시닝에서 태어난 자오러지의 원적은 산시(陝西)성 시안이다.

중국 서부 대표 빈곤지역 칭하이 태생의 자오러지가 '중국정치 7룡'으로 대성할 수 있었던 비결은 무엇일까? 자오러지 개인의 탁월한 실적도 실적이지만, 그의 원적지 산시성의 지연과 큰할아버지(종조부) 자오서우산(趙壽山, 1894~1965)의 음덕을 무시해서는 안 된다고 생각한다.[35]

칭하이성과 산시성 성장을 역임한 자오서우산은 시진핑의 부친 시중쉰(習仲勛, 1913~2002)과 같은 산시성 동향이다. 국공내전 때

---

[35] 국내 뉴스 일각에서는 아래와 같이 홍콩언론 앵무새처럼 자오서우산을 자오러지의 '조부'라고 적고 있는데 사실이 아니다. 자오서우산은 자오러지의 조부가 아닌 종조부다.

서북야전군에서 각각 부사령관, 부정치위원으로 많은 전공을 낸 전우다. 특히 시중쉰은 1962년 반당집단으로 몰렸을 때 자신의 구명운동에 필사적으로 도왔던 자오저우산의 은혜를 자주 회고했다.

행운인가, 특혜인가?, 인맥인가, 실적인가? 그의 출세 비결

'사인방'이 활개를 치던 문화대혁명 후반기인 1974년, 17세의 자오러지는 칭하이성 시닝 서부 근교인 구이더(贵德)현 허동(河東)향의 궁바(贡巴) 인민공사에 이른바 '지식청년(知青)'으로 배치되었다. 문화대혁명 때는 지식청년들을 벽촌 오지로 보내 몇 년 동안 고된 육체노동을 시키는 게 상례였다. 시진핑 주석도 15세부터 21세까지 황토토굴에서 무려 7년간이나 인고의 지식청년 세월을 보내야 했다. 한데 자오러지가 단 1년간 지식청년으로 머물렀던 구이더현은 '고원의 작은 강남', '배(梨)의 고향' 시닝의 꽃밭으로 불리는 칭하이에서는 보기 드문 풍요로운 지방이다. 행운일까? 특혜일까? 특혜라고 할 것까지는 없는 행운일 것 같다.

비교적 안락하고 짧은 지식청년 시절을 보낸 자오러지는 칭하이성 성업청의 통신원으로 사회생활을 시작했다. 마오쩌둥이 죽은 이듬해 1977년, 문화대혁명으로 10년 넘게 닫혔던 대학 문이 열렸다. 자오러지는 베이징대 철학과에 공농병 추천이라는 무시험 특별전형으로 입학했다. 그 중국 최고 명문대학을 3년 만에 조기졸업(?)한 자오러지는 1980년 초 칭하이성 상업청 정치과로 배치받는 것으로 첫 사회생활을 시작했다. 행운일까? 특혜일까? 이번에는 행운보다 보이지 않는 특혜, 큰할아버지의 음덕(?)이 없지 않다는 합리적 의심이 든다.

그 후 자오러지는 칭하이성 상업학교 교사 겸 교무과 부과장, 상업청 공청단 서기, 칭하이 금속화공회사의 당위서기와 사장 등 10여 년간 주로 상경계 관리자 경력을 쌓았다. 1994년 37세에 칭하이 부성장, 1997년 40세에 칭하이 성도인 시닝시의 제1인자 서기를 맡는 등 초고속 출세 가도를 달렸다.

자오러지가 국내외의 주목을 받게 된 시점은 21세기 원년인 2000년도 정월. 43세의 나이로 칭하이 성장에 선출된 때이다. 그는 당시 전국 최연소 성장이었다. 3년 후 후진타오 집권 1기 2003년 46세의 자오러지는 서기로 승진했다. 역시 전국 최연소였다. 그의 최연소 행진의 초고속 출세는 인맥 덕일까? 실적 덕일까? 아래 그의 업적을 보면 100% 인맥 덕만은 아닐 것 같다.

자오러지는 칭하이성의 환경과 조화를 이루는 발전을 지향했다. 중국 '부모의 강'인 창장(長江), 황허(黃河)와 인도차이나반도를 관통하는 메콩강의 상류 란찬장(瀾滄江, 메콩강)이 발원하는 칭하이는 '중국의 물탱크'라는 별명이 붙여진 곳이다. 자오러지는 공해를 유발하는 산업 유치를 극력 피하고 지리적 이점을 활용하는 수력발전, 태양광, 풍력, 신재생에너지 산업 및 관광업에 역점을 두었다.

2006년 7월 시닝과 시장(西藏·티베트)을 연결하는 '칭장철도'를 개통, 물류환경을 대대적으로 개선시켰다. 그는 최연소 성장으로 부임했던 2000년 263억 위안이던 칭하이성의 GDP를 4년 후인 2006년 641억 위안으로 끌어올리는 데 성공했다. 자오러지는 시진핑이 차기 후계자로 낙점된 2007년 중국 서부지역 중추 대성(大省), 산시(陝西)성 서기로 영전했다.

그는 시안 근교 푸핑에 위치한 시진핑의 부친 시중쉰 묘와 생가를 대대적으로 확장, 마오쩌둥 기념당에 필적하는 시중쉰 기념관을 조성했다. 더 나아가 시 주석이 15세 때부터 7년간 '지식청년' 생활을 한 옌안시 황토토굴 마을 량자허(梁家河)를 대규모 예산을 투입해 성역화에 앞장섰다.

그런데 국내외 일각에서 보도하는 것처럼 과연 자오러지가 '중국판 능참봉'이 되어 시진핑 숭배에 앞장선 것만으로 출세가도를 달릴수 있었을까? 만일 그렇다고 답한다면 이는 'G2' 중국을 몰라도 너무 모르거나 지나치게 유치찬란하게 희화화한 것 둘 중 하나라고생각한다.

마오쩌둥 시대 중국에서는 공산당 이념에 얼마나 충실한가의 당성과 출신성분이 공직자 인사고과에 중요한 요소였다. 그러나 덩샤오핑 개혁·개방 이후 출세에는 "첫째도 실적, 둘째도 실적, 셋째는관시(關係·인맥)다"라는 말이 회자될 만큼, 맡은 일에 얼마나 성과를 내었는가의 실적이 절대적 비중을 차지하고 있다.

자오러지는 산시성을 규모의 '대(大)성'에서 실력의 '강(强)성'으로탈바꿈시켰다. 그는 당서기로 부임한 2007년 경제총량 전국 20위에불과한 산시성을 2011년에는 전국 6위로, 경제발전 속도는 전국 1위를 차지할 만큼 급성장시켰다. 아무리 낙후한 지역이더라도 그가가는 곳곳마다 격앙가가 울려 퍼지는 눈부신 실적으로 인하여 2012년 11월 시진핑 집권 1기, 자오러지는 당의 인사를 총괄하는 중앙조직부장에 발탁됐다. 중앙조직부장은 국장급 이상의 당정고위직, 중앙국유기업, 언론, 대학 등 중앙간부들에 대한 인사를 총괄하는핵심 요직 중의 핵심이다.

10
자오러지(2): 중국판 공수처장,
사실상 권력2인자

시진핑 동향 권력 실세

고향 사랑의 본질은 자기애(自己愛)다. 돈으로도 칼로도 끊을 수 없는, 영속적인 절대 본능이다. 특히 남한 면적 96배에 달하는 광활한 중국에서 지연은 혈연만큼 중요한 인연으로 학연 등 기타 인연을 압도한다. 일례로 일대일로의 육·해상 실크로드의 출발점은 각각 시진핑의 고향 산시(陝西)성 시안36)이다. [장가오리(張高麗) 상무부총리(경제부총리)의 고향은 푸젠성 취안저우(泉州)다.]

"니반스, 워팡신(你辦事, 我放心, 네가 맡으면 나는 안심이야)"

이는 빈사의 마오쩌둥(1893~1976)이 죽기 5개월 전 1976년 4월

---

36) 중국의 공식자료에는 시진핑 주석의 출신지가 산시성 푸핑(富平)으로 적혀 있다. 그러나 푸핑은 시안과 불과 66㎞ 동북부에 위치해 있다. 우리나라보다 96배 넓은 중국 땅에서 66㎞라면 한국에서 1㎞ 정도의 거리감이라고 할 수 있다. 시진핑의 출신지는 시안이나 다를 바 없다.

화궈펑(華國鋒, 1921~2008)을 후계자로 지명(당 제1부주석 겸 국무원총리로 임명)하면서 지어준 여섯 글자가 적힌 쪽지다.

도대체 화궈펑이 누구지? 세계가 경악했다. 일천한 경력의 화궈펑이 초대 공산황제 마오가 낙점한 최후의 후계자라니, 하도 의외의 인물이라 외신 일각에서는 화궈펑이 '화려무쌍한 여성편력가', '마오쩌둥의 사생아'라는 소문이 유행했다. 야릇한 소문은 아직도 대만과 홍콩의 후미진 뒷골목에 깡통처럼 굴러다니고 있다. 화궈펑의 외모와 풍채도 마오쩌둥을 적잖게 닮았다.

화궈펑은 산시(山西)성이 고향이지만 당 간부 경력은 마오쩌둥의 고향 후난(湖南)성 상탄(湘潭)현 부현장으로 출발했다. 그는 상탄현에서만 현부서기, 현장, 현서기를 약 7년간이나 역임했다. 마오쩌둥

중국 역대 당중앙기율검사위 서기

代	성명	재임기간	당서열	당시 최고지도자	특징
1	주더 朱德	1949-1955	3위	마오쩌둥	군부실세
2	*둥비우 董必武	1955-1969	6위	마오쩌둥	감찰위 유명무실화
3	천윈 陳云	1978-1987	6위	덩샤오핑	경제통, 덩샤오핑 친신
4	차오스 喬石	1987-1992	3위	덩샤오핑·장쩌민	실세,장쩌민 견제
5	웨이젠싱 尉健行	1992-2002	6위	장쩌민	최장수,장쩌민 친신
6	우관정吳官正	2002-2007	7위	후진타오 1기	정중동
7	허궈창 賀国强	2007-2012	8위	후진타오 2기	최약체
8	왕치산 王岐山	2012-2017	6위	시진핑 1기	사실상 2인자 현재 국가 부주석
9	자오러지 趙樂際	2017-	6위	시진핑 2기	시진핑의 친신 중앙당조직국장 역임

*역대 당중앙 기율심사위원회 서기는 최고핵심권력층인 정치국상무위원을 겸하여 왔음.
* 1955년 중앙감찰위원회로 개편되었으나, 1960년대 중반 문화대혁명발발과 함께 유명무실, 1969년~1978년 폐지

이 고향을 방문해 며칠을 묵었을 때 마오의 침소 앞에서 화궈펑 현 서기가 직접 보초를 섰던 일화는 유명하다.

덩샤오핑의 마지막 후계자, 장쩌민 국가주석은 1996년 8월 12일, 자신의 고향 장쑤(江蘇)성 양저우(揚州)시를 동서로 쪼개버렸다. 원래의 양저우 동쪽 부분에 타이저우(泰州)시를 신설했다. 장쩌민은 왜 사과를 두 손으로 세로로 쪼개듯 자신의 고향을 동서로 쪼개버렸을까?

지금 중국의 각종 온·오프라인에는 후진타오 전 국가주석의 출신지는 안후이(安徽)성 지시(绩溪)현으로 적혀 있다. 하지만 그곳은 후진타오 조상의 고향, 즉 원적지일 뿐이다. 후진타오가 역대 최연소 만 49세 나이로 정치국상무위원(당 서열 7위)에 등극한 1992년 10월 제14차 공산당 전국대표대회에 공포된 자료를 보면 후진타오의 고향은 장쩌민과 같은 장쑤성 양저우로 적혀 있다.

장쩌민은 자신의 동향 후배 후진타오를 후계자로 삼고 싶었다. 그러나 사소하지만 무시해서는 안 될 걸림돌은 바로 후진타오의 출신지가 장쑤성에서도 양저우라는 사실. 최고권력자가 자신의 후계자를 같은 출신 성, 같은 출신 시로 선정하는 일은 중국의 오랜 집단지도 원칙에 위배됨은 물론 지역 안배 차원에서도 모양이 좋지 않다. 고육지책 내지 심모원려라 할까?

장쩌민은 자신의 고향을 양저우와 타이저우로 일도양단하고 1년여 후, 1997년 11월 제15차 공산당 전국대표대회에서 후진타오를 자신의 후계자로 지명(이듬해 3월 국가부주석 임명)했다. 그때부터 중국의 각종 공식문건에는 후진타오의 출신지가 양저우에서 타이저우로 슬그머니 바뀌었다. 2002년 11월 제16차 당대회에서 후진타오가 총서기로 등극했을 때부터 그의 출신지는 다시 타이저우에서 그의 원적지 안후이성 지시현으로 은근슬쩍 바뀌어 오늘에 이르고 있다.

후진타오는 의도적으로 자신의 진짜 고향을 세간에서 회자되는 걸 회피했던 것으로 분석된다. 장쩌민은 최고권력 직위 재직 시에도 수십 번이나 고향을 찾아갔다. 심지어 1991년 방중한 김일성과 양저우에서 회담을 했을 만큼 그의 고향 사랑은 노골적이었다. 그와 반대로 장쩌민의 후임자 후진타오는 총서기 재직 시에도 자신의 실제 고향 타이저우(원래 양저우 동부)를 단 한 번도 가지 않았다. 후진타오는 최고권력 자리를 시진핑에게 물려주고 난 후에야 2012년 12월 24일 37년 만에 처음으로 타이저우를 찾았다.

팔이 들이굽지 내굽나. 국적과 인종을 불문하고 사람이라면 자기가 태어난 고향에 정이 쏠림은 인지상정이다. 사람이 땅 위에서 살며 맺는 인연, 즉 지연(地緣)은 크게 두 가지로 나뉜다. 하나는 태어나고 자라난 출신지로 연결된 인연이고, 다른 하나는 경력을 쌓은 근무지에 따라 맺어지는 연고(緣故)다.

마오쩌둥은 자신의 고향 상탄현에서 경력을 쌓은 화궈펑에게, 장쩌민은 자신의 고향 양저우에서 태어나고 자라난 후진타오에게 대권을 물려줬다. 즉, 마오쩌둥과 장쩌민의 후계자는 각각 근무지의 지연, 출신지의 지연으로 연결된 관계이다.

현 중국 최고 권력자 시진핑은 산시성 시안 출신이다. 현 정치국 상무위원 7인 중 최연소자 자오러지(1957~)의 출신지는 산시성 시안이며 주요 경력지 역시 산시성 당서기 5년 역임이다. 즉, 자오러지는 최고권력자의 출신지와 근무지 두 가지 지연이 중첩적으로 연결되어 있는 인물이다. 따라서 역대 중국 최고 권력 승계에 지연적 요소가 차지해온 비중과 패턴을 감안하면 시진핑의 후계자에 가장 근접해 있는 인물은 자오러지 정치국상무위원이라고 관측된다.

게다가 첫째, 직전 인사기관 수장에 이은 현직 감찰수장이라는 전례 없는 역대급 막강 스펙, 둘째, 후진타오 집권 2기 시절 시진핑의 당 서열이 6위였던 거와 마찬가지로 시진핑 집권 2기 시절 자오러지의 당 서열이 6위라는 점, 셋째, 최연소 성장, 최연소 성 당서기 신화에 이은 현직 최연소 정치국상무위원이라는 나이는 젊고 힘은 강한 그의 '연부역강(年富力强)' 등 세 가지 부가요소를 덧붙여서 두루두루 고려한다면 포스트 시진핑은 자오러지가 아닐까?

단, 이러한 예측은 현재의 시간과 과거의 시간은 거의 모두가 미래의 시간 속에서 나타난다는 잠언이 허사가 아닐 경우에 한해서 적중될 것이다.

11

한정(1): 상하이 대한민국임시정부
청사 수호자

2017년 10월 25일 중국공산당 제19기 1차 당중앙위원회는 신임 정치국상무위원으로 한정(韓正, 1954년생) 상하이 당서기를 선출했다. 한데 이를 두고 일각에서는 정치국상무위원이 되려면 주요 성과 직할시의 수장을 최소한 두 곳 이상 거쳐야 하는데 상하이를 벗어난 적이 없는 한정의 상무위원 등극을 파격적인 인사라고 평하고 있다. 과연 그럴까?

상하이(上海)는 어찌하여 상하이라고 부르게 되었을까? 혹시 바다 위에 위치하고 있다고 해서 상하이라 하지 않았을까? 하지만 전설의 해저도시 아틀란티스 말고 이 세상에 바다 아래 있는 도시가 어디 있겠는가.

중국 말로 '차를 타자'는 말은 '상처(上車)'다. 상하이의 '상(上)'은 동사이고 '하이(海)'는 명사다. 즉 상하이는 '바다로 나가자'는 뜻이다. 바다로 나가자, 이 얼마나 진취적이고 개방적인 도시 이름인가!

바다로 나가서 장사하겠다는 말은 지난 150여 년 동안 상하이의 남북쪽에 각각 인접한 저장성(시진핑 주석이 7년간 성장 당서기 역임, 신임 정치국상무위원 한정의 본향)과 장쑤성(江蘇省, 장쩌민·후진타오 전 국가주석의 고향) 등지에서 성행했다

권력도 금력도, 미남도 미녀도, 모든 게 서울로 쏠려 있는 한국과는 달리 베이징은 중국의 정치와 문화 중심지일 뿐이다. 더구나 베이징은 서울처럼 특별시도 아니고 상하이·톈진·충칭과 함께 4개 직할시 중의 하나에 지나지 않다.

하기야 평생 중국학도인 필자도 25년 전 상하이에 가기 전에는 서울(베이징의 자매도시)과 부산(상하이의 자매도시) 중에서 부산이 차지하는 서열(2위) 비중(서울의 5분의 1 미만)도 그러려니 짐작했으니까, 그러나 사실은 정반대다.

중국의 경제·무역·금융도시 랭킹은 상하이가 압도적 1위다. 그 비중은 중국의 경인지역이라 할 수 있는 베이징과 톈진(인천의 자매도시)을 합한 것의 두 배가량에 육박한다. 홍콩의 면적보다 5배나 넓은 상하이는 지금 홍콩보다 5배 이상 웅비하는 원대한 꿈에 부풀어 있다.

또한 중국의 최고 번화가는 베이징의 왕푸징(王府井)이 아니다. 상하이의 난징둥루(南京東路)다. 한국의 명동 격인 난징둥루는 상하이 루완구[盧灣區, 2011년 황푸구(黃浦區)로 개칭]에 속한다.

어디 그뿐인가? 상하이 루완구는 한·중 양국의 탄생 성지인 대한민국임시정부 청사와 중국공산당 창당대회지(一大会址, 임정청사와 도보로 5분 거리)를 품고 있다.

즉, 중국의 최대도시 상하이에서도 최고 핵심구 루완구, 바로 그

곳이 신임 정치국상무위원 한정이 38세의 나이로 부구장(부구청장)에 임명되며 지방정부 수뇌부에 처음 진입했던 곳이다. 한정은 1998년 9월 상하이 부시장(건설담당)으로 발탁될 때까지 루완구에서 6년간이나 부구청장, 구청장, 구 당서기로 재직했었다.

노태우 전 대통령(1992년 9월 30일)과 김영삼 전 대통령(1994년 3월 27일)의 상하이 임시정부 청사 방문 때 인상적인 브리핑을 한 중국 측 인사도 바로 한정이었다.

김대중 전 대통령(1998년 11월 15일) 상하이 방문 때에도 부시장으로 막 승진한 한정이 안내를 도맡았다. 한정은 한국의 고위인사를 제일 많이 만난 중국 고위인사 중의 하나다. 회고해보니 필자가 1995년 12월 상하이 총영사관 영사로 부임하여 제일 처음 만난 중국 측 주요인사도 한정이었다.

한정은 한국 측 인사를 만날 때마다 진지한 표정으로 자신이 대한민국 독립운동의 성지가 소재한 구를 관할했다고 자랑했다. 또 자신의 성씨마저 '한국(韓國)'의 '한'이어서 한국과는 각별한 인연이 있다고 말하였다. 2004년 상하이 임시정부 청사건물이 철거 위기에 처했을 때도 당시 상하이 시장이었던 한정은 이를 문화재 보호건물로 지정하는 데 노력을 다했다.

지금은 어떻게 변했는지 모르겠지만 한정은 상하이 4년여 체류 시 필자가 접촉했던 모든 중국 인사 중 대표적 지한파라고 꼽을 수 있다.

역대 상하이 당서기 일람표

	성명	재직 기간	최고 승진직위(정부직)	최고 승진당직급(당서열)
1	장쩌민江泽民	1987.11~1989.8	국가주석	정치국상무위원(1위)
2	주룽지朱镕基	1989.8~1991.4	국무원총리	정치국상무위원(3위)
3	우방궈吴邦国	1991.4~1994.9	전인대 상무위원장	정치국상무위원(2위)
4	황쥐黄菊	1994.9~2002.10	상무부총리	정치국상무위원(6위)
5	천량위陈良宇	2002.10~2006.9	*뇌물죄로 18년 징역형	정치국위원(10~25위)
6	시진핑习近平	2006.9~2007.10	국가주석	정치국상무위원(1위)
7	위정성俞正声	2007.10~2012.11	정치협상위 주석	정치국상무위원(4위)
8	한정韩正	2012.11~2017.11	상무부총리	정치국상무위원(7위)

2003년 3월, 한정은 49세의 나이로 역대 최연소 상하이시 시장에 취임한 이후 2012년 11월에 상하이 당서기로 승진할 때까지 상하이 시장을 역임해 최장수 상하이 시장이라는 또 하나의 타이틀을 갖고 있다. 근 10년 상하이 시장을 맡는 동안 한정은 천량위, 시진핑, 위정성 당서기를 시 1인자로 모셨다. 즉, 한정은 상하이에서도 정치·경제중심인 루완구의 수뇌부로 6년간, 상하이 시정부 핵심요직인 건설담당 부시장으로 4년간, 시 2인자인 시장으로 10년간, 시 1인자인 당서기로 5년간, 무려 사반세기 25년간이나 중국 최대도시 상하이를 이끌어왔다. 한정의 스팩은 한마디로 '상하이에서 상하이로(from Shanghai to Shanghai)'다.

1987년 11월 장쩌민이 상하이 당서기에 취임한 이후 2017년 11월 현재 30년간 상하이 역대 당서기 중 상무위원이 되지 못한 인물은 2006년 거액의 사회보장기금 횡령 및 수뢰사건으로 실각한 천량위(18년 징역형 복역 중)밖에 없을 만큼 상하이 당서기는 정치국상무위원이 보장된 핵심요직이다.

따라서 상하이를 떠난 적이 없는 한정의 상무위원 등극을 파격적인 인사라고 평하는 국내 외신 일각의 보도는 중국 정치 권력지형도에서 상하이의 위상과 비중을 파악하지 못한 피상적이고 단편적인 고찰의 결과물이라고 할 수 있다.

참고로 중국공산당이 국가를 영도하는 체제하에서는 지방행정 단위의 당서기가 1인자, 시장이나 성장이 2인자이다. 시장이나 성장은 대게 수석 부서기를 겸한다. 중국 4대 직할시인 상하이, 베이징, 톈진, 충칭시의 당서기와 시장의 당직은 각각 정치국위원(부총리급 이상), 중앙위원(장관급 이상)을 맡는다.

그런데 1인자 당서기와 2인자 시장의 관계는 딱 부러진 상명하복의 수직서열관계가 아니다. 대통령과 총리가 역할과 권한을 분담하는 체제인 2원(二元) 집정부제라고나 할까. 유구한 집단지도체제의 역사전통에 따라 당서기와 시장의 관계는 수평관계 내지 약간 기울어진 사선관계이다. 물론 당서기는 시장이나 성장의 인사권을 틀어쥐고 있기에 1인자임에는 틀림없다.

상하이 시장 시절인 2010년 한정은 세계 엑스포를 성공적으로 마쳤고 상하이 당서기로 승진한 시진핑 집권 원년인 2013년에는 중국 최초의 자유무역구를 출범시켰다. 2016년 6월 16일에는 미국 본토의 디즈니랜드에 손색이 없는 '상하이 디즈니랜드'도 개장했다. 무엇보다 한정은 상하이에서 과거 '국내총생산(GDP) 지상주의'에서 탈피해 민생과 환경부문에 주력함으로써 중국 최대도시에 질적 성장을 가져온 '스마트 경제통'으로 평가받는다. 시진핑 시대가 추구하는 '신창타이(新常態·뉴노멀)'에 걸맞은 중국 경제총사령관으로 기대를 한 몸에 모으고 있다.

중국 경제·금융·무역 중심 도시인 상하이 시장과 당서기를 15년간 역임한 한정 정치국상무위원(당 서열 7위)은 2018년 3월 개최된 전국인민대표대회(전인대)에서 5년 임기의 상무부총리(장관급이상 정부고위직 임기 5년, 중국헌법 제87조 참조)에 취임했다.

지난 20년간 정치국상무위원 서열 7인자가 상무부총리를 맡아온 변함없는 인사패턴이다.

12

한정(2): 국가부주석보다 높은
상무부총리

　이제 한정 개인보다 '상무부총리' 직위에 중점을 두어 살펴보도록
한다. 우선 중국의 상무부총리를 우리나라의 경제부총리 쯤으로 여
기고 지나쳐서는 곤란하다. 마오쩌둥을 이은 중국 제2세대 최고 권
력자 덩샤오핑은 한사코 국가주석이나 국무원 총리 자리를 사양하
는 대신 상무부총리를 맡았다. '정치 9단, 경제 10단' 덩샤오핑이 맡
았던 정부 최고직위는 '상무부총리'였다.

　덩샤오핑 이후 상무부총리는 제1부총리이자 경제부총리로서 중
국 경제의 컨트롤타워의 수장을 의미했다. 역대 상무부총리들은 개
혁개방 노선을 진두지휘하면서 경제건설을 당차게 밀고 나가면서
오늘날 'G2(주요2개국)' 중국의 초석을 다져나갔다.

　덩샤오핑의 뒤를 이은 상무부총리는 각각 덩의 왼팔과 오른팔로
불리던 실세 완리(萬里, 1982~1988), 야오이린(姚依林, 1988~
1993)이다. 장쩌민 시대의 주룽지(朱鎔基, 1993~1998)와 리란칭(李
岚清, 1998~2003), 후진타오 시대의 황쥐(黃菊, 2003~2007, 재임

중 병사), 리커창(李克强, 2008~2013), 그리고 2018년 3월 한정에게 바통 터치하고 퇴임한 장가오리(张高丽, 2013~2018)까지 상무부총리는 모두 중국 당·정 고위인사 중 '에이스 중의 에이스'로만 명맥을 이어 내려온, 카리스마의 아우라가 광휘로운 영광의 자리이다.

국가부주석보다 높은 상무부총리

역대 상무부총리 일람표

代	성명	재임기간	상무부총리 재임 시 당 직급(당 서열)	국가부주석 대비 직급	비고
1	덩샤오핑	1978.3~83.6	정치국상무위원(2위)	높음	최고 권력자 덩샤오핑이 맡았던 최고위 정부직
2	완리	1983.6~88.4	정치국원(8위)	높음	덩의 왼팔
3	야오이린	1988.4~93.3	정치국상무위원(6위)	높음	덩의 오른팔
4	주룽지	1993.3~98.3	정치국상무위원(5위)	높음	상하이 시장, 총리로 승진
5	리란칭	1998.3~03.3	정치국상무위원(7위)	낮음	서부대개발
6	황쥐	2003.3~07.6	정치국상무위원(7위)	낮음	상하이 서기, 재임 중 사망
7	리커창	2008.3~13.3	정치국상무위원(7위)	낮음	동북진흥, 총리로 승진
8	장가오리	2013.3~18.3	정치국상무위원(7위)	높음	일대일로 기획
9	한정	2018.3	정치국상무위원(7위)	높음	상하이 자유무역구 설립 한국경제의 키맨

중국에서 국가부주석과 상무(제1)부총리 둘 중 누가 더 높을까? 놀랍게도 상무부총리가 국가부주석보다 훨씬 높다. 시진핑 집권 1기 시절 장가오리 상무부총리의 당 직급은 정치국상무위원이었고 리위안차오(李源潮) 국가부주석의 당 직급은 정치국위원이었다. 상무부총리가 국가부주석보다 당 서열뿐만 아니라 당 직급이 더 높다. 정치국위원이 중장이라면 정치국상무위원은 대장인 셈이다.

중국공산당이 중화인민공화국을 영도하는 중국 정치체제상 당직이 정부직보다 우선한다. 시진핑이 중국 권력1인자로 공인받는 근거는 그가 국가주석이 아니라 당 총서기이기 때문이다. 시진핑 총서기가 겸직하고 있는 국가주석 자리는 내각책임제 아래 대통령직보다 못한 명예직에 가깝다. 지금 중국에는 국가주석실이 따로 없다. 국가주석도 이런데 하물며 국가부주석은 말해서 뭣하리.

영문으로 'vice president', 즉 '부통령'이라는 뜻으로 번역되는 국가부주석이 총리(prime minister)라면 몰라도 부총리(deputy prime minister)보다 낮은 경우는 현대 세계 각국에서 유례를 찾아보기 힘들다. 믿기 어렵지만 분명한 팩트다.

일례로 장쩌민 정부 1기 시절(1993~1998) 룽이런(榮毅仁, 1916~2005) 국가부주석은 정치국원은커녕 중국공산당 당원도 아니었다. 사회·문화계 명망 인사 중 한 사람에 지나지 않았다.

지난 60년간 중국 국가부주석의 당 직급과 당 서열이 상무부총리보다 높은 시절은 1998년 3월부터 2013년 3월까지 15년간뿐이다. 즉 장쩌민 정부 2기의 국가부주석 후진타오(당 서열 5위)와 후진타오 정부 1, 2기의 국가부주석 쩡칭훙(曾慶紅, 당 서열 5위), 시진핑(당 서열 6위)이다. 그러나 시진핑 정부 1기의 국가부주석 리위안차오는 정치국위원(당 서열 8~25위)에 지나지 않으나 상무부총리 장가오리는 정치국상무위원(당 서열 7위)으로서 상무부총리가 국가부주석보다 당 직급과 당 서열이 높게 환원되었다.

중국경제 오케스트라 지휘자, 상무부총리

이처럼 중국의 상무부총리 자리는 한국의 경제부총리와는 시스템과 포지션 면에서나, 실제 권력 면에서나 차원 자체가 다르다. 상무부총리는 중국 경제라는 경기장의 야구 에이스 투수, 미식축구 쿼터백 같은 핵심 포지션이다.

상무부총리 휘하에는 국무위원(부부총리) 5인 중 1인을 비롯, 상무부·재정부·국가발전개혁위원회·공업 및 정보화부·인력자원 및 과학기술부·국토자원부 등 국무원 부위(部委, 부와 위원회) 25개 중 15개 경제관련 부위가 "명령만 내리소서!" 하듯 상시 대기하고 있다.

상무부총리는 국무원 직속특설기관이자 중국의 모든 국유기업을 관리감독하며 전 세계에서 '가장 돈 많은 부서'라고 정평이 난 국유자산 감독관리위원회도 직속에 두고 있다. 어디 그뿐인가. 상무부총리는 세무총국(국세청) 등 국무원 직속기관 14개 중 5개, 은행감독관리위원회(우리나라 금융감독원) 등 국무원 직속사업단위 13개 중 4개를 총괄하는 지위와 권한, 지휘책임을 아울러 부담하는 핵심 중의 핵심 직위이다. 한마디로 상무부총리는 중국 경제라는 오케스트라의 지휘자이다.

'정신일도, 하사불성(精神一到 何事不成)'이라, "정신을 한 곳으로 모으면 어떤 일을 이루지 못하겠는가." 고사성어 그대로 '개혁개방의 총설계사', '정치 9단, 경제 10단' 덩샤오핑이 1978년부터 상무부총리를 맡은 후, 2017년 말 현재까지 40년을 한결같이 중국 정치권력 핵심 중에서도 최고의 경제통으로 검증된 자를 상무부총리로 발탁, 중국 경제 컨트롤 타워를 맡아 중국 경제를 성장시켜 왔으니, 오늘날 중국이 미국과 더불어 글로벌 경제를 쥐락펴락하는 G2국가로 웅비하지 않는다면 오히려 그게 더 이상하지 않겠는가!

Chapter 3

제국의 엔진과 길

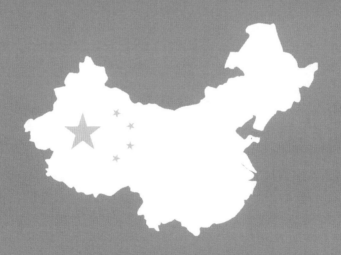

01

'중화인민주식회사' 외 7인 상무이사
-정치국상무위원회

'강산이개, 본성난개(江山易改, 本性難改).'
강산은 변하기 쉬워도 본성은 변하기 어렵다.

"마오 동지, 당신은 마르크스주의에 대해서는 전혀 모르고 있소.
당신이 알고 있는 것은 '수호전'과 '손자병법'뿐이오."

이 말은 마오쩌둥이 1935년 1월 대장정 중에 거행된 쭌이(遵義)회
의에서 중국공산당의 최고지도자로 첫 등극했을 때, 소련 유학을 갔
다 온 당 이론가 한 사람이 내뱉은 비난이다. 놀랍게도 그 비난은 사
실이다. 해외 유학은커녕 대륙을 석권하기까지 단 한 번도 중국 땅
을 벗어나 본 적이 없는 '중국판 신토불이', 토종 혁명가 마오쩌둥은
정통 공산주의자들의 경전, '자본론'을 읽지 않았다. 반면 그가 즐겨
읽던 책은 '수호전', '사기'를 비롯한 중국 고전과 역사지리서였다.
당시 그 비난이 시사해주는 바는 매우 크다. 만약 마오가 마르크

스를 이해했다면 어떻게 됐을까? 역설적으로 말해 그는 마르크스 공산주의를 잘 몰랐던 대신 '중국의 시공(역사지리)과 본성'을 잘 알 았던 덕에 중국 혁명의 최후승리자가 되었다고 할 수 있다.

베이징에서 장기 체류할 때 필자는 마오의 필생 애독서인 '수호 전'의 무대인 '양산박(梁山泊)'을 찾아가보았다. 산둥성 성도인 지난 (濟南)에서 남서쪽 황허(黃河)변으로 나란히 난 220번 국도를 두 시 간쯤 따라가다 보면 왼쪽 시야에 양산박의 중심 양산(梁山)이 나타 난다. 사실 3, 허구 7의 '수호전'은 크게 보아 우리의 '홍길동전'이나 '임꺽정전'과 별다를 바 없는 민중반란을 주제로 한 역사소설이다. 그런데도 중국특색적 사회주의 시장경제체제하의 중국정부는 '수호 전'의 양산박을 실제 유적지 뺨치는 테마파크로 꾸며놓고 국내외 '수호전' 애독자를 끌어 모으는 데 혈안이 돼 있었다.

양산박의 여러 볼거리 중 필자의 뇌리 깊이 박혀 있는 지점은 단 연 '송강채(宋江寨)'다. 이름과 달리 송강채는 서열 1위 송강이 혼 자 살았던 게 아니다. 양산박 108명의 영웅 중 1위 송강, 2위 노준 의, 3위 오용을 비롯해 서열 12위까지의 영웅들이 함께 거처했던 곳이다.

마치 지금의 중화인민공화국의 청와대 격인 중난하이가 최고권력 자 1인의 가족만이 거처하는 곳이 아니라 시진핑·리커창 등 정치 국상무위원 7인과 그 가족이 들어 있는 것과 흡사하다. 이는 중국이 예나 지금이나 1인 독재체제가 아니라 집단지도체제로 움직여 온 수많은 방증자료 중의 하나라고 할 수 있겠다.

이러한 집단지도체제의 오랜 전통이 체화된 중국인의 가치관과 세계관은 원형이다. 반만년 노대국의 중화사상 역시 한마디로 중국이 원형의 중심에 위치해 있다는 자부심 충만한 세계관이다. 그래서 일까? 중국인의 일상용어도 서양인의 피라미드형 세계관에서의 '최고(Top)'보다도 '중심(Center)' 또는 '핵심(Core)'을 훨씬 선호하는 편이다. 중국공산당의 권력구조도 삼각형 또는 피라미드보다는 원형 내지 동심원 구조로 풀어야 직관적으로 이해가 잘될 것 같다.

중국공산당 통치체계 ≒ 회사지배구조

중화인민공화국은 중국공산당이 영도한다. 중국공산당의 권력 구조는 정치국상무위원회를 핵심으로 하는 6중 동심원 구조다. 2017년 10월 19차 당대회 기준으로 13억 8,271만 명 중국인의 중심(엘리트)은 약 8,860만 중국공산당원이다. 이들을 대표하는 2,280명의 당대표들은 실질적 통치기관인 공산당 중앙위원(204명 장관급 이상)과 중앙위원회 후보위원(172명 차관급 이상), 당내 감찰기관인 기율검사위원(133인, 한국 감사원의 감사위원 격)을 선출한다. 중앙위원회는 당대회 폐회기간 중에 당대회의 결의를 집행하고, 당의 전체적인 업무를 지도하며 대외적으로 중국공산당을 대표한다. 중앙위원회는 당대회 폐회 다음 날(제19대는 10월 25일) 제1회 중앙위원회(19기 1중전회)를 개최해 정치국원(25명 부총리급 이상)과 정치국상무위원(7인의 총리급 이상)을 선출해왔다. 이들 정치국상무위원이 바로 현재 중국공산당과 중국 정치를 움직이는 권력의 핵심 멤버다. 즉 시진핑 리커창 리잔수 왕양 왕후닝 자오러지 한정 등 7인이, 즉 중화인민주식회사의 상무이사 격이다.

정치국과 정치국상무위원회의 사무를 담당하는 곳을 중앙서기처라 하며 그 장을 총서기라 하는데, 우리가 일반적으로 말하는 중국공산당 총서기는 바로 중국공산당 중앙위원회 중앙서기처 총서기를 말하며 정치국상무위원 서열 1위가 맡는다. 즉 시진핑이 중화인민주식회사의 대표이사다.

시진핑 집권2기 정치국상무위원 7인 약력

서열	성명	출생연도	출생지역	학력	전직	현직
1위	시진핑 习近平	1953	산시 푸핑 陝西 富平	칭화대학 법학박사	푸젠성, 저장성, 상하이 당서기 국가부주석, 군사위부주석	총서기, 국가주석, 군사위주석
2위	리커창 李克强	1955	안후이 딩웬 安徽 定远	베이징대학 법학사 베이징경제학박사	허난성, 랴오닝성 당서기 상무(경제)부총리	국무원총리
3위	리잔수 栗战書	1950	허베이 핑산 河北平山	허베이사범대학	시안시 당서기, 헤이룽장성장 궤이저우성 당서기	전국인민 대표대회 위원장
4위	왕양 汪洋	1955	안후이 쑤저우 安徽 宿州	중앙당교 공학석사	충칭시 광둥성 당서기, 부총리	정치협상위 원회주석
5위	왕후닝 王沪宁	1955	산둥 라이저우 山东莱州	푸단대학 국제정치학 법학석사	푸단대교수 법학원장, 중앙당 정책연구실장	중앙당서기 처 서기
6위	자오르지 赵乐际	1957	산시 시안 陝西 西安	중앙당교	칭하이성 산시성 당서기	중앙기율 검사위서기
7위	한정 韩正	1954	저장 쯔시 浙江 慈溪	화동사대 국제관계학 경제학석사	상하이시 당서기	상무부총리

02
중국 내 파벌 간 권력투쟁 분석이
무의미한 까닭

한국 기상청의 일기예보, 국내 외신의 중국 정세 예측, 둘 중 어느 편이 정확할까? 필자는 전자가 훨씬 더 정확하다고 생각한다. 모두 한통속인 중국공산당을 태자당·상하이방·공청단 등 파벌 간 권력투쟁으로 분석하는 건 '왼쪽 다리가 저리니 내일 비가 오겠네, 오른팔이 결리니 모레는 흐리겠네' 하는 거나 매한가지기 때문이다.

파벌 간 권력투쟁 분석법은 마오쩌둥 시대에는 '사실7 허구3'의 '삼국지연의'만큼, 마오 사후 1989년 톈안먼 사건 이전까지는 '사실3 허구7'의 '수호지'만큼 상당히 유효하고 적중했다. 그러나 1990년대 개혁개방 제도화 이후부터 이러한 분석법은 흥미진진할지는 몰라도 팩트는커녕 팩션도 아닌 거의 '서유기' 수준의 SF다.

시진핑은 태자당, 후진타오는 공청단, 장쩌민은 상하이방 식의 분류는 중국 정치권력의 역학 관계를 일본 자민당 내 계파 간 권력투쟁과 흡사한 것으로 설정해 흥미위주로 보도하는 일본과 홍콩 일부 언론매체의 영향을 받은 것으로 분석된다.

실제로 이러한 일본식 당파 구분 용어는 1993년 일본의 잡지에서 최초로 사용됐고, 1998년부터 널리 유포됐다. 개혁개방 이후 중국 최고 권력층 인사 대다수는 공산당간부 집안출신(태자당)으로, 청년 시절에는 당연히 공산주의청년단(공청단)에 가입했고, 중국 최대도시 상하이와 직·간접적으로 연관된 공직 경력을 쌓으며(상하이방) 성장했다. 즉, 중국 최고권력 지도층 대다수는 태자당 겸 공청단 겸 상하이방으로 모두 '한통속'인 셈이다.

따라서 필자는 이러한 비제도적 분석방법을 가급적 지양하고 일정한 룰과 시스템, 패턴을 탐색하는 제도적 연구방법을 채택하고자 한다. 단편적·피상적·일시적·정태적 분석 대신 전반적·본질적·추세적·종합적·동태적(dynamic) 분석방법을 통하여 중국 정치체계의 핵심 엘리트그룹 정치국상무위원을 이야기하고자 한다.

	주요 당파 명칭	사실 적합도(중국고대소설과 대비)
마오쩌둥 시대	전, 홍, 문혁파, 주자파	삼국지연의(사실 7, 허구 3)
1980년대~1989 천안문사건	보수파, 개혁파, 중도파	수호전(사실 3, 허구 7)
1990년대 이후	상하이방, 태자당, 공청단	서유기(사실 0.1, 허구 9.9)

"영웅은 천하를 제패하고 제도는 강산을 안정시킨다(英雄打天下, 制度定江山)."

마오쩌둥은 무력으로 대륙을 석권했고 덩샤오핑은 제도화로 중국을 안정시켰다.

진(秦)·전한(前漢)·신(新)·후한(後漢)·수(隋)·당(唐)·송(宋)·원(元)·명(明)·청(淸) 등 중국의 10개 통일제국의 평균수명은 153년이다. 각 제국의 수명의 장단은 제2세대 황제가 어떤 정책을 펼쳤느냐에 따라 달려 있다.

즉, 혁명과 권력투쟁에 몰두한 개국황제를 뒤이은 제2세대가 민생안정과 제도화에 힘을 기울이면 당나라처럼 장수했으나 제2세대가 계속 혁명과 정치에만 몰입하면 수나라처럼 단명했다.

단, 제국시대뿐만이 아니다. 20세기 초 이후 공화국 시대도 마찬가지다. 중화민국에 이어 두 번째 공화국인 중화인민공화국 초대 주석 마오쩌둥은 대륙 석권 후에도 1인지배체제 우상화를 위한 권력강화와 권력투쟁에 몰입했다. 마오쩌둥 사후 만약 4인방이나 마오의 추종세력인 화궈펑이 권력을 잡아 권력투쟁의 삼매경에 몰입했더라면 중국은 서방의 기대 섞인 저주대로 천하대란이 일어나 쪼개졌을 수도 있었다. 그러나 중국으로서는 다행스럽게 덩샤오핑이 제2세대 최고지도자로 등극하면서 개혁개방의 제도화에 주력했다.

흔히들 마오쩌둥은 진시황으로 덩샤오핑은 당태종으로 비유된다. 당태종은 중국 역사상 245명의 황제 중 최고 명군으로 꼽힌다. 베스트 황제로 숭앙받는 진짜 이유는 '배는 물이고 군주는 배이니 군주는 민심을 항상 잘 살펴야 한다'는 민본주의 치국이상을 현란한 언사로만 표현한 데 그친 것이 아니라 그것을 제도화해 실천한 데 있다. 당태종은 갖은 악법을 폐지하고 3성6부제, 주현제, 과거제 정비와 함께 조세·군역의 감면 등 민생을 위한 좋은 법제를 많이 창제했다.

오늘날 덩샤오핑이 '개혁개방의 총설계사'로 숭앙받는 이유 중의 가장 중요한 부문은 그의 '신의 한 수', '먼저 부자가 되어라'의 '선부론(先富論)', '가난한 사회주의는 사회주의가 아니다'라면서 노대국의 방향을 '우향우'로 확 돌린 개혁개방 정책노선 등이 그저 슬로 건이나 구호로만 그치지 않았다는 데 있다. 덩샤오핑 자신의 개혁개 방 이론과 정책을 구체적으로 실천하게끔 하는 획기적인 제도적 장 치를 창조해 강력히 집행한 데 있다.

특히 덩샤오핑은 진시황을 비롯한 제국시대의 황제들은 물론 쑨 원이나 마오쩌둥 등 공화국 시절의 역대 통치자들은 생각조차 할 수 없었던 일을 해냈다. 그는 대권을 스스로 후계자에게 물려주고 무대 뒤로 사라져버렸다. 그는 전임자가 죽어야만 후임자가 자리를 차지할 수 있었던 종신제를 버리고 전임자가 죽지 않아도 일정 기 간 착실하게만 준비하면 자리를 이어받을 꿈을 품을 수 있는 임기 제를 제도화해 정착시켰다.

덩샤오핑이 없으면 오늘의 중국도 없다(沒有鄧小平, 就沒有 今天的中國).

1982년 9월 제12차 공산당 전당대회에서 덩샤오핑은 공산당 당 장(黨章 당헌, 헌법보다 상위규범)을 전면 개편한 데 이어 그해 12 월 헌법을 제정 수준으로 전면 개헌했다. 1982년 헌정 체제 이후부 터 중국은 '2'와 '7'로 끝나는 해의 가을에는 정치국상무위원을 비롯 한 중국공산당 지도부가 교체되고, 이듬해 '3'과 '8'로 끝나는 해의 3월에 그들은 5년 임기의 국가주석, 국가부주석, 국무원총리, 상무 부총리 등을 비롯한 정부요직을 하나씩 꿰차는, 예측 가능한 패턴이 유지돼왔다.

국무위원(부부총리)에서 부총리, 총리, 국가부주석, 국가주석의 최장 임기는 10년(1회 한 연임)이며 각부 부장(장관) 임기는 5년이나 연임 제한이 없다(중국헌법 제87조 참조). 국가원수, 총리뿐만 아니라 부총리, 내각의 각료들의 임기(5년)를 헌법으로 규정한 세계 각국의 헌법례를 찾지 못했다. 각료들의 임기를 헌법으로 보장한 국가는 중국이 유일무이한 국가로 추정된다. 그만큼 중국의 총리 이하 각부 장관들은 최고 권력자의 심기와 눈치를 살필 필요 없이 국법이 허용하는 범위 내에서 소신껏 자신의 정책을 제도화하며 펼칠 수 있는 장점이 있다.

실제로 국무원총리 이하 각부 부장(장관)들은 뇌물수수 등 중대한 범죄를 저질렀거나 큰 실책을 범하지 않는 한 짧게는 5년간 길게는 10년간 재임한다. 덩샤오핑은 이처럼 좋은 제도를 '도입'한 것이 아니라 '창조'했다. 이런 게 바로 'G2(주요 2개국)' 중국의 힘의 원천이 아닐까.

중국 질주의 원동력은 구호나 캠페인에 그치지 않고 정책을 구체적으로 법제화해 강력히 실행한 데 있다. 마오쩌둥 이전 중국에서는 공산당 이념에 얼마나 충실한가의 당성과 출신성분이 공직자 인사고과에 중요한 요소였다. 하지만 덩샤오핑 개혁개방 이후 맡은 일에 얼마나 성과를 내었는가의 실적이 절대적 비중을 차지하고 있다.

현재 중국의 공직자 인사행정 행태는 실적제에 해당한다. 중국의 인사행정은 미국식 민주선거에서 인사행정에 관직을 사냥하는 듯, 선거에 승리한 정당이 모든 관직을 전리품처럼 처분할 수 있는 엽관제가 아니다. 또 인사권자의 개인적인 신임이나 인사권자와의 혈연, 지연, 학연 등 연고중심으로 임용하던 영국식 정실제도 아니다. 덩샤오핑 이후 중국의 공직 임용과 충원은 능력, 자격, 성적을 기준으로 행하는 철저한 실적제를 지향하고 있다. 덩샤오핑 이후 정치국 상무위원들은 대다수 성(省)급 이상의 지방수장을 20년 이상 맡게 한 후 그중 실적이 탁월한 자로 충원돼왔다.

2017년 10월 26일 제19대 1차 중앙위원회 전체회의(19기1중전회)에서 출범한 시진핑 집권 2기 정치국상무위원 7인 중 권력서열 1위 시진핑은 푸젠성·저장성 성장과 당서기, 상하이시 당서기를, 2위 리커창은 허난성·랴오닝성 당서기를, 3위 리잔수는 시안시 당서기, 헤이룽장 성장, 구이저우 당서기를, 4위 왕양은 충칭시·광둥성 당서기를, 6위 자오러지는 칭하이성·산시성 당서기를, 7위 한정은 상하시 당서기를 역임하였다. 이렇다 할 정부직을 맡은 바 없는 대학교수 출신 서열 5위 왕후닝만 빼놓고 정치국상무위원 6명 전원은 지방정부 수장을 수년간 역임한 바 있다.

요컨대 이들이 중국정치 7룡이 된 최고 비결은 무엇보다 실적이 탁월했기 때문이다. 고관대작인 부모를 잘 만나서라기보다는(태자당), 좋은 데서 태어나고 자라나 끈을 잘 잡고 줄을 잘 타서라기보다는(상하이방, 공청단) 말이다.

03

시진핑 2기 최고지도부가 모두
60대로 채워진 사연

중국 최고지도부 '격대지정' 폐지설의 '논리적 비약'

흔히들 사람들은 사전이나 법전, 교과서는 물론 권위 있는 매체의 말이나 글, 사진이나 동영상을 사실로 믿는 경향이 있다. 그러나한시라도 잊지 말라! 이것 역시 불완전한 사람이 만든 것이라는 진실을.

"시진핑, 25년 만에 '격대지정' 폐지"
"격대지정 전통 깬 시황제…… 후계자 대신 3연임에 무게"

국내외신 대다수는 시진핑(習近平) 국가주석이 집권 2기 중앙정치국상무위원에 50대를 한 명도 지명하지 않아 '격대지정(隔代指定)'을 폐지했다고 아우성이다. 격대지정이란, 현 지도자가 한 세대를 건너뛰어 그다음 세대의 지도자를 미리 낙점하는 중국공산당 내

불문율로, 장기 1인독재의 출현을 방지하기 위해 개혁개방 총설계사 덩샤오핑(鄧小平)이 디자인했다.

도올 김용옥 한 사람을 제외한 국내 중국전문가 대다수도 제3세대 장쩌민은 제4세대 지도자로 후진타오(胡錦濤)를 내정했고, 후진타오는 제5세대 지도자로 시진핑을 내정했는데 시진핑이 이번 19기 정치국상무위원에 1960년생의 차세대 젊은 지도자를 지정하지 않아 '격대지정' 시스템을 깼다고 입을 모으고 있다. 과연 그럴까?

1995년부터 2003년까지 필자가 중국 주재 외교관으로 근무하던 시절 중국 각계 인사와 접촉 시 한 가지 특이사항을 발견했다. 중국 정치·경제·사회·문화 각계각층 지도층 인사 중 1940년대 생이 매우 드문 반면 1950년대 생은 넘쳐난다는 사실이다. 왜 그럴까?

문화대혁명(1966~1976년) 10년간 중국의 대학문이 굳게 닫혀 있었다. 1977년 대학문이 열리자 중국 방방곡곡에 누적돼 있던 대입 지원생이 몰려들었다. 당시 30대 연령의 1940년대 생은 대학에 입학하기에 너무 늦었다고 생각했는지 대학을 포기했다. 반면에 청운의 꿈을 버리기 아까웠던 20대 연령의 1950년대 생들이 대학문 앞에 쇄도했다. 현재 1950년대 생 일색인 정치국상무위원을 보면 시진핑 22세, 리커창 23세, 리잔수 30세, 왕양 24세, 자오르지 20세, 왕후닝 23세에 각각 대학문에 들어섰다.

지금 중국 각계각층의 최고지도층은 이들 1950년대 생 대졸학력의 60대 연령층으로 채워져 있다. 1940년대 생이 '잃어버린 세대', 1950년대 생은 '병목현상 유발세대'라면 1960년대 생은 '병목현상 피해세대'라고나 할까? 1950년대 생들이 1940년대 생이 차지했어야 할 자리는 물론 1960년대 생이 차지해야 할 자리를 차지하고 있는 이른바 세대병목현상이 발생하고 있는 것이다. 시진핑 집권 2기의 정치국상무위원 7인이 모두 1950년대 생의 60대 연령층 일색이고 1960년대 생 50대 연령층이 하나도 없는 까닭이 바로 여기에 있다.

시진핑 집권 1기 정치국상무위원회의 구성원은 제4세대(1940년대 생)가 5명, 제5세대(1950년대 생)는 시진핑과 리커창, 두 명뿐이었다. 주세대가 제5세대라고 부르기 어려울 정도로 제4세대의 비중이 높아 시진핑 집권 1기는 세대교체가 덜 된 4.5세대라고 할 수 있다.

정치국상무위원회 세대별 구성원 상황 일람표

회기(년)	14기 (1992)	15기 (1997)	16기 (2002)	17기 (2007)	18기 (2012)	19기 (2017)
세대(연령대) 시대	장쩌민 1기	장쩌민 2기	후진타오 1기	후진타오 1기	시진핑 1기	시진핑 2기
2세대(1920년대 생 이전)	2인					
3세대(1920~30년대)	3인	6인	4인			
4세대(1940년대 생)	1인	1인	5인	7인	5인	
5세대(1950년대 생)				2인	2인	7인
주도 세대	3세대	3세대	4세대	4세대	4.5세대?	5세대

따라서 시진핑 집권 2기의 19기 정치국상무위원은 격대지정의 원칙을 깬 것이 아니라 집권 1기 때 덜 된 세대교체를 제5세대로 채운 것에 지나지 않는 것이다. 앞서 말한 것처럼 중국 각계 최고지도층에 병목현상 유발세대 1950년대 생이 너무 많이 밀려 있기 때문에 병목현상 피해세대 1960년대 생, 즉 제6세대가 배턴을 이어받으려면 최소 5년은 더 기다려야 할 것으로 보인다.

그리고 지난 25년간 역대 중국 최고지도자는 명시적으로 후계자를 지명한 적이 단 한 번도 없었다. 다만 집권 2기의 당 서열 5인자 (후진타오) 또는 6인자(시진핑)와 이듬해 3월 국가부주석을 맡은 자가 차기 후계자가 되었다. 이와 같은 패턴이 계속된다면 당 서열 6위이자 최연소 정치국상무위원이자 시진핑과 동향 출신 자오러지 (1957년 산시성 시안출생)가 가장 유력한 차기 대권 후계자로 볼 수 있다.

정치국상무위원 출생연월 출신학과 대학 입학연도 일람표

서열	성명	출생 연월	출신대학 학과 (대학 입학년도)	비고
1위	시진핑	1953.6	칭화대 화학과(1975) 칭화대 법학박사	1975년도 대학문 일시 개방 시 입학
2위	리커창	1955.7	베이징대 법학사(1978) 베이징대 경제학박사	
3위	리잔수	1950.8	허베이사범대(1980)	최고령자
4위	왕양	1955.3	중앙당교 공학(1989) 중앙당교 공학석사	중앙당교 야간학부과정 졸
5위	왕후닝	1955.10	푸단대 국제정치학(1978) 푸단대 법학석사	학자 출신
6위	자오르지	1957.3	베이징대 철학과 (1977)	역대 정치국상무위원 중 최초의 철학도
7위	한정	1954.3	화동사대 국제관계학(1983 화동사대 경제학석사	

04
최고지도부는 '법학도 전성시대'

시진핑 집권2기 상무위원 출신대학 대해부

우리나라 대학생을 비롯한 일반인들에게 '법' 하면 제일 먼저 떠오르는 이미지가 뭐냐고 물으면 재판, 판검사, 변호사, 법원, 고소·고발 등이 떠오른다고 답한다. 반면 중국 사람들에게 같은 질문을 던지면 제도, 법제건설, 규칙, 관리·감독, 입법 등이 먼저 떠오른다고 한다. 한마디로 한국에서의 법은 '재판'이고, 중국에서의 법은 '제도'다. 이것이 바로 한국과 중국의 차이다. 한·중 양국의 종합국력의 격차로 극명하게 나타나고 있다.

시진핑 국가주석, 리커창 총리 등 중국 최고수뇌부가 법학도 출신이거나 법학박사라 해서 그들의 원래 꿈이 판사·검사·변호사 등 법조인 또는 법학자였을까? 혹시 그들도 학창시절, 우리나라처럼 법조문과 판례와 학설을 암기하고 해석하는 데 몰두했을까? 천부당만부당한 말씀이다. 중국의 법학은 제도창조학, 국가사회시스템 디자인학, 국가경영제도학, 즉 입법학이 주류다.

시진핑 시대 중국은 '경제건설 제일주의'에서 제도건설, 법과 제도에 의한 '의법치국(依法治國)' 국가로의 전환을 강력히 추진하고 있다. 과거 최고 지도층이 이공계 출신 일색이었던 것과는 달리, 법학도와 법학 석박사로 채워졌다. 시진핑 집권 2기 정치국상무위원 7인 중 3인이 법학도로 역대 정치국상무위원 중 최다 비중을 차지하고 있다.

당 서열 1위 시진핑 국가주석(칭화대 법학박사), 당 서열 2위 리커창 국무원 총리(베이징대 법학사)에다 당 서열 5위 당 중앙서기처 서기 왕후닝(푸단대 법학석사)이 대표적이다.

여기에 직전 국가부주석 리위안차오(李源潮, 푸단대 법학박사), 직전 국무원 부총리 류엔둥(劉延東, 지린대 법학박사)까지 합치면 중국 최고수뇌부는 법학도가 주류를 차지하고 있다. 이러한 메가트렌드의 변화 다음으로 주목해야 할 부분은 역대 정치국상무위원 중 최초로 정통 인문학도의 입성이다. 그는 바로 당 서열 6위이나 사실상 제2인자라 할 수 있는 중앙기율검사위서기 자오러지(베이징대 철학과)다.

정치국상무위원뿐만이 아니다. 이번 제19기 정치국위원 25인(정치국상무위원 포함) 중 무려 8명이 인문학도(문학4, 사학3, 철학1)로 역대 정치국 최다비중을 차지하고 있다. (인문학계 8명, 사회과학계 10명, 이공계 기타 7명) 사회과학과 정책만으로는 세상을 변혁시키기 어렵다. 인류사회는 인간 심성의 심오하고 원대한 문학·사학·철학 등 다양한 인문학적 고뇌의 결정물을 제도화하여 실천하는 의지와 함께 발전한다.

그래서일까. 중국 국민들이 먹고살 만한 '원바오(溫飽)' 계단에 이른 21세기 이후 중국정부는 정신문화와 인문학 교육 및 그 제도적

인프라 구축에 역점을 쏟고 있다. 일례로 중국 대학입시 문과 필수 과목은 어문, 외국어, 수학, 역사, 지리, 정치(철학 윤리 포함) 등 6 과목으로 인문학 과목이 절반 이상을 차지하고 있다.

정치국위원 25인 학력&출신지역

	정치국위원(정치국상무위원 7인 포함) 25인 학력&출신지역
학력	괄호 안은 정치국상무위원 1.출신대학(학부 기준) 칭화대: 4인(시진핑) / 베이징대: 2인(리커창, 자오르지), /허베이사범(리잔수) 화둥사범(한정) 등 각지 사범대: 5인/ 군사학교: 2인/ 중앙당교 학부(왕양), 중국인민, 난징, 사회과학원, 지린, 상하이중의학, 우한과기대, 베이징과기대, 저장농업대: 각1인 /샤오싱 전문대 :1인/ 랴오닝안산공고:1인 2. 학위 박사: 7인(시진핑, 리커창), 석사: 14인(리잔수, 왕후닝, 왕양, 한정, 자오르지) 대졸: 2인, 전문대 1인, 고졸 1인
출신 지역	산시(陝西): 3인(시진핑, 자오르지), 저장: 3인(한정), 푸젠: 3인, 허베이: 3인(리잔수), 안후이: 2인(리커창, 왕양), 산둥: 2인(왕후닝), 후베이: 2인, 상하이 : 2인, 장쑤: 1인, 장시: 1인, 허난: 1인, 간쑤: 1인, 베이징: 1인

05

시진핑 등 일곱 거인 vs 시진핑과
여섯 난쟁이

시진핑 '사상'보다는 덩샤오핑 '이론'

실천만이 진리를 검증하는 유일한 표준이다. - 덩샤오핑
어떠한 조직도 소수 엘리트가 지배하는 과두제로 나아가게 되어
있다. - R. 미헬스

플라톤은 이렇게 말했다.
"철인(哲人)이 왕이고 또 왕이 철인인 왕국은 행복하다."

후세의 하이데거는 이렇게 풀이했다.
"플라톤은 철인 정치를 주장하며 사실 농담을 한 것이다. 인류 역
사에서 철인이 왕이 아니었던 적은 단 한 번도 없었다."
중국도 사실 철인(군자 · 현인 · 엘리트)이 통치해온 나라다. 공
자 · 맹자 · 묵자 · 한비자 등 아득한 고대 중국의 철인들이 창안해낸

인간과 세상을 구하기 위한 방안이 수천 년 동안 시행착오를 겪어온 궤적이 중국의 역사다. 멀리는 주문왕과 진시황, 한무제와 명태조, 가까이는 쑨원(孫文), 마오쩌둥, 덩샤오핑과 지금의 시진핑 주석에 이르기까지 무수한 왕과 황제, 주석들 중 나름의 주의·사상·이론 을 표방하지 않은 최고 통치자를 찾기는 어렵다.

'주의'보다는 '사상', 사상보다는 '이론'

19차 중국공산당 전국대표대회(19차 당대회)에서 시진핑 제2기 수뇌부가 출범하고 당장(黨章·당헌)을 개정했다. 기존의 마르크스· 레닌주의, 마오쩌둥 사상, 덩샤오핑 이론, 3개 대표 중요사상, 과학 발전관에 이어 '시진핑 신시대 중국 특색 사회주의 사상'이라는 무 려 16글자를 첨가했다. 이를 두고 국내외 일각에서는 시진핑 사상 이 덩샤오핑 이론보다 높은 것 아니냐며 시 주석이 덩을 넘어 마오 의 반열에 올라섰다는 분석을 내놨다.

과연 그럴까? 사상이 이론보다 높을까? 한마디로 표현하면 이는 자신의 의식 구조를 기준으로 삼아 목전의 현상만으로 반만년 역사 의 대국을 재단한 인식의 오류다.

우선 2004년 일부 개정된 현행 중국 헌법에는 마르크스·레닌주 의, 마오쩌둥 사상과 덩샤오핑 이론 및 3개 대표 중요사상까지만 기 재돼 있다. 또, 헌법 교과서 등 중국의 각종 문헌은 주의(ism)를 '순 수 관념적 대강의 정태성 원칙 또는 방향'으로, 사상(idea)은 '이즘 (주의)의 동태성 조직화 판단체계'로, 이론(theory)을 '이데아의 실사 구시적 실천 논리체계'로 정의한다.

즉, 중국은 '1. 주의(상) 2. 사상(중) 3. 이론(하)'라는 관념체계의 수직적 서열이 지배하는 나라가 아니라 '1. 이론(내핵) 2. 사상(내피) 3. 주의(외피)'의 동심원적 구조가 중첩된 나라인 것이다.

과거 장쩌민은 덩샤오핑 이론과 같이 자신의 통치이념을 '3개 대표 중요이론'으로 명명해 당장과 헌법에 삽입하고 싶었다. 그러나 꿈을 이루지 못했고 결국 이론에 못 미치는 '사상' 차원의, 즉 3개 대표 중요사상으로 기재되는 것에 만족할 수밖에 없었다.

'실천만이 진리를 검증하는 유일한 표준이다'라는 정언을 남긴 개혁·개방의 설계사 덩샤오핑은 중국 정국을 완전히 장악하고 가장 먼저 공산당 이론 월간지 명칭을 사상의 '홍기(紅旗)'에서 실사구시 이론의 '구시(求是)'로 바꿨다. 덩샤오핑 이후 중국에서 이론은 현실

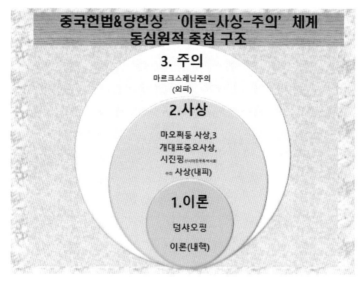

그림의 이론은 으레 현실과 괴리되는 것이자 괴리되어야 하는 것으로, 현실과 괴리되면 될수록 심오한 이론으로 대접받고 더 나아가 '사상'으로 '주의'로 승격되기도 하는 현학적 학풍이 지배하는 경향이 없지 않은 우리나라와는 확연히 대조된다.

에 바탕을 두고 개혁·개방과 부국강병에 쓸모 있는 이론만을 의미하게 됐다.

덩샤오핑과 그의 후계자들, 장쩌민과 후진타오, 시진핑 등 최고 지도자는 다음과 같은 공통된 특징이 있다.

첫째, 모두 지주나 거상, 군벌, 고관대작의 자제들이다. 둘째, 개혁·개방 정책을 구체적으로 법제화하여 강력히 실행하며 룰과 시스템을 집요하게 개선하고 버전업시킨다. 서양 일각에서는 덩샤오핑 이후 역대 최고 지도자를 '입법가(Law Maker)' 또는 '국가 시스템 설계사(National System Designer)'로 칭한다.

1982년 덩샤오핑 헌정체제 이후부터 중국 정치권력은 제도화·탈인격화 과정을 거쳐왔다. '2'와 '7'로 끝나는 해의 가을에는 정치국상무위원을 비롯한 공산당 지도부가 교체되고 '3'과 '8'로 끝나는 이듬해의 3월에 이들이 5년 임기의 국가주석, 국무원 총리, 전국인민대표대회 위원장, 전국정치협상회의 주석 등 국가기관 요직을 맡는 패턴이 유지되고 있다.

'시진핑과 여섯 난쟁이'와 '시진핑 등 일곱 거인'의 중첩시대

반만년 역사 대국의 앞날을 목전의 현상만으로 예단할 수는 없다. 현재의 모습과 시스템·메커니즘, 궤적과 패턴을 망원경처럼 멀리, 내시경처럼 깊이, 드론렌즈처럼 굽어 살펴야 중국의 미래를 가늠할 수 있다.

어떠한 조직도 소수 엘리트가 지배하는 과두제로 가게 되어 있다는 R.미헬스의 말처럼 예나 지금이나 중국도 황제나 주석 1인이 독단으로 통치하는 것이 아닌 소수 엘리트 집단이 지배하는 과두제 국가다. 제국시대에는 고관귀족 또는 군벌·외척·환관이, 지금은 공산당이 지배한다.

중화인민공화국을 영도하는 중국공산당의 엔진은 정치국상무위원회다. 정치국상무위원 7인은 공산당이라는 기관차의 7기통(실린더) 엔진과 같다. 시진핑이 엔진의 전부가 아니다. 국가주석이라는 직무가 배분된 7기통 엔진의 대표 기통일 뿐이다.

따라서 필자는 향후 시진핑 시대 중국은 기존의 '시진핑을 핵심으로 하는 일곱 거인'과 강력한 리더십의 시진핑이 꿈꾸는 '시진핑과 여섯 난쟁이'가 교차 중첩되는 나라일 것이라고 관측한다.

중국 역대 정치국상무위원 당정 직무배분 상황

시대	장쩌민1기	후진타오2기	시진핑1기	시진핑2기
당직개편연월	1992.10	2007.10	2012.11	2017.10
정부직 개편	1993.3	2008.3	2013.3	2018.3
당 서열 1위	국가주석	국가주석	국가주석	국가주석
2위	전인대위원장	전인대위원장	국무원총리	국무원총리
3위	국무원총리	국무원총리	전인대위원장	전인대위원장
4위	정치협상위주석	정치협상위주석	정치협상위주석	정치협상위주석
5위	중앙서기처서기	중앙서기처서기	중앙서기처서기	중앙서기처서기
6위	기율검사위서기	국가부주석	기율검사위서기	기율검사위서기
7위	상무부총리	상무부총리	상무부총리	상무부총리
8위		기율검사위서기		
9위		정법위서기		

06

'학벌보다는 학위' 석박사들이
통치하는 중국

"지도층이 공부를 계속하지 않으면 지식은 노화되고 사상은 경화되고 능력은 퇴화된다." - <시진핑 중국 국가주석>

학벌은 없다

1402년 명 태종 영락제는 자신의 쿠데타에 반대하는 학자 방효유(方孝孺)를 그의 9족에다가 동문수학하던 친구와 선후배, 1족을 더한 10족 도합 873명을 능지처참했다. 이름하여 '혈연9족+학연1족'의 '십족주멸(十族誅滅).' 이처럼 광범위하고 잔혹한 연좌제 형벌을 세계사에 그 유례를 찾을 수 있을까.

그로부터 600여 년 세월이 탄환처럼 흘렀다. 21세기 시진핑(習近平) 시대 중국에서 학연은 얼마만큼의 비중을 차지할까? 우리나라 이명박 시대의 '고소영(고려대·소망교회·영남)'이나 박근혜 시대의 '성시경(성균관대·고시·경기고)'처럼 주로 학벌을 중시하는 코드인사, 편중인사가 횡행할까?

예로부터 '관시(關係, 인맥)'를 중시하는 중국인지라, 사회각계 일반에서는 학교 동문 하나 잘 만나 흥하거나, 못 만나 망한 사람이 부지기수일 것이다. 하지만 시진핑 집권 2기 정치국상무위원 7명을 포함한 정치국 위원 25명의 출신대학을 살펴보면 중국 정치핵심에서의 학벌은 그다지 중요한 비중을 차지하지 않는 것으로 파악된다.

실제로 칭화대 4인, 베이징대 2인 외에 나머지 19인 모두 각기 다른 대학 출신이다. 한국의 서울대나 일본의 도쿄대처럼 중국의 베이징대나 칭화대는 전 분야에서 압도적 지위를 차지하지 못하고 있다. 칭화대와 베이징대를 포함해 중국 각지에 산재하는 10여 개 명문대학이 저마다의 분야에서 우위를 주장하고 있다. 이는 마치 중국 정치경제 사회문화계 전반의 보편적 지도체제인 집단지도체제와 흡사하다.

학벌보다는 학위

도널드 트럼프 미국 대통령은 2017년 12월 초 중국 방문에서 '동방박사 세 사람' 양제츠(楊潔篪), 시진핑, 리커창을 차례로 만났다. 트럼프 대통령이 최고의 국빈대우를 받으며 베이징 공항에 내렸을 때 그를 반겨준 사람은 양제츠 외교담당 국무위원(역사학박사)였다. 트럼프는 다음 날 시진핑 국가주석(법학박사)과 정상회담을 가진 후 리커창 총리(경제학박사)를 만나 경제 분야를 논의했다.

중국 최고 지도층은 석박사 천하다. 정치국상무위원 7인 전원이 석박사이며 정치국위원 25인(상무위원 7인 포함) 박사 7인, 석사 14

인, 대졸 2인, 대졸 미만 2인이다. 중국 최고 지도층에서 대학졸업 학력은 고학력자는커녕 과거 '중졸' 정도의 저학력자로 분류된다. 최소한 석사학위 이상은 돼야 명함을 내밀 수 있다 하겠다.

중국공산당 집권과 통치과정에서 지난 90년 동안 중국공산당은 늘 학습을 강조해왔고, 학습을 통해서 당의 생명력을 지속적으로 확보해왔다. 특히 개혁개방 이후 중국공산당은 정치국 집체학습과 석박사 학위소지자 우대 등 지도층의 평생학습을 장려하기 위한 제도적 장치 구축에 주력했다.

정치국 집체 학습은 후진타오 집권 때부터 평균 40일에 1회씩 중앙당교나 사회과학원, 중국인민대 등 전문학자 2명을 초빙해 강의를 들은 후 정치국 위원과의 집단 토론 방식으로 정례화됐다. 2017년 10월 27일 통산 제125회이자 시진핑 집권 2기 제1회 정치국 집체학습회의가 시진핑 주석의 주도하에 개최된 바 있다. 또한 석박사 학위소지자에게 임용 승진 각종 인사고과 평정상 우대를 제도화했다. 일례로 각급법원의 간부법관(부장판사 이상)과 최고법원의 법관(대법원의 대법관)은 반드시 석박사 학위 소지자여야 함을 「법관법」 제9조 6항에서 규정하고 있다.

정치국 위원 25인 중 24인이 반일정서 극강 지역 출신자

지난 이명박·박근혜 시대 한국의 고위 정관계 인사가 '고소영', '성시경' 전성시대였다면 현재 중국의 그것은 '석박-반일' 전성시대라고 할 수 있다. 시진핑 2기 정치국상무위원 7인 전원을 포함한 정치국 위원 25인 중 21인이 석박사 학위소지자(84%), 24인이 반일정서 극강지역 출신(96%)이기 때문이다.

특히 간쑤성 출신인 현 광둥성 당서기 리시(李希, 1956년생) 한 사람만 빼놓고 정치국상무위원 7인 전원을 포함한 정치국 위원 24인의 고향이 800년간 계속된 왜구침략 최대 피해지이자 2,000만명의 중국인이 희생된 8년간 중·일전쟁의 최대 피해지로서 중국에서도 반일정서가 극심한 지역으로 손꼽히는 곳이다. 시진핑 2기의 중국의 반일정책 심화가 예상되는 대목이다.

여기에서 한 가지 그냥 지나칠 수 없는 대목은 시진핑 집권 2기에도 1기와 마찬가지로 정치국상무위원을 포함해 정치국 위원 25명 중 광둥성 출신은 단 1명도 없는 부분이다. 지난 수십 년간 광둥성 출신 정치국상무위원 역시 '제로'다.

이는 광둥성이 중국인 글로벌 슈퍼리치 톱 100 15명 중 10명을 배출하고, 200억 원 이상의 자산을 보유한 억만장자가 많이 거주하고, 전국 31개 성급 지방정부 순위 가운데 압도적 1위를 차지하고 있는 것과 극명한 대조를 이룬다.

07

당정관료 기업가 연맹국가

지난 40년간 중국에서 개혁은 일종의 신화다. 중국인이라면 누구
나 개혁을 말했고 개혁에 취해 살아왔다. 그러나 근래 들어 개혁 피
로감이나 개혁 환멸 증세를 호소하는 중국인이 부쩍 늘고 있다.
1970년 말 동남연해지역을 우선 발전시키자는 선부론(先富論)을 시
작으로 1980년의 경제건설 중심론, 1990년의 사회주의 시장경제,
2000년의 '시장경제는 중국의 기본 경제제도'까지 단계를 높여 온
경제개혁 일변도의 목표는 다름 아닌 '부자 되기'다. 그 덕분에 중국
은 매년 평균 9.8%라는 경이적인 경제성장률을 기록했고 세계 외환
보유액의 절반이 넘는 달러를 쌓아두게 되었다.

하지만 휘황찬란한 개혁의 성과 이면에는 빈부격차 심화, 배금주
의와 족벌자본주의 만연, 부정부패 창궐, 가치체계의 총체적 붕괴라
는 혹독한가를 치르고 있다. 노동자와 농민, 실업자와 유랑민 등 소
외계층의 불만 폭발 가능성에 마주하고 있는 지배층은 더이상 정치
개혁을 지체해서는 안 될 한계 상황에 직면한 현실에 눈뜨게 되었
다. 그래서을까? 제11기 전인대의 최 성과는 의외로 '선거법 개정'이

었다. 당초 관심의 초점이 되었던 경제발전 모델 전환, 급등한 주택 가격과 소득격차 등 민생 문제에 한 정책 변화는 뒷전으로 드러났다. 개정된 선거법의 핵심 조항은 둘. 농촌과 도시의 전인 표 선출권 비율을 과거 4:1에서 1:1로 일치시킨 것과 전인 표의 일정 수 이상을 농민과 노동자에 할당해 선출토록 한 것이다.

도농 간 차별을 철폐하고 농민과 노동자에게 선거권과 피선거권을 확 부여함으로써 소외계층의 정치참여 욕구를 해소하며 도시화에 따른 달라진 현실을 제도적으로 뒷받침하려는 정치개혁의 일환이라고 분석된다. "그 많던 노동자와 농민은 어디로 갔을까?" 필자가 선거법과 관련한 중국 정치제도와 동향을 탐구하는 과정에서 생긴 의문이다. 1954년 제1기 전인대 대표의 대부분은 노동자와 농민들이었다. 개혁·개방 이후 역대 전인대 대표를 맡는 노동자와 농민의 수는 급격히 줄어들어갔다. 그들이 떠난 빈자리에는 엘리트 관료와 기업가들이 앉았다. 현재 제13기 전인대 대표 재적인원 2,964명의 직업별 구성비를 살펴보면 당정관료 52%, 기업인 28%, 군인 9%, 교육·과학기술·예체능계 및 기타 전문가 집단 8%인 데 비해 노동자 농민은 3%에도 미치지 못하고 있다. 전인대와 함께 양회(兩會)라고 일컫는 국정 최고 자문기관인 중국인민정치협상회의 전국위원회 위원 재적인원 2,237명의 직업별 구성비도 전인의 그것과 별반 차이가 없다(전현직 관료 48%, 기업인 26%, 노동자 농민 4%).

2018년 3월 출범한 전인대와 정협 위원 중 중국돈으로 20억 위안, 한화 3,400억 원 이상의 자산가들의 수가 152명에 달한다. 헝다 그룹의 쉬자인, 텐센트의 마화텅, 샤오미의 레이쥔 벤츠의 지분을 인수한 지리자동차의 리슈푸 등이 대표적 인물이다. 전인대 대표 중

상위 10대 부자의 재산규모는 152조 원, 정협대표 중 상위 10대 부자들의 재산은 258조 원이나 된다

　중국을 견인하는 두 주역이 노동자와 농민에서 관료와 기업인으로 바뀐 것이다. 이러한 현상은 중국의 국체를 명기한 헌법 제1조 "중화인민공화국은 노동자 계급이 영도하고 노동자·농민 연맹을 기초로 하는 인민민주독재의 사회주의국가다"라는 규정에 정면으로 배치된다.

　단순히 헌법학적 견지에서 해석할 경우 중국의 통치권력 주체가 노동자와 농민 연맹에서 관료와 기업인 연맹으로 교체된 실정은 영락없는 위헌적 상황이다. 그러나 이를 다른 각도로 뒤집어 보면 중국이 관료와 기업인이 주도하는 국가가 되었기에 망정이지 헌법을 곧이곧대로 준수해 노동자 농민 연맹의 프롤레타리아 독재국가 실현을 실제로 추구했더라면 오늘의 부강한 중국은커녕 역사의 뒤안길로 사라진 지 이미 오래일 것이다.

08

중화인민주식회사 감사

서열	직위	당 직위	당 서열	우리나라 유사기관수장
1	당중앙 기율조사위원회 서기	정치국상무위원	6위	특별감찰관, 감사원장
2	당중앙 기율조사위 부서기 겸 감찰위원회 위원장	중앙위원	26~205위	감사원 사무총장
2	당중앙 정법위원회 서기	정치국위원	8~25위	청와대민정수석
4	공안부 부장 겸 정법위 부서기	중앙위원	26~205위	경찰청장
5	최고인민법원장 정법위 위원	중앙위원	26~205위	대법원장
6	최고인민검찰원장 정법위 위원	중앙위원	26~205위	검찰총장
7	국가안전부장 정법위 위원	전 중앙위원	서열 외	국정원장
8	사법부 부장 정법위 위원	전 중앙위원	서열 외	법무부장관

절대 권력은 절대 부패한다. - 액튼

부패만이 중국을 망국의 길로 이르게 할 수 있다. - 웨이젠싱(尉健行) 전 중앙기율조사위 서기

썩은 나무를 뽑아내듯 부패를 발본색원하라. - 자오러지 현 중앙기율검사위 서기

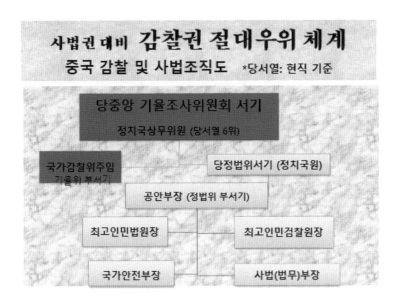

반만년 중국사의 강물 굽이굽이에는 부정부패라는 이름의 폭포가 있다. 기원전 3000년경 하(夏)나라 때부터 기원후 20세기 전반기 국민당의 중화민국까지의 시대별, 왕조별 마감 근처에는 반드시 부정부패의 거센 물살에 겨워 깊게 급전직하하는 폭포가 있다. 그게 제국이든 공화국이든 예외가 없다. 만사에는 예외가 있어 '예외 없는 법칙은 없다'는 말을 숭상해온 필자는 예외를 찾아보려고 반만년 노대국의 스펙을 샅샅이 뒤져보았으나 아직 찾지 못했다.

'부패 삼매경'에 빠진 권력층은 백성들이 초근목피도 없어 마침내 자기 자식까지 바꿔 잡아먹든 말든 "밥이 없으면 고기를 먹지, 머저리들" 식으로 응대하다가 자신도 국가도 모두 파멸의 천길 폭포수 아래로 떨어져갔다.

청나라 건륭제 시대의 화신(和珅)이라는 권신이 매일 은 1만 냥의 값어치에 상당하는 알약을 복용하고 지방의 한 탐관오리가 낙타의 육봉 요리 한 접시를 만들기 위해 10마리의 낙타를 잡았다고 동네방네 떠들고 다닌 지 100년도 못 되어 대청제국은 망했다.

공산당에 비해 월등한 군사력을 지녔던 중화민국이 대륙의 250분의 1도 안 되는 타이완섬으로 패퇴한 원인도 군 작전능력의 저하가 아니라 핵심층의 부패였다. 부패만이 중국을 망국의 길로 이르게 했다.

요즘 중국에서 시진핑 주석의 인기는 하늘을 찌른다. 비결은 성역 없는 부정부패 척결을 내걸고 그것을 행동으로 실천하는 데 있다. 반만년 중국 역사상 어느 황제나 주석도 못한 큰일을 감행하는 영도자에게 중국인들은 열렬한 호응을 보내며 카타르시스를 느끼고 있다.

'21세기 포청천'을 넘어 '부패공직자들의 염라대왕'으로 불리는 자오러지 중앙 기율검사위원회(이하 '기검위') 서기는 "썩은 나무를 뽑아내듯 부패를 발본색원하라"라고 목청을 높인다.

시진핑 집권 5년간 현장(군수)급 이상 893그루의 썩은 거목들이 뿌리가 뽑혔다(파면 및 사법처리). 그중 성장(도지사) 부장(장관)급 이상 뿌리가 뽑힌 초대형 거목들은 101그루나 된다. 사형집행유예 2명, 무기징역 5명, 12년 이상의 징역의 중형 선고 15명은 감옥에 복역 중이다.

불과 몇 달 전까지만 해도 "나는 새도 떨어뜨리는" 권력을 누리던 고관대작들 대부분은 천만 번 죽어도 씻을 수 없는 중죄범의 목숨을 살려준 중국공산당의 은혜에 감읍한다. 하지만 "비리 고위공직자의 사형 집행 없는 부패근절은 없다"며 볼멘소리를 하는 중국인의 수도 적지 않다.

후진타오 전 주석 집권 시(2003~2012) 부패혐의로 사법처리된 부부장급(차관급), 부성장급(부지사급) 이상 중국 고위공직자의 수는 121명인데 그중에서 사형집행은 8명, 사형집행유예는 20명, 무기징역은 16명에 처해졌다(군부 내 소장급 이상 장성은 사형집행 2명, 사형집행유예 무기징역은 각각 1명). 이러한 비리 고위공직자에 철퇴를 가하던 후진타오 시대에 비한다면 시진핑 시대 비리 고위공직자 처벌은 오히려 솜방망이라는 것이다.

그런데 이러한 중국의 '무자비한 부패와의 전쟁'을 지켜보는 국내 주류 언·관·학계의 시각은 이른바 '태자당', '상하이방', '공청단' 등 파벌 간 권력암투나 정치보복, 권력자의 친소관계 및 그 변동에만 머물러 있다.

그러나 오늘 우리가 쓰고 있는 자(尺)의 원산지는 어디인가? 그 자의 눈금은 영원히 정확한 것인가? '태자당', '상하이방', '공청단' 등 일본 언론에서 비롯된 정당 또는 파당 구분이 중국에 과연 실재하기라도 하는가? 대한민국 헌정사 70년을 통틀어 부패혐의로 사형, 무기징역까지는 아니더라도 10년 이상 실형을 산 차관급 이상 고위공직자의 수는 얼마나 될까. 우리나라는 중국과 달리 자유민주국가이자 청렴 국가이자 인권중시 국가라서 그럴까.

이에 대한 자세한 논의는 다음 기회로 미루기로 한다. 우선 중국의 권력형 비리 척결에 대한 제도적 장치를 가급적 이데올로기적 선입견을 배제하고 객관적 인식에 중점을 두어 말하고자 한다.

중국공산당이 국가의 오너인 중국의 통치권력조직체계는 '기획-집행-감사' 회사지배구조와 흡사하다. 이는 한 개인이 '계획(Planning)-

실천(Doing)-점검(Checking)'의 피드백을 통해 일을 성취하는 행태와도 합치된다.

회사의 주주총회가 이사회와 감사를 선출하듯 중국공산당 대표대회에서 5년 임기의 당 중앙위원회(이사회)와 당 중앙 기검위(감사)를 선출한다. 이사장이 이사회의 총수로 직권을 행사하듯 당 총서기가 중국공산당의 최고권력을 행사한다. 회사의 감사가 이사와 사장 등 고급관리자에 대해 직무감찰과 재무감사를 하듯 중앙 기율위가 당과 정부의 고위인사에 대한 당 기율 위반행위와 부패행위를 감찰한다.

중화인민공화국 주식회사의 감사 격인 중앙 기검위가 공안부(경찰청), 최고인민법원, 최고인민검찰원, 사법부(법무부), 국가안전부(이상 당 서열 순), 이들 5대 국가사법기관을 영도하는 당중앙 정법위원회를 지휘 감독하고 있다.

중국공산당이 중화인민공화국을 영도하는 헌법상 영구집권당이다. 중화인민공화국에는 독립된 입법권과 사법권도 없다. 현대국가라면 장착되어 있고 실제 작동이 원활한 권력 통제 및 부패 제어장치는커녕 독립된 언론기관도, 시민단체도 없다.

중국 대륙에는 홍콩의 염정공사(廉政公署)', 대만의 특별정사조(特別偵伺組), 싱가포르의 부패조사청(CPIP) 등 중화권에서 설치, 성공적으로 운영하고 있는 고위공직자의 범행에 대한 기소권과 수사권을 지닌 독립기관마저도 없다.

오로지 딱 하나, 그것도 국가기관이 아닌 당내조직 '기검위'라는 게 있는데, 그 감찰기관 하나가 저 뿌리깊은 중국의 부패와의 전쟁을 총지휘하고 있다.

국가주석 연임제 제한 폐지를 제외한 2018년 3월 중국 개헌의 최대특징은 무엇일까? 그것은 바로 국가감찰위원회(State Committee of Supervisory)를 신설하여 기존의 공산당 감찰기관 중앙기율검사위와 함께 공직자와 지도층 비리척결 사정·감찰 초강력 쌍검체제 구축이다.

현직 자오러지를 비롯한 역대 중앙 기검위 서기는 모두 중국 최고 핵심 권력층인 정치국상무위원(총리급)이 맡아 왔다. 지금 베이징 북역 인근 대로상에 위치한 백색 고층 대형 빌딩에 위치한 중앙기검위와 신설된 국가감찰위원회[주임 양샤오두(楊曉渡) 기검위 부서기 정치국 위원 부총리급]는 중국의 탐관오리에게는 '이승의 염왕전'이나 다름없다.

중앙 기검위는 중앙과 지방의 모든 당·정·군 조직뿐만 아니라 언론기관, 대형 국유기업체에 심어놓은 수십만 명의 저승사자들이 종적·횡적·정시·수시 감독 감찰업무를 수행하고 있다. 여기에 더하여 2002년 중앙·성·시·현·향진 단위에 '반부패공작협조소조(反腐敗工作協調小組)'를 설치해 각급 기검위 서기의 영도하에 공안·법원·검찰·안보·회계감사·언론부문을 감독·감찰하고 있다.

중국판 공수처, 중앙기율검사위

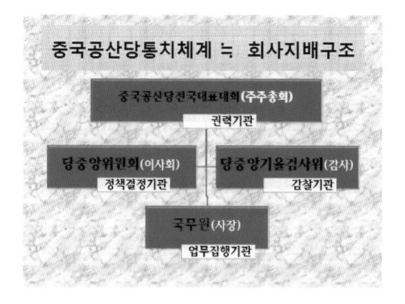

　　2017년 10월에 개최된 제19차 중국공산당 대표대회는 왕치산(王岐山) 당중앙 기율검사위(이하, '중기위'로 약칭) 서기 후임으로 당중앙 조직국(이하 '중조국'으로 약칭) 서기로 자오러지를 선출했다. 당정고위 인사총괄 중조국 서기가 최고감찰기관 중기위 수장으로 승진한 예는 자오러지가 유일무이하다(역대 당중앙기율검사위 서기 일람표 참조).

　　그렇다면 시진핑 2기 최연소 정치국상무위원이자 시 주석과 동향인 자오러지가 맡은 중기위는 어떤 기관인가? 중기위는 한마디로 우리나라 감사원과 공수처(설치 논의 중)를 합친 권력의 몇 배 이상 강력한, 세계에서 유례를 찾아볼 수 없는 만큼 막강한 최고(最古)이자 최고(最高) 감찰기관이다.

진시황(秦始皇)은 기원전 221년 천하를 통일한 뒤 행정은 승상 (丞相), 감찰은 어사대부(御使大夫), 군부는 태위(太衛, 비상설 기관) 에 맡겨 분담 통치하는 3정승제를 고안해냈다. 이 같은 통치 방식은 조직의 명칭과 형식을 조금씩 달리했을 뿐 현대에까지 이어졌다. 인 민복을 입은 공산왕조의 초대 황제 마오쩌둥 역시 자신의 역사적 멘토인 진시황을 벤치마킹했다. 마오는 진시황처럼 당권과 군권은 자신이 직접 장악한 채 자신의 양팔인 저우언라이와 주더(朱德)는 각각 승상 격인 총리와 어사대부 격인 중기위 서기로 임명했다.

초대 주더(朱德, 1949~1955), 2대 동비우(董必武, 1955~1969), 3대 천윈(陳雲, 1978~1987), 4대 차오스(喬石, 1987~1992), 5대 웨이젠싱(尉健行, 1992~2002), 6대 우관정(吳官正, 2002~2007), 7 대 허궈창(賀國强, 2007~2012), 8대 왕치산(王岐山, 2012~2017), 현직 9대 자오러지(2017.10~) 전원이 정치국상무위원이다. 반면에 역대 중앙정법위서기는 무기징역 복역 중인 저우용캉(周永康)을 제 외하고는 정치국위원(부총리급)이 맡아왔다.

· 중국의 투 트랙 반부패 시스템

고속철은 고속 철로에서, 일반 기차는 일반 철로에서 달리듯 중 국은 부패혐의 피의자의 신분에 따라 각기 다른 기관에서 처리하는 투 트랙 시스템을 운용한다. 부패 사건에 연루된 자가 공산당 당원 이거나 각계 지도층 인사면 기율검사위원회가, 일반인일 경우엔 공 안과 검찰에서 맡는다. 기검위는 출발역인 사건 접수에서 시작해 초동 조사→입건→사건 조사→검찰 송치→검찰의 공소를 거쳐 종착역인 법원의 판결에 이르는 죽음의 전 여정을 진두지휘한다. 중국 탐관오리들이 가장 두려워하는 지옥 구간은 세 번째 역인 '입건'과 다섯 번째 역인 '검찰 송치' 사이에 자리한 '쌍규(雙規)' 처분이다. 쌍규란 말은 기검위가 피의자를 '규정한 시간에 규정한 장소에서' 조사를 진행하는 데서 유래했다. 쌍규 처분이 내려지는 순간부터 피의자의 모든 직무가 정지되고 인신 자유가 박탈된다. 압수·압류·계좌추적과 동시에 피의자의 모든 재산이 동결된다. 쌍규 기간엔 일반인은 물론 가족과 변호사의 접견조차 제한된다. 쌍규 기간은 3~4개월에서 2년까지도 연장이 가능하다. 쌍규를 견뎌내는 혐의자는 거의 없다. 평생의 모든 죄를 털어놓게 된다. 사형당하기 전 스스로 생을 마감하거나 미쳐버리는 이 또한 부지기수라 한다.

요컨대 필자는 공산당 일당독재국가 중국이 망하지 않는 최고의 제도적 장치는 중기위-감찰위원회와 같은 사법권력 대비 감찰권력 절대 우위체계라고 분석된다. 'G2' 시대 중국 질주 비결은 캠페인이나 미봉책에 그치지 않고 정책을 구체적으로 법제화해 강력히 실행한 데 있다. 특히 고위 비리공직자 척결에 대한 중국의 법제와 그 실천은 권력형 부정부패의 임계점에 다다른 우리나라에 시사하는 바가 크다. 중국의 3대 권력기관, 감찰기관, 사법기관, 정보기관에 각각 공직자 부패, 민형사업무, 정보업무를 전담하도록 하는 통치시스템과 일반인일 경우에는 공안과 검찰, 당정고위층의 부패사건은 감찰기관(수장, 사실상 권력 2인자)이 도맡는 투트랙 시스템, 중국의 사법권 대비 감찰권의 압도적 우위체계, 비리공직자에 대한 일반인에 비해 가혹할 만큼 엄벌주의를 실천하는 법 집행은 우리나라에 참고할 만한 가치가 있다고 평가한다.

09

시진핑 시대 G2 중국, 어디로 갈 것인가?

배고픈 건 잘 참으나 배 아픈 건 못 참는다.

- 한국인(생래적 사회주의자?)

배 아픈 건 잘 참으나 배고픈 건 못 참는다.

- 중국인(생래적 자본주의자?)

2002년쯤이던가, 주한 중국대사관의 고위외교관 L은 한 공식석상에서 이렇게 말했다. "한국은 말로만 자본주의라지만 실제로는 사회주의국가나 다름없고, 중국은 말로만 사회주의국가이지만 실제로는 자본주의 노선을 향해 질주하고 있다." 중국의 고위외교관의 발언치고는 하도 거침없는 언사라서 잠시 귀를 의심했지만 정곡을 찌르는 표현이라 아낌없는 박수를 보낸 바 있다.

중국은 길게 잡으면 덩샤오핑이 1978년 개혁개방 노선을 정립하였던 40년 전, 짧게 잡아도 26년 전 남순강화(1992년 덩샤오핑의 동남부 연해지역 순시) 적에, 이미 보혁 갈등, 좌우대립 따위의 이념 논쟁을 걷어치웠다. 개혁개방과 부국강병을 위해 사회주의 독재정에서 자본주의 독재정으로 줄달음쳐 왔다. 문화대혁명 시 문자 그대로 자본주의를 향해 치달려 가는 주자파(走資派)의 수괴로 숙청 당했던 덩샤오핑. 그는 재집권하자마자 '우향우'로 내달았다. 다만 덩의 후배 최고지도층 장쩌민(1926~)-후진타오(1942~)-시진핑(1953~) 은 실사구시의 실천과정 중에 초고속성장의 페이스를 유지하며 계속 쾌속 질주해나갈 것이냐, 아니면 내실을 기하며 착실히 점진할 것이냐 하는, 즉 속도의 완급조절에 지혜를 모으고 있다. 즉, 중국은 뒤뚱거리는 좌우의 프레임에서 돌파, 쾌속이냐 초쾌속이냐 속도의 완급 차원으로 들어선 지 이미 한 세대가 지났다. 중국말로 성이(生 意)는 인생의 의의, 즉 왜 사냐, 무엇 때문에 사느냐 따위의 심오한 형이상학적 의미가 아니다. 장사나 영업을 뜻한다. 중국인에게 삶의 뜻은 한마디로, 장사를 잘해서 잘 먹고 잘사는 현실적 이익과 쾌락을 추구하는 것이다. 서구식 자본주의를 도입하여 굳게 단련되었다 며 자신만만하던 우리가 간과하고 있는 것은, 중국인들이 '자본주의 적인, 너무나 자본주의적인' 사람들이란 것이다. 세계 최초로 지폐와 어음, 수표를 상용하고 상업광고를 했던 이들, 이미 3천 년 전부터 세계 최초의 계산기인 주판을 만들어 주판알을 튕겨왔던 그들 앞에서 우리나라 자본주의 수십 년의 경험은 어쩌면 가소로운 것이리라. 상인종(商人種)의 나라가 사회주의 계획경제체제를 실험하였던 시기는 1949~1978년 딱 30년간뿐이었단 사실을 간과하지 말 일이다. 시진핑 시대 지금의 중국 땅은 온통 시장이고 중국인은 모두 상인들이며 중국정부는 이름만 공산당 사회주의를 둘러쓴, 본질은 경제성장제일의 원조 자본주의 독재정이다.[37]

---

37) 중국인은 없거나 모자라는 거에 '主義(주의)'를 붙이는 반면에, 있거나 넘치는 거에는 '主義' 를 붙이지 않는 경향이 있다. 일례로 중국어에 '愛國心(애국심)'은 있고 '愛國主義(애국주의)'

덩샤오핑은 중국인의 잠들어 있던 본능을 일깨웠다. 그는 개혁개방의 자명종을 울려 중화민족본성에 걸맞지 않은 사회주의 계획경제 30년 긴 악몽에서 신음하던 비단장사 왕서방, 생래적 자본주의자들을 깨어나게 했다. 개혁개방의 총설계사 덩샤오핑은 아래 그림에서와 같이 마오쩌둥 시대의 사회주의 독재정을 자본주의 독재정으로 이동시켰던 것이다. 덩샤오핑의 최후의 후계자이자 제3세대 영도핵심 장쩌민은 덩샤오핑이 확립한 정치국상무회의 과두 독재정을 계승하면서 경제정책을 '중국특색적 신자유주의식 자본주의'를 향해 질주했다. 중국의 WTO 가입을 성사시키고 GDP를 세계 4위로 발전시키는 등 눈부신 경제발전 성과를 이루었다. 장쩌민의 동향 후배 제4세대 후진타오는 정치국상무위원 7인에서 9인으로 늘려 권력을 분산시키고 집단지도체제를 더욱 강화했다. 한편으로 '조화로운 사회'를 주창하며 시장경제정책을 심도 있게 발전시켰다. 특히 2007~2009년 글로벌 금융위기 기간 미국식 자본주의 시장실패 현상을 겪는 기간에도 중국의 GDP를 일본을 제치고 세계 2위로 등극시키는 업적을 세웠다. 그의 집권기간 중국은 미국과 더불어 이른바 자본주의 세계 공생체, 차이메리카로 불리는 G2로서 글로벌 경제를 쥐락펴락하게 했다. 제5세대 영도 핵심 시진핑은 2012년 11월 집권 이후 점차 집단지도체제를 탈피, 성역 없는 부정부패 척결과 함께 1인 통치권력 강화에 주력해왔다. 집권 2기 원년 2018년 3월 헌법을 개정, 국가주석 연임제한 규정을 폐지하고 공산당 영도원칙을 헌법

만 있는 반면에, '實用主義(실용주의)'는 없고 '實用(실용)'만 있다. 상인종 중국인이 평균과 배분을 실천하는 '사회주의자' 되기는 낙타가 바늘구멍에 들어가기보다 어려운 걸까? 그래서 그토록 '사회주의 중국'을 부르짖는 거 아닐까? 입으로만.

에 명기하는 등 1인통치와 1당독재를 공고히 했다. 이 대목에서 일각에서는 시진핑이 헌법을 개정하여 시황제로 등극했다며 마오쩌둥 시대 사회주의로 회귀할 거라며 우려하고 있는데 이는 한마디로 '사회주의'와 '독재'의 개념을 혼동한 인식의 오류다.[38]

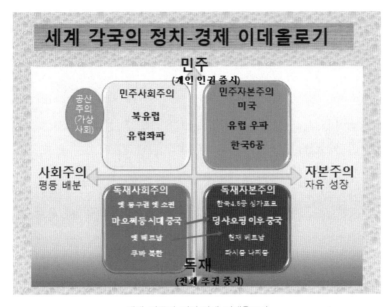

세계 각국의 정치-경제 이데올로기

---

38) 민주주의의 반대개념을 물으면 흔히들 '사회주의'라고 답한다. 우리나라 식자층, 간혹 내로라 할 석학조차도 오늘날 중국을 가리켜 정치는 사회주의 경제는 자본주의라고 단언한다. 참으로 한심한 쌍팔년도(단기 4288년, 서기 1955년)식 사고방식이다. 아직도 우리나라 지식층 상당수는 민주주의=자본주의 vs 사회주의=독재주의라는 잘못된 이데올로기식 분류등식에 빠져 헤어나지 못하고 있다.

시진핑 2기 정치노선은 마오쩌둥 시대식 1인 독재로 역주행하는 경향이 있으나 경제노선은 여전히 중국식 자본주의를 심화 발전시키고 있다. 즉, 지속가능한 성장시대 '신상태(新常態)'와 중국판 마셜플랜인 '일대일로(一帶一路)'를 내세우며 창업과 기업경영의 효율 극대화를 추진하는 '중국특색의 자본주의' 대로를 질주하고 있다. 그렇다면 시진핑 시대 중국이 꿈꾸는 미래 모델은 어느 나라일까? 자본주의라는 호랑이 등에 올라탄 지 40년인 G2 중국이 돌연 가난의 평등이 보장된 마오쩌둥 시대의 구사회주의 독재정 국가군으로 되돌아갈 가능성은 0에 가깝다. 물론 미국을 위시한 자본주의 자유민주주의 국가군으로 급격히 우상향할 가능성도, 북유럽의 민주사회주의 국가군으로 급속히 좌상향할 가능성만큼 희박하다. 중국이

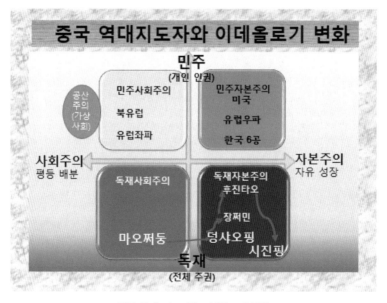

중국 역대 지도자와 이데올로기 변화

꿈꾸는 미래 국가모델은 국민의 80% 이상이 중국계인 싱가포르만큼 알차고 풍요로우나 통제된, 싱가포르보다 1만 5천 배나 거대한 자본주의 독재정 국가는 아닐까?[39]

미국이 중국을 혼내줄 수 있는 단계는 이미 지났다. 그렇다고 해서 중국이 미국을 혼내준다? 어림없다! 그러니 어느 한쪽만 편들어 다른 한쪽은 척지는 어리석은 짓은 절대 되풀이하지 말자. 한국에 미·중 양국은 하나를 버리고 다른 하나를 택해야 하는 대체재가 아닌, 함께할 때 더 큰 실리를 얻을 수 있는 보완재와 같은 존재다. '친미반중이냐, 반미친중이냐' 하는 식으로 택일에 집착하기보다는 '용미용중(用美用中)'의 지혜를 모아야 할 시점이다. 즉, 대륙세력과 해양세력이 교차하는 중심에 위치하는 대한민국은 미국과 중국이 세계를 대립적으로 쟁패한다는 뜻이 담긴 'G2(Group Two)'를 한·미·중 공동협력의 'C3(Cooperation Three)'로 변화시켜야 한다. 미·중 양국의 이익이 교차하는 공통분모를 탐색 포착하고, 거기에 한국의 국익을 착근, 삼투하게끔 창조적 외교력을 발휘해나가야 한다. 이래야만 북핵 문제를 평화적으로 해결할 수 있을 뿐 아니라 나아가 남북통일의 초석도 마련할 수 있을 것이다.

---

39) 북미정상회담이 열릴 예정인 싱가포르는 베이징 표준시를 따르고 있다. 우리나라보다 두 시간 늦은 표준시를 사용하는 베트남보다 훨씬 서쪽에 있는 싱가포르가 우리나라보다 한 시간 늦은 베이징 표준시를 따르는 까닭은 무엇일까. 중국 정부는 2017년 현재 GDP총액으로는 중국이 일본을 세 배 이상, 1인당 GDP로는 싱가포르가 일본을 1.5배 이상 앞질렀다는 사실을 부각하고 있다.

10

중국 개혁개방 40년 성공비결

20세기 이후 지금까지 중국은 세 차례 크게 변신했다. 첫 번째는 쑨원(孫文)의 신해혁명으로 제국에서 공화국인 중화민국으로 변신(1911년), 두 번째는 마오쩌둥의 사회주의 독재정 중화인민공화국으로 변신(1949년), 세 번째는 덩샤오핑의 자본주의 독재정 개혁개방 중국으로 변신(1978년)이다.

1978년 12월 18일 역사적인 중국공산당 제11기 중앙위원회 제3차 전체회의(Chinese eleventh CPC Central Committee Third Plenary Session)가 베이징에서 개최되었다. 개혁개방의 총설계사(Master Designer) 덩샤오핑은 이날 각본에 없던 연설을 통해 '실천만이 진리를 검증하는 유일한 표준(实践是检验真理的唯一标准)'이라는 개혁개방의 근본이념을 제시하였다. 이 연설에서 그는 기존 문헌에 있는 내용을 무조건 옳다고 하면서 맹신하는 태도, 상부의 지시를 분석, 검토도 하지 않고 맹종하는 사상의 경직성을 신랄히 비판했다.

그 대신 종합국력의 증강, 생산력의 발전, 인민생활의 향상을 위해 자본주의적 요소도 과감히 수용하는 해방사상, 실사구시의 중국특색적 사회주의 건설을 역설하였다. 11기3중 전회는 계급투쟁에서 경제건설로 대전환, 문화대혁명의 유산의 철저한 폐기 등 '발전이 진리'라는 개혁개방 노선의 확정을 선언하였다. 1949년 10월 1일이 중화인민공화국의 생일이라면 1978년 12월 18일은 재생일(再生日)이다. 중국이 죽게 되었다가 다시 태어난 날이다.

제도개혁

강산이 네 번 바뀌는 세월이 탄환처럼 지나갔다. 지금 중국은 과거의 중국이 아니다. 지난 40년간 중국은 동서고금을 통하여 유례를 찾기 힘든 매년 평균 8.6%(1979~2008까지 9.8%)라는 경이적인 경제성장률을 기록해왔다. 2017년 현재 무려 11개 주요 경제지표 부문에 세계 1위를 차지하는 기염을 토하고 있다. GDP(구매력 기준), 수출액, 노동력, 외화&금 보유고, 에너지생산력, 에너지소비력, 모바일폰 보유대수, 인터넷 사용인구, 고속도로 총연장, 고속철 총연장. 2018년 8월 웨이자닝(魏加宁) 국무원 금융정책연구중심 연구원은 한 기고문에서 중국 개혁개방 40년 최고 성공비결은 한마디로 '제도개혁'이라고 잘라 말했다. 그렇다! 40년 중국 질주의 원동력은 정책을 구체적으로 제도화하여 강력하게 실천한 데 있다. 중국은 대외무역법, 외국인투자법, 기업법, 지식재산권법, 세법 등 광범한 분야에서 활발히 법제개혁을 이루어냈다. 개혁개방 중국의 제도개혁은 정부뿐 아니라 기업 내부의 관리나 운영 방식도 포함한다. 국가적인 차원의 거시적 제도화나 기업적인 차원의 미시적 제도화가 '사회주의 시장경제=공정한 자유경쟁'으로 나아가는 것이 중국 질주의 근원이다. 오늘날 덩샤오핑이 개혁개방의 총설계사로 숭앙받는 이유 중의 가장 중요한 부문은 그의 '먼저 부자가 되어라'의 선부론(先負論), '가난한 사회주의는 사회주의가 아니다'라면서 노대국의 방향을 '우향우'로 확 돌린 개혁개방 정책노선 등이 그저 슬로건이나 구호로만 그치지 않았다는 데 있다. 덩샤오핑 자신의 개혁개방 이론과 정책을 구체적으로 실천하게끔 하는 획기적인 제도적 장치를 창조하여, 강력히 집행하는 데 있다. 사회주의 붉은 바다에 자본주의 푸른 섬을 건설한 경제특구제도를 비롯하여 사유재산 보호와 외자기업의 보호와 장려를 헌법조문으로 명문화하고 사유재산의 축적이 가능하게 한 상속법 등을 제정하였다.

덩샤오핑의 신의 한수: 종교와 신앙의 분리

이 대목에서 잘 알려져 있지 않은 덩샤오핑의 '신의 한수'를 소개하겠다. 1982년 12월 덩샤오핑은 헌법을 전면 개정하면서 기존 '종교의 신앙과 불신할 자유와 무신론을 선전할 자유'를 종교와 신앙을 구분해내어 '중화인민공화국 공민은 종교와 신앙의 자유를 가진다(中华人民共和国公民有宗教信仰自由。중국 헌법 제36조)' 개정했다. 덩샤오핑은 감히 종교와 신앙을 구별해냄으로써 공산당원은 종교를 가질 수 없는 전통 공산주의 이론의 올가미를 혁파했다. 중국공산당 당원의 신앙은 당연히 마르크스레닌주의여야 하지만 신앙과 별도로 기성 종교를 가질 수 있도록 원칙상 허용했다. 실제 개혁개방 이후 중국에서는 불교, 도교, 기독교, 이슬람교 등은 종교로, 마르크스레닌주의를 비롯한 내세가 없는 유가사상, 토착신앙 등은 신앙으로 구별하고 있다. 실례를 한 가지 들자면 중국 최고부자이자 2017년 세계 슈퍼리치 18위 왕젠린(王健林, 1954~완다그룹 총수)은 공산당원(제17기 전국공산당대회 대표 역임)이면서 불교단체와 행사에 거액의 기부를 하는 독실한 불교신자다. 이는 물론 중국공산당원이 과거의 이념집단에서 엘리트집단으로 변화했기에 가능한 현상이다.

계왕개래(繼往開來)

누가 내게 '제도개혁' 외에 40년째 중국이 계속 질주한 또 다른 비결을 말해보라 한다면 주저 없이 답할 것이다. "과거를 계승하여 미래를 열자, 계왕개래(繼往開來)! 저들은 그 말에 담긴 지혜를 잘 알고 있으며, 거기에서 역사의 원동력을 얻는 데 성공하고 있다. 그게 저들이 승승장구하는 비결이다." 굳이 풀이하자면 옛것에 토대를 두되 그것을 변화시킬 줄 알고, 초지(初志)를 잃지 않으면서 새 길을 개척한다는 뜻이다. 계왕개래란 사자성어는 덩샤오핑 이후 장쩌민, 후진타오, 시진핑으로 이어지는 역대 최고 지도자들이 가장 즐겨 쓰는 휘호이자, 1992년 제14기 중국공산당 전국대표대회부터 2017년 10월 제19기 중국공산당 전국대표대회까지 빠짐없이 내걸린 표어이다. 실제 저들의 정치문화가 그러하다. 문화혁명 당시 문자 그대로 자본주의를 향해 달려가는 '주자파(走資派)'로 숙청당했던 덩샤오핑은 재집권하자 우향우로 내달렸다. 하지만 누구나 예상할 수 있는, 전임자 마오쩌둥을 전면 부정하는 건 단호히 거부했다.

그의 선택은 절묘했다. 마오쩌둥의 좌파적 과오는 반성하되 대륙을 통일하고 신중국을 건국한 초대 주석의 공적은 계승 발전시키자고 설득했다. 그래서 스스로를 마오쩌둥의 비판적 계승자라고 자리매김하였고, 계왕개래의 성공 사례로 꼽힌다. 개혁개방에 성공했고, 현대 국가 건설에 착오가 없었던 것이다. 덩샤오핑과 그의 후계자들 장쩌민-후진타오-시진핑의 새 중국은 그 길을 질주했고, 지금 그 성공과정 중에 있다.

일본과 홍콩 그리고 국내언론에서는 시진핑이 중국이 공산당 전당대회 국경절 등 주요행사에 장쩌민과 후진타오를 비롯 전임자와 국가원로들을 초청하고 그들의 업적을 기리는 것을 가지고도 당파별 권력암투로 묘사하는데 참 한심하다. 개가 가고 개가 온다는 개왕개래가 아니고 과거를 계승하여 미래를 열자라는 계왕개래다.

11

미·중 '스트롱맨' 사이에 낀
한국이 나아갈 길

중국은 역대 미·중 정상회담을 '홍문연(鴻門宴)'에 비유한다. 홍
문연은 한 나라 고조 유방과 항우의 일화에서 비롯된 말이다. 기원
전 206년 항우가 유방을 제거하기 위해 홍문에서 자객을 숨긴 채
연회를 베풀었으나 유방은 가까스로 도망쳐 목숨을 건졌다. 이때부
터 홍문연은 겉으로는 우호를 내세우면서, 안으로는 살기를 숨기고
있다는 걸 뜻하는 말이 됐다.

2017년 4월 6~7일 도널드 트럼프 미국 대통령은 플로리다주 팜
비치 마라라고 리조트에서 시진핑 중국 국가주석을 환대했다. 트럼
프 대통령 취임 76일 만이었다.

2013년 6월 시진핑 주석이 버락 오바마 미국 대통령을 처음 만난
건 국가주석 취임 후 86일 만이었다. 캘리포니아 랜초미라지 서니
랜드에서다. 당시 시 주석은 마오타이주를 권했다. 이번 트럼프 대
통령과는 그때보다 열흘이나 더 빨리 만났지만 음주회동은 없었다.
도청을 우려한 시진핑 주석은 4년 전 서니랜드에서 묵지 않았다.

이번에도 마찬가지다. 시 주석은 트럼프 대통령과의 회담장소 15분 거리의 리조트에서 묵었다. 골프회동 등 격의 없는 대화를 나눌 수 있는 이벤트는 없었다. 시 주석은 2015년 공무원들에게 골프 금지령을 내렸을 정도로 골프를 부패의 상징으로 여긴다.

트럼프 대통령은 정상회담 다음 날 트위터를 통해 "시 주석과 내가 구축한 관계가 매우 좋다고 생각한다. 시 주석과 중국의 모든 회담 대표단과 함께하게 돼 정말 즐거웠다. 시 주석과의 엄청난 친선과 우정은 형성됐지만, 무역 문제는 오직 시간이 말해줄 것이다"라며 중국을 구슬렸다.

중국 측은 트럼프 대통령과의 개인적인 친분 형성으로 트럼프 대통령이 이끄는 미국의 예측 불가능성 해소라는 소기의 성과와 함께 미·중 간 외교안보 대화, 포괄적 경제 대화, 법 집행 및 사이버안보 대화, 사회문화 대화 등 대화 채널의 수와 분야를 확대해 안정적인 관계 구축을 위한 제도적 기반을 마련한 점을 시진핑·트럼프와의 첫 정상회담의 성과로 꼽았다.

하지만 주요 2개국(G2) 두 정상의 만남 만으로 양국 간 궁극적 국가이익 충돌을 피하기도 어려울뿐더러, 두 '스트롱맨'의 개인적 신뢰관계가 형성되기도 힘들다. 사실 두 스트롱맨은 네 가지가 닮았다. 독단적 리더십, 철두철미한 자국 국가이익 제일주의, 주류인종 민족 중심주의(백인우월, 한족중심), 공격적 적극적 프래그머티즘(실용실리주의)이 그것이다.

시진핑 vs 트럼프 비교표

2018년 10월 13일 미국 하버드대 케네디스쿨의 더글러스 딜런 교수는 영국 파이낸셜타임스(FT)에 기고한 글을 통해 마이크 펜스 미국 부통령의 대중국 비판연설이 사실상 중국과의 '신냉전'을 선언한 것이라고 지적했다. 펜스 부통령은 10월 4일 미국의 보수성향 싱크탱크인 허드슨연구소 연설에서 중국에 대해 강력하게 비판했다. 그 내용의 일부를 발췌한다.

"트럼프 대통령은 집권 초기부터 중국 및 시진핑과의 관계를 우선순위로 설정했다. 2017년 4월 6일 트럼프 대통령은 시 주석을 마라라고에 초청했으며 2017년 11월 8일에는 베이징을 방문해 시 주석과 회담했다. 지난 약 2년 동안 트럼프 대통령은 시진핑 주석과 매우 강력한 친분을 쌓아왔으며 트럼프와 시진핑, 두 사람은 공동의 이익을 위해 긴밀히 협력해왔다. 그중 가장 중요한 것은 한반도 비핵화다."

"그러나 중국은 정치·경제·군사·선전 등 모든 영역에 걸쳐 중국 정부 전체의 힘을 사용해 중국의 영향력을 확대하고 미국 내에 보유한 중국의 이익을 강화하려 시도해왔다. 중국은 정치·경제·군사·미디어가 독립적이지 않다. 중국은 이 모두를 융합한 힘을 사용해 미국 국내 정책과 정치에 영향을 미치고 개입하려 그 어느 때보다도 더 공격적인 시도를 감행해왔다."

(중략)

시진핑 vs 트럼프 비교표

	시진핑	트럼프
생년월일	1953.6.15	1946.6.14.
혈액형/ 키	B형 / 180cm	A형 / 190cm
가문	항일유격대 출신	부동산 재벌
민족	한족(漢族)	게르만계 독일이민 3세
결혼, 배우자	재혼, 가수출신	재혼, 모델출신
자녀	딸1(미 하버드대 졸업)	아들2, 딸1(이방카, 백악관 보좌관)
학력	칭화대 화공, 칭화대 법학박사	펜실베니아대 와튼스쿨
주요경력	지방(黨〉政수장 27년 경력	부동산 사업가 트럼프 그룹회장
최고실권 직위	6대 군사위 주석(Chairman)	45대 대통령(President)
집권시기	2012.11~	2016.1~
집권종기(예상)	2018 헌법개정으로 미상	재선실패 2019년, 재선시 2023년말
리더십 스타일	과두독재형에서 1인독재형으로	독단 독선 강력 리더십
핵심 슬로건	중국몽, 위대한 중국	USA No.1 위대한 미국
경제 정책	시장자율에서 정부의 적극개입	재정지출확대 감세정책
대외정책 성향	대국굴기 팽창주의 성향	고립주의 보호무역주의 성향
대미 대중 정책	무역외 분야 대미 협력 기조	대중무역적자 축소 강경책
대 남한 정책	친일이면 적, 반일이면 우방	일본 이익 중시, 혐중친일 권장
대 북한 정책	경이원지, 최근 유화책 선회	강온책 교차 배합, 북미정상회담

"미국 행정부들은 중국에서 자유가 확대될 것이라 믿었다. 경제적 자유뿐 아니라 정치적 자유가 확대될 것이라 믿었던 것이다. 자유주의 이념에 따라 재산권의 보장, 개인의 자유, 종교의 자유 등을 포함한 전반적인 인권이 개선될 것이라 믿었다. 그러나 이 믿음은 이루어지지 못했다. 아직도 중국인에게 자유는 요원한 꿈일 뿐이다."

미국을 비롯한 서방의 중국에 대한 인식의 오류는 인류보편적 가치(본질은 서구의 가치)와 중국인이 추구하는 가치가 일치할 것이고 일치해야 한다는 예단과 전제에서 출발한다.

그들은 중국의 경제가 발전하면 중국인들의 정치 참여 욕구가 커져 조만간 중국의 민주화를 요구하는 '제2의 톈안먼 사태가 터져 구소련과 동유럽의 전철을 밟을 거라고 공언해왔다. 그들과 그 앵무새들은 아직도 중국분열론, 중국붕괴론 등을 지저귀고 있다. 30년이 넘도록. 이는 중국과 중국인을 몰라도 너무 모르고 하는 소리다. 생래적 자본주의자 중국인은 부자가 되어도 민주니 자유를 원하지 않는다. 더 '큰 부자'가 되길 원할 뿐이다.

지난 40년간 중국은 1만 번도 넘게 쪼개졌고, 1,000번도 넘게 망했다. 대만과 티베트는 100번도 넘게 독립했다. 미·중 전쟁은 1,000번도 넘게, 제3차 세계대전은 100번도 넘게 발발했다. 단, 미국과 서구 일본 홍콩 등의 매체에서만. 올 들어 세계 인구에 회자되고 있는 이른바 '미·중 무역전쟁'의 귀추는 어떠할까?

향후 1~2년간 미·중 관계의 상대적 악화는 불가피할 것이다. 단, 치킨게임처럼 극단적 파국으로 치달을 가능성은 희박하다. 미·중 양국 위기관리 메커니즘은 쌍방의 분쟁과 마찰을 원만하게 처리할 수 있을 것이다. 하지만 무역분규 등 국가이익, 세계관, 의식구조 등 차이로 양국 간 구조적 모순은 상당 기간 지속될 것으로 전망된다.

옛 소련이 해체된 후 세계는 미국을 정점으로 하는 삼각형 질서로 편성돼 왔다. 그러나 근래 중국의 부상으로 세계는 삼각형과 원(圓)형의 두 세력으로 재편되고 있다. 반만년 노대국의 중화사상은 한마디로 중국이 원형의 중심 위치에 있다는 자부심 충만한 세계관이다. 삼각형의 정점에서 내려오지 않으려는 미국, 원의 중심 위치를 회복하려는 중국, 이들 G2 접점에 위치한 한국은 어떤 선택을 해야 할까.

한-미-중-일-러 주요경제지표(2017)
CIA WORLD FACTBOOK

	한국	순위	미국	순위	중국	순위	일본	순위	러시아	순위
총국민소득 (ppp)$	2.03조	14	19.4조	2	23.2조	1위	5.43조	4	4.0조	6
총수출액 $	5774억	5	1조5760억	2	2조1570억	1위	6883억	4	3368	13
경제성장률	3.1%	111	2.3%	141	6.09%	20	1.7%	169	1.5%	174
외환보유고 $	3893억	9	1173억	17	3조1870억	1위	1조2170억	2	4185억	7
GDP대비 국고부채율	39.8%	134	82.3%	38	47.8%	111	236.4%	1위	-	-
실업률	3.7%	43	4.4%	62	3.9%	48	2.9%	34	5.5%	77

*한국의 GDP대비 국가부채율 주변4강에 비해 제일 건전
*중국의 통계는 1998.7.1 중국의 행정특구로 귀속된 홍콩을 제외한 통계
*중국 총수출액 7년 연속 세계1위, 외환보유고 10년 연속 세계 1위
*일본 GDP대비 국가부채율 7년 연속 세계1위

한국은 현대 정치·군사·안보 면에서 미국과 가장 밀접한 나라 면서 역사·지리·경제·문화 면에서 중국과 가장 가까운 나라다. 피해의식, 사대주의, 종일숭미(從日崇美) 의식에서 벗어나 G2를 잘 활용한다면, 이는 우리의 약점이긴커녕 세계 어느 나라에도 없는 독 보적 강점이 될 수 있다.

미국이 중국을 혼내줄 수 있는 단계는 이미 지났다. 그렇다고 해 서 중국이 미국을 혼내준다? 어림없다! 그러니 어느 한쪽만 편들어 다른 한쪽은 척지는 어리석은 짓은 절대 되풀이하지 말자.

한국에 미·중 양국은 하나를 버리고 다른 하나를 택해야 하는 대체재가 아닌, 함께할 때 더 큰 실리를 얻을 수 있는 보완재와 같

은 존재다. '친미반중이냐, 반미친중이냐' 하는 식으로 택일에 집착하기보다는 '용미용중(用美用中)'의 지혜를 모아야 할 시점이다.

부 록

제19기 중국공산당 중앙위원회 정치국 위원 25인 인적사항 일람표

서열	성명	생년월	출생지	학력	전직	현직
1	시진핑 习近平	1953.6	산시 푸핑 陝西 富平	칭화대학 화학과 칭화대학 법학박사	푸젠, 저장·상하이 서기, 난징군구 제1정치위원, 국가 부주석, 군사위 부주석	총서기, 국가주석, 군사위주석
2	리커창 李克强	1955.7	안후이 딩웬 安徽 定远	베이징대학 법학사 베이징대 경제학박사	허난·랴오닝 서기 상무부총리	국무원 총리
3	리잔수 栗战書	1950.8	허베이 핑산 河北 平山	허베이사범대학 랴오닝대 정책학석사	시안시서기, 헤이룽장·궤이저우서기	전인대 상무위원장
4	왕양 汪洋	1955.3	안후이 쑤저우 安徽 宿州	중앙당교 공학 공학석사	충칭·광둥성 서기, 부총리	정치협상위원회 주석
5	왕후닝 王沪宁	1955.10	산둥 라이저우 山东 莱州	푸단대학 국제정치학 법학석사	푸단대 교수 법학원장, 중앙당 정책연구실장	중앙당 서기처 서기
6	자오르지 赵乐际	1957.3	산시 시안 陝西 西安	베이징대학 철학과 중앙당교 정치학석사	칭하이·산시성 서기	중앙기율검사위 서기
7	한정 韩正	1954.3	저장 쯔시 浙江 慈溪	화동사범대학 국제관계 경제학석사	상하이시 서기	상무부총리

정치국 위원 18명 (姓 획순 적은 순)

서열	성명	생년월	출생지	학력	전직	현직
8	딩비샹 丁薛祥	1962.9	장쑤 난퉁 江苏 南通	푸단대학 관리학 이학석사	상하이 부서기 정법위 서기	중앙 판공청 주임 국가주석 판공실 주임
9	왕천 王晨	1950.12	베이징 北京	중국사회과학원 언론학 문학석사	광명일보 총편집 인민일보 사장	중앙서기처 서기
10	류허 刘鹤	1952.1	허베이 창리 河北 昌黎	중국인민대 공업경제 공공관리학 석사	국가계획위 부주임 중앙재경영도 부주임	부총리
11	**쉬치량** **许其亮**	1950.3	**산둥 린취** **山东 临朐**	**공군 제5 항공학교**	공군 제8군 군장 공군 사령원	**군사위 부주석** **공군상장**
12	손춘란 孙春兰	1950.5	허베이 랴오양 河北 饶阳	랴오닝 안산공업기술 학교 기계과	랴오닝성 부서기 푸젠성·톈진시 서기	부총리
13	리시 李希	1956.10	간쑤 량당 甘肃 两当	시베이사범대 중문학 공상관리학 석사	간쑤성·랴오닝성 서기	광둥성 서기
14	리창 李强	1859.7	저장 뤠이안 浙江 瑞安	중앙당교 석사	저장성 비서장 장쑤성 성장	상하이시 서기

15	이훙중 李鸿忠	1956.8	산둥 창러 山东 昌乐	지린대학 역사학	선전시·후베이성 서기	톈진시 서기
16	양제츠 杨洁篪	1950.5.	상하이 上海	난징대학 역사학 역사학 박사	주미 대사 외교부 부장	국무위원
17	양샤오두 杨晓渡	1953.10	상하이 上海	중앙당교 석사	중기위 부서기 감찰부 부장	국가감찰위원회 주임
18	장요우샤 张又侠	1950.7	산시 웨이난 陕西 渭南	군사학원 졸업	선양군구 사령원 베이징군구 사령원	중공중앙군사위 부주석
19	천시 陈希	1953.9	푸젠 푸톈 福建 莆田	칭화대학 화학과 공학석사	칭화대학 부서기 랴오닝성 부서기	중앙조직부장 중앙당교교장
20	천췐궈 陈全国	1955.11	허난 핑위 河南 平舆	우한이공대학 관리학 관리학 박사	허베이성 성장 시장성 당서기	신장웨이얼 당서기
21	천민얼 陈敏尔	1960.9	저장 주지 浙江 诸暨	중공당교 석사	저장성 부서기 궤이저우성 서기	충칭시 서기
22	후춘화 胡春华	1963.4	후베이 우펑 湖北 五峰	베이징대 중문과 졸업	허베이성 성장 네이멍구 서기	부총리
23	궈성쿤 郭声琨	1954.10	장시 싱궈 江西 兴国	베이징과학기술대 관리학박사	공안부 부장	중앙정법위 서기
24	황쿤밍 黄坤明	1956.11	푸젠 상캉 福建 上杭	칭화대학 공공관리학 박사	푸젠성 저장 항저우 서기	중앙선전부장
25	차이치 蔡奇	1955.12	푸젠 룽시 福建 龙溪	푸젠사범대학 경제법 률학과 경제학박사	푸젠성 건설위 부주 임저장성 부성장	베이징시 서기

강효백

강효백은 경희대학교 법과대학을 졸업하고 타이완 국립정치대학에서 법학박사 학위를 받았다. 베이징대학과 중국인민대학 등에서 강의했으며 주 타이완 대표부와 주 상하이 총영사관을 거쳐 주 중국대사관 외교관을 12년간 역임했다. 상하이 임시정부에 관한 기사를 『인민일보(人民日報)』에 대서특필하게 했으며 한국인 최초로 기고문을 싣기도 했다. 지금은 경희대학교 법무대학원 중국법학과 교수(법학전문대학원 겸임교수)로 있다. 『중국의 슈퍼리치』, 『중국법 통론』, 『중국의 습격』, 『G2시대 중국법 연구』, 『차이니즈 나이트 1, 2』, 『중국 경제법(1) 기업법』, 『협객의 나라 중국』 등 20권을 저술했다. 중국 관련 논문 30여 편과 칼럼 300여 편을 썼다. 중국에 관한 한 폭과 깊이, 양과 질에서 높은 성취를 이뤄 최고의 중국통으로 평가받고 있다. 특유의 문제의식으로 법제, 사회, 경제, 문화, 역사, 정치 등 여러 영역을 아우름으로써 입체적인 중국학을 강호의 독자들에게 제공하고 있다.

시진핑 제국

중국정치 7룡, 황황제와 6대신

초판인쇄 2019년 5월 24일
초판발행 2019년 5월 24일

지은이 강효백
펴낸이 채종준
펴낸곳 한국학술정보㈜
주소 경기도 파주시 회동길 230(문발동)
전화 031) 908-3181(대표)
팩스 031) 908-3189
홈페이지 http://ebook.kstudy.com
전자우편 출판사업부 publish@kstudy.com
등록 제일산-115호(2000. 6. 19)

ISBN 978-89-268-8814-8 03340